房地产法的理论与实务研究

唐信玲　著

中国商务出版社

·北京·

图书在版编目（CIP）数据

房地产法的理论与实务研究／唐信玲著. -- 北京：
中国商务出版社，2024.8. -- ISBN 978-7-5103-5298-0

Ⅰ. D922.384

中国国家版本馆 CIP 数据核字第 2024XN7575 号

房地产法的理论与实务研究

FANGDICHAN FA DE LILUN YU SHIWU YANJIU

唐信玲　著

出　　版：中国商务出版社
地　　址：北京市东城区安外东后巷 28 号　　　　邮　　编：100710
网　　址：http://www.cctpress.com
联系电话：010—64515150（发行部）　　　010—64212247（总编室）
　　　　　010—64266119（商务事业部）　　010—64248236（印制部）
责任编辑：周水琴

印　　刷：唐山唐文印刷有限公司
开　　本：787 毫米×1092 毫米　1/16
印　　张：12.5　　　　　　　　　　字　　数：258 千字
版　　次：2025 年 1 月第 1 版　　　　印　　次：2025 年 1 月第 1 次印刷
书　　号：ISBN 978-7-5103-5298-0
定　　价：78.00 元

PREFACE 前 言

　　房地产作为社会经济结构的重要组成部分，其法律问题及其实务操作的复杂性，一直是法律研究和实务操作的重点领域。在全球经济迅速发展的背景下，房地产业已经成为推动经济增长的关键动力之一。本书《房地产法的理论与实务研究》旨在全面系统地探讨房地产法的理论基础及其在实际操作中的应用，提供深入的分析和实用的指南，以支持学者、法律实务者、政策制定者和房地产开发者等各方面的需求。

　　本书的结构分为九章，每一章都围绕房地产法的不同方面进行详细探讨。第一章介绍房地产及房地产业的基本概念，阐述房地产法的法律框架及其发展历程，为读者提供了坚实的理论基础。接下来的章节深入讨论房地产权属问题、房地产开发流程、房地产市场的各类开发项目分类以及房地产开发相关的法律程序，详细解读了房地产交易、价格管理和房地产税费的法律规制。

　　此外，本书特别关注房地产法的现实挑战与未来发展，尤其是在政策建议与立法展望方面，提出了对现有法律政策的改进意见，并展望了房地产法未来可能的发展趋势。这些分析旨在提供策略性的见解，以应对日益复杂的房地产市场和不断变化的法律环境。

　　《房地产法的理论与实务研究》力求用严谨的学术研究满足实务操作的需要，使得本书不仅对学术界有价值，更对实务操作有直接的指导意义。无论是房地产法律的学者、学生还是实务操作者，都能从本书中获得宝贵的信息和深刻的见解，以更好地理解和应对房地产法领域中的各种问题。我们期待本书能够激发更多的讨论和研究，促进房地产法律制度的完善和发展。

作　者

2024 年 7 月

CONTENTS 目　录

第一章　房地产法与房地产业

　　房地产法与房地产业的交互关系是一个复杂而深刻的法律与经济话题，直接影响着经济的稳定性、社会的公正以及城市的可持续发展。随着全球化及市场经济的发展，房地产业已成为推动国家经济增长的关键因素之一。因此，对房地产法的深入研究不仅有助于规范市场秩序，保护消费者权益，还有助于促进房地产市场的健康发展。

第一节　房地产和房地产业

一、房地产及房地产业的概念

　　房地产通常指房产和地产。这些物理形态的资产，如房屋和土地，在法律上具有财产的意义，被统称为"房产"和"地产"。虽然"房地产"是一个法律术语，但它并没有一个明确的法律定义。对房地产及其相关概念的分析是理解房地产法的调整对象和房地产法体系等关键前提。

　　在我国，对"房地产"的理解有广义和狭义之分。狭义上的房地产特指土地和建筑物在空间上合为一体的财产形态，显示出土地与建筑物的有机结合。如果土地是完全独立的，未与建筑物结合，则不可称之为房地产。不动产指的是那些不可移动或移动后将减损其价值或使用价值的财产。在我国，个人不能拥有土地所有权，只能享有土地使用权——这种使用权是最基本的不动产形式。与土地固定或附着的建筑物、设施等也视为不动产。尽管不动产的范畴大于房地产，但由于房屋与生活和产权关系密切，房屋及其所依赖的土地使用权成为最重要的不动产类型。广义的房地产，同"不动产"一词，在含义上通常指土地及其上的建筑物和其他固定物，还包括水坝、港口、码头、地下工程、矿产和森林等自然资源。

　　当前的《中华人民共和国城市房地产管理法》的第一条是为了加强城市房地产管理，维护市场秩序，保障权利人的合法权益，促进房地产业健康发展而制定的。因此，农村房地产不在该法规的调整范围内。本书的研究主要关注狭义上的城市房地产。

　　土地因其不可移动性，通常被视为最基本的不动产形式。在我国，现行的土地立法尚未对"土地"的含义做出明确的法律定义。在实际使用中，获取土地的目的远不止于土地本身（即地表），更重要的是，人们获取土地是为了利用这一资源从事建设、农业、工业及其他商业活动。因此，土地的含义应该从一个立体的角度来理解，它不仅包括地球的表面，还应该涵盖地表以下的土层和矿产资源，以及上方可能的空间，如对空域的使用权。

建筑物则指的是在土地上人为建造的房屋和其他类型的构筑物。房屋主要用于居住、生产或承载其他活动，而构筑物则包括那些不直接用于生产或活动的建筑，例如道路、桥梁和水井等。这些构筑物虽然不直接参与生产活动，但在城市建设和人类活动中扮演着支持性的角色。

在房地产的定义中，土地和建筑物是两个基本且不可分割的元素，共同构成了房地产的统一体。在这个统一体中，土地不仅是建筑物存在的基础和依托，也是其法律和经济属性的主体。相反，建筑物则是依附于土地的附属物，与土地紧密相连。从更广义的视角看，房地产不仅包括土地和建筑物的合体，也包括单独的土地或建筑物。例如，未与任何建筑物结合的土地依旧属于房地产的范畴，其规制和管理主要由土地法进行调整。因此，在法律和行业讨论中，使用"房地产"一词时，通常在狭义上指这种由土地和建筑物构成的统一实体，以区分那些单独的土地或建筑物。

这样的立体理解和细致划分，有助于更准确地理解和运用房地产的概念，对于开发商、投资者以及政策制定者都是必要的知识。此外，这种理解也是进行房地产评估、交易及开发决策的基础，确保了房地产市场的正常运作和法律的适用性。

房地产与其他商品不同，这些差异由房地产的特性决定，主要包括其不可移动性、稀缺性、耐久性和保值性等。

房地产具有以下四个主要特征：

第一，不可移动。这是房地产与其他商品最显著的区别。由于土地无法移动，因此建立在土地之上的房屋及其附属设施通常也不能移动。尽管有时为了城市道路建设或保护古建筑等原因，部分建筑物可能需要被迁移，如广西壮族自治区的英国领事馆旧址，因城市道路扩建而整体平移了35米。但这类迁移建筑相对于现有建筑总量极少，并且迁移距离短。在房地产交易中，交易的是房地产相关的权利和"证书"，而非物理房屋或土地本身。因此，房地产市场主要是地方性市场，而非全国性市场。房地产的不可移动性也决定了其地理位置的独一无二和垄断性，这影响了投资地点的选择。

第二，稀缺性。土地是大自然的产物，其总量有限且无法增加。由于土地的不可复制性，尤其是在城市中心或地理位置优越的区域，可用的土地极为有限。这种天然的供给限制，加上人口增长和城市化进程，使得位于战略位置的房地产变得极为宝贵。此外，土地的这种固有稀缺性导致地价在长期趋势上持续上涨，尤其是在经济活跃和人口密集的地区。因此，投资者和开发商常常将目光投向那些具有潜在增值能力的区域，如新兴的商业或住宅开发区，其中土地资源虽然稀缺，但发展潜力巨大。

第三，耐久性。与其他类型的财产相比，房地产特别是土地和建筑物，具有显著的长期使用价值。土地本身就可以经历无数次的开发和再开发，而不损其固有价值。同时，建筑物的设计和建造方式也趋于持久耐用，使其使用寿命可以延长数十年甚至上百年。例如，许多历史建筑不仅保持了结构完整性，还增加了文化和历史价值，成为独特资产。这种耐用性允许房产在经济波动期间维持其价值，即使市场状况变化，良好维护的房产也可以作为长期资产保存。此外，房地产的耐用特性使得其所有权和使用权能够被分割和重新配置，提供了灵活的投资和财务规划机会。

第四，保值性。房地产投资涉及的资金量大，成本高，且通常需要较长的投资回收期。尽管这带来了较高的市场进入门槛和风险，但房地产也被视为一种保值增值的资产。随着时间的推移，社会生产力的提升、人口的增加以及消费者生活水平的提高，对房地产的需求呈上升趋势。特别是在城市化快速发展的地区，居住和商业空间的需求推动了房价和租金的上涨。房地产的稀缺性和需求的持续增长使得房产价值通常呈现上升趋势，使得房地产成为一种吸引人的长期投资选择，既能保护资本免受通货膨胀侵蚀，也有可能带来显著的资本增值。

二、房地产业

在全球范围内，房地产业也被称作不动产、不动产交易、不动产市场等。这个行业包括房地产开发、经营、管理和服务，具备独立的生产、经营和服务功能。1987 年 11 月 20 日，原城乡建设环境保护部在《关于发展城市房地产业的报告》中描述房地产业涉及土地开发、房屋建造、维修、管理，及土地使用权的有偿划拨、转让，房屋所有权的买卖、租赁和房地产抵押贷款等活动，这些构成了房地产市场。虽然描述不太严密，但概述了房地产业的主要领域，包括土地开发、房屋建筑、维护、管理，以及房地产的转让、租赁和中介服务等。

随着社会进步，房地产业已成为国民经济的重要组成部分，属于第三产业，包含物质生产、流通和服务三大板块。房地产业虽与建筑业紧密相关，但两者有本质的不同。建筑业主要聚焦于房屋及其他建筑的建造、改造和设备安装，属于第二产业。根据联合国的国际标准行业分类，建筑业位于第五类，而房地产业和经营服务业则属于第八类。2002 年我国发布的《国民经济行业分类》将房地产业定位为第十一位，包括房地产开发、物业管理、房地产中介服务以及其他相关活动，总计 24 项产业活动。尽管房地产业和建筑业都涉及房屋的建造，但房地产业是一个独立的行业。

在现代社会中，房地产业和建筑业之间存在一定的兼容性，许多建筑商也参与房地产业，而一些房地产商同时经营建筑业。房地产业的全过程包括三个主要环节：生产环节，涉及房地产开发者对土地的开发和房屋及其他建筑的建造；流通环节，房地产作为商品进入市场进行买卖、租赁和抵押；消费环节，房地产产品在市场交易后转移到消费者手中，涉及维修和物业服务等管理活动。

房地产业与单纯的房地产不同，房地产指的是具体的财产权，而房地产业则是围绕这些财产权的经营活动。作为国民经济的基础性产业，房地产业为工商业活动和人民生活提供了必需的物质基础。在我国，房地产业在过去二十多年的发展中，其开发和投资规模逐年增长，其增加值约占 GDP 的 5%。

三、我国房地产业发展概况

在我国房地产业的发展历程中，可以分为三个显著的阶段，每个阶段都对整个行业产生了深远的影响：

（1）第一阶段（1978 年至 1998 年）：这个时期标志着改革开放后，我国房地产业的调整和市场的初步形成。1980 年代，随着经济体制的全面开放和对房地产生产方式的改革，房地产业在我国开始逐渐萌芽。在这期间，政策主导下的福利分房制度还在继续，房地产市场的商业活动相对受限。然而，到了 1991 年，随着市场机制的引入，房地产市场开始出现初步的商业化趋势。1992 年之后，房地产业经历了快速增长，特别是在海南和深圳等沿海经济特区，房地产市场一度出现过热现象。对此，1993 年政府进行了首次房地产调控，旨在抑制市场的过热现象，市场随后逐步进入恢复和发展阶段。至 1998 年，随着住房实物分配制度的取消和住房按揭政策的引入，房地产投资进一步加速，市场进入了平稳快速发展的新阶段。

（2）第二阶段（1998 年至 2002 年）：这一阶段，房地产业进入了相对稳定和协调发展的时期。伴随着住房制度改革的不断深化和居民收入水平的普遍提高，住房市场逐渐成为新的消费热点。从 1998 年开始，政府通过推行各种激励政策，例如土地供应的放宽和财税优惠措施，推动房地产市场向完全市场化迈进，这一阶段的市场特征是供求关系逐渐趋向平衡，市场结构和功能不断优化。

（3）第三阶段（2003 年至今）：进入新千年后，房地产市场的主要特征是房价的持续上涨和政府对房地产市场的多次调控。从 2003 年开始，我国房地产市场进一步上行，2000 至 2008 年间，房价年均上涨率达到了 8.2%。这种快速的价格上涨引发了一系列政府的干预措施，包括控制投资规模、抑制房价、改善市场结构及打击市场投机行为等。2008 年，全球金融危机深刻影响了全球经济，我国房地产市场也遭受重击，市场进入了一段严峻的调整期。然而，在政府的刺激计划和市场调控政策的支持下，房地产市场最终逐步走出低谷，恢复到稳定增长的轨道上来。

通过这三个阶段的发展，可以看出我国房地产业从一个初步形成的市场到成为国民经济中一个极为重要的部分，经历了多次的调整与振荡，展现出了复杂的市场动态和政府政策对市场走向的重要影响。此外，房地产市场的发展得益于两项重要的制度变革：一是土地市场制度的改革，从无偿划拨到有偿使用，实现土地所有权和使用权的分离，有偿出让国有土地的使用权；二是住房制度改革，结束了物质分配，实现了住房货币化，建立了以商品房为中心、以经济适用房和廉租房为补充的新住房制度。这些改革为房地产业的持续发展提供了坚实的基础。

第二节　房地产法的概念

一、房地产法的概念

房地产法可分为广义和狭义两种。狭义上的房地产法特指《中华人民共和国城市房地产管理法》，该法律由全国人民代表大会于 1994 年 7 月 5 日制定，并从 1995 年 1 月 1 日开始施行，后于 2007 年 8 月 30 日进行了修订。而广义的房地产法则包括所有调整房地产相关社会关系的法律规范，涵盖宪法规范、各类法律、行政法规、部门规章、地方法规及司法解释等。

从广义角度看，房地产关系包括房地产产权、开发、经营、使用、交易、服务、管理以及其他相关的各种社会关系。狭义上，房地产关系则专指房地产经营和管理方面的关系。根据我国经济生活的实际，房地产法调整的社会关系极为广泛，不仅包括财产关系，还包括非财产关系；既有房地产的开发经营联系，也涉及公民间、职工与单位间、公民与政府间因房地产使用或产权问题而产生的非房地产业务关系。从我国的司法实践来看，房地产案件主要由民事审判庭处理，这显示房地产法律关系并不完全属于生产经营范畴。因此，对房地产法应采取广义的理解。

综上所述，我国房地产法的定义可以表述为：由国家制定或认可，并以国家强制力保障实施的一系列法律规范，这些规范以房地产经营和管理为核心，同时包括房地产民事和社会保障关系。这些法律对于国家管理房地产、规范房地产市场秩序，保护房地产权利人的合法权益，以及促进房地产业发展起着至关重要的作用。

二、房地产法的调整对象

根据《城市房地产管理法》第 2 条的规定，在中华人民共和国城市规划区域内的国有土地上，从事房地产开发、交易和管理的行为必须遵守该法。这一规定主要涉及房地产经营和管理关系，它们是房地产社会关系中的核心部分。房地产法调整的主要对象是房地产关系，即人们在房地产经济运行中所形成的各种社会关系。这些关系主要包括房地产财产关系、管理关系和社会保障关系。

首先，房地产财产关系涉及经济运行中的直接物质利益。这些关系具有权利性和物质利益性的特点，包括房地产权属法律关系（如物权、抵押权、继承权、相邻权、赠与权等）、房地产交易关系（如转让、租赁、搬迁等）、房地产投资开发关系（涉及融资、招投标、合资合作等）、房地产中介服务关系（包括咨询、经纪、估价等）以及物业管理利益关系。

其次，房地产管理关系指的是在房地产经济运行中不直接涉及物质利益的关系。这类关系通常不具备财产内容或不以财产内容为主，其主体关系通常以管理与被管理为主。除了部分纯粹的行政关系外，大多数管理关系涉及房地产行政管理体制、房地产和土地规划管理（包括土地和城市建设规划）、土地保护、房地产质量和价格管理等；还包括与经济法律关系交叉但以行政性为主的关系，如土地交易管理法律关系（包括国有土地使用权出让、集体土地使用、土地征收、土地使用权转让等）、房地产税费收缴、房地产金融管理、国有房地产资产经营管理等关系。

房地产法可分为广义和狭义两种理解。狭义上，它专指《中华人民共和国城市房地产管理法》，该法自1995年1月1日施行，2007年经过修订。而广义上的房地产法则涵盖所有调整房地产相关社会关系的法律规范，包括宪法规范、法律、行政法规、部门规章、地方法规及司法解释等。

房地产法的调整范围广泛，涵盖房地产财产关系、管理关系和社会保障关系。首先，房地产财产关系涉及经济活动中的直接物质利益，包括权属法律关系（物权、抵押权、继承权等）、交易关系（转让、租赁等）、投资开发关系及中介服务关系等。其次，房地产管理关系主要关注非财产性内容的管理活动，如行政管理、规划管理和质量价格管理等。此外，房地产社会保障关系则涵盖住房社会保障、公有房屋使用、转让管理和房地产消费者保护等方面。

这些关系紧密相连，房地产财产关系通常通过管理关系来确认和实现，而管理关系也以财产关系和社会保障为基础和目的。实际中，房地产法调整的社会关系展示出复杂、多样和综合的特性。尽管这些关系的地位并非等同，房地产财产关系占据基础地位，它是其他关系存在的前提。

随着时间的推移，房地产法的认识和应用也在变化。2007年，《物权法》的颁布影响深远，使得学界逐渐放弃了将房地产法仅视为经济法的看法，而开始从民商法的角度探讨。这标志着房地产法在学术研究中趋向于民商法的理论框架。尽管房地产法是一个复杂的法律规范体系，民商法在其中扮演基础性的角色。在理论研究中，应先引入民商法意识，然后从经济管理和社会保障的角度深入探讨房地产法，这种方法对于全面理解房地产法极为有益。

三、房地产法律关系

法律关系是一种特定的社会关系，定义为法律在调整个人和集体行为过程中所形成的权利和义务的体系。在社会生活的各个领域中，人们可以形成多种类型的社会关系。尽管房地产社会关系受到多种社会因素的影响，不是所有这些社会关系都属于法律关系。当房地产社会关系受到法律规范的调整时，它们便上升为受法律强制力保护的权利和义务关系。

（一）房地产法律关系的概念及其特征

房地产法律关系是指房地产法律规范在调整房地产开发、交易和管理过程中，在房地产相关主体之间形成的权利和义务关系。

房地产法律关系在社会的房地产经济发展中具有重要的指标作用，它不仅反映了一个社会房地产经济发展的程度，而且在很大程度上决定了社会房地产经济的发展方向和利益格局。这种关系的形成是市场经济发展的自然结果，法律对房地产社会关系的适当调整也是确保房地产行业健康发展的关键保障。

房地产法律关系具有几个显著特征：

房地产法律关系因房地产开发和运营的复杂性而显示出其多重性特征。首先，这些法律关系不仅包括房地产交易中平等主体间的民事法律关系，例如买卖、租赁和抵押等；还涉及房地产管理机关与开发公司之间的行政法律关系，如审批和执法等；此外，还包括由国家对房地产市场进行宏观调控时产生的经济法律关系，如价格控制和市场入场规制。这些关系的多样性体现了房地产法的复杂性和其覆盖的广泛领域。

其次，房地产法律关系主体的广泛性体现在涉及的各方多样性。房地产法律关系不仅涉及房地产管理机关和土地管理机关这样的政府部门，还包括房地产开发公司、房地产经营公司、房地产交易所、咨询服务公司、评估事务所等商业实体，以及参与房地产活动的其他法人和公民。这些主体在房地产的开发、交易、中介服务和管理过程中，各自扮演着不同的角色，形成了房地产市场的复杂网络。

接着，房地产法律关系客体的特殊性表现在房地产作为一种特殊的商品，它在生产、交易和物业管理过程中不会发生物理位置的变化，而房地产交易主要涉及权利的转移。此外，房地产具有明显的投资和消费的双重性质，不仅可以作为使用资产，还常作为投资工具，其价值随时间推移而稳步增加，具有显著的保值和增值功能。

最后，房地产法律关系的产生、变更和消灭都具有严格的程序性。为了确保房地产交易的安全性和法律的严肃性，立法机构设立了一系列严格的法律程序，如房地产产权登记制度，这是房地产管理和现代房地产制度的核心。所有房地产的开发、交易和管理活动都必须依照法律规定的程序和具体的行为规则进行，确保每一步操作的合法性和有效性。这不仅有助于保护房地产市场参与者的权益，也维护了房地产市场的正常运行和健康发展。

（二）房地产法律关系的分类

随着法律调整范围的扩大，房地产法律关系的种类和数量也相应增加。为了正确理解房地产法律关系，需要对其进行系统分类。

房地产法律关系根据其所涉及的社会关系种类可以分为三个主要类别，每个类别对房地产市场的健康运作和规范管理起着至关重要的作用。首先，房地产民事法律关系，这一类关系涉及法律赋予的平等主体之间的互动，通常包括土地使用权的出让、房地产的租赁、抵押以及物业管理等方面。这些关系基于契约自愿原则，保障了房地产市场参与者之间的合法权益。其次，房地产行政法律关系，这类关系涵盖了政府及其职能部门在行政管理框架下与房地产开发主体之间的互动，如土地的征收、房地产项目的审批等。这些关系中，政府部门通常拥有决定性的权力，确保房地产开发活动符合国家规划与公共利益。最后，房地产经济法律关系，此类关系描述了国家和政府部门在宏观经济层面上与房地产开发公司及其他法人之间为调控市场而建立的法律联系，主要涉及房地产的规划与价格管理。这些关系通过法律和政策的手段，调节房地产市场，促进经济稳定发展。总体而言，这些分类不仅展现了房地产法律关系的广泛性和多样性，也体现了其对维护房地产市场秩序和推动房地产业健康发展的重要性。

根据房地产法律规范的调整对象的不同，房地产法律关系可以细分为几个关键领域：首先是房地产开发法律关系，这涉及房地产开发过程中的法律互动，如土地征收和土地使用权出让等；其次是房地产交易法律关系，这包括在房地产交易过程中形成的关系，如房产转让、抵押和租赁等；接着是物业管理法律关系，涵盖物业管理公司与业主在物业管理过程中的权利和义务，例如房屋维修；然后是房地产中介服务法律关系，这关系到为房地产开发和交易提供的中介服务，包括咨询、价格评估和经纪服务；最后是房地产管理法律关系，这描述了房地产管理机关与其他房地产主体之间在房地产管理活动中建立的法律关系，例如房地产开发用地审批、房地产权属和交易登记管理等。这些分类帮助明确不同房地产活动中的法律规范和责任，确保房地产市场的正常运行和法律的正确执行。

这些分类帮助明确房地产法律关系的复杂性和多样性，提供了对房地产法律体系更深入的理解和应用。

（三）房地产法律关系的构成

1. 房地产法律关系的主体

在房地产法律关系中，随着法律调整的范围扩大，涉及的权利和义务种类也随之增加。为了更好地理解这些关系，我们需要对其进行分类。

房地产法律关系根据涉及的社会关系类型可分为三个主要类别，反映了法律调整在不同层面的作用和重要性。首先，房地产民事法律关系关涉平等主体间的权利和义务，包括土地使用权出让、房地产租赁、抵押及物业管理等方面，主要围绕个体或企业之间的私法交易和协议。其次，房地产行政法律关系涉及政府或其职能部门与房地产开发主体之间的互动，这包括土地征收和征用、房地产项目的审批等，其中政府处于较为主导的地位，体现了公法的特征。最后，房地产经济法律关系描述了国家或政府部门与房地产开发公司、公民及其他法人和组织间因宏观调控而形成的关系，涉及房地产的规划和价格管理等，这类关系强调了法律在调整房地产市场经济中的作用。这三类关系共同构成了房地产法律框架的核心，确保了房地产市场的合理运行和发展。

根据房地产法律规范的调整对象，房地产法律关系可以细分为几个关键类别：房地产开发法律关系，涉及开发过程中的法律权利与义务，如土地征收和使用权出让；房地产交易法律关系，包括交易过程中的权利与义务，如转让、抵押和租赁；物业管理法律关系，关联物业管理公司与业主间的权利和义务；房地产中介服务法律关系，涵盖提供房地产开发和交易中介服务的法律关系，如咨询、评估和经纪；以及房地产管理法律关系，涉及房地产管理机关与其他主体在管理过程中形成的权利与义务。这些分类描绘了房地产法律框架的多样性，确保了各方面的法律责任和义务得到妥善管理。

房地产法律关系的内容涵盖了房地产管理职权和职责，包括房地产管理主体依法或根据国家授权进行的审查、监督和调查处理等活动；房地产民事权利，涉及平等主体间依法享有的财产权、合同权和民事赔偿权；以及房地产法律义务，指主体在房地产活动中依法或根据合同约定必须承担的行为要求，如报价、履行合同和缴纳税费等。这些分类有助于深入理解房地产法律关系的复杂性，并确保各相关主体能有效地认识和执行其权利与义务。

2. 房地产法律关系的客体

房地产法律关系的客体是指房地产法律关系主体共同关注的对象，主要分为房地产经济行为和房地产本身两大类。

房地产经济行为主要涉及房地产法律关系主体为获取经济利益而进行的各类活动。这包括房地产开发主体的开发活动，如购买土地、筹措资金、建设房屋，以及房地产交易主体的交易活动，如销售、租赁和转让房产。这些活动涉及复杂的财务和合同安排，目的是实现资本增值和收益最大化。为了确保这些活动的合法性和有序进行，房地产法规定了严格的法律框架。这包括房地产管理机关在授权范围内对这些活动进行审查、监督和调控的职权，同时明确房地产当事人在活动中应遵守的法律义务，如遵守建设标准、公平交易和诚实报税等。通过这些规定，房地产法确保了房地产经济行为不仅追求经济效益，也符合社会公共利益，保障了房地产市场的健康发展和房地产法律关系的稳固。

房地产本身作为房地产法律关系的核心客体，承载了各种法律规定下的权利和义务，是所有房地产法律交易和管理活动的直接焦点。在法律框架下，房地产主体——无论是开发商、投资者还是房产所有者——都被赋予特定的权利，并承担相应的义务。这包括但不限于拥有、使用、开发、租赁、转让或抵押房地产。法律通过明确这些权利和义务来规范个体和企业如何互动、交易和管理房地产，确保房地产市场的透明度、效率和公正性。此外，这种对房地产客体的法律明确，有助于解决潜在的纠纷，促进房地产市场的稳定，保护投资者和居民的权益，从而支持房地产市场的健康发展和法治化运行。这种对房地产法律关系结构和运作的理解是维持房地产市场秩序和推动经济发展的基石。

第三节　房地产立法回顾

我国现代房地产法律的演变紧密跟随经济发展、社会变革及政策改革的步伐。自新我国成立以来，我国的房地产立法经历了两个主要阶段：改革开放之前和之后。在改革开放前，房地产立法主要集中于房产权属的规定；而改革开放后，立法重点转向更全面地覆盖房地产开发、交易、管理以及中介服务等领域，反映了对房地产市场动态需求的响应和对经济活力促进的支持。这种法律演进不仅促进了房地产市场的健康发展，也与国家经济现代化进程同步，逐步完善了相关法律框架，以适应持续变化的社会经济环境。

一、改革开放以前的我国房地产立法

（一）建立新型的房地产权属关系时期（1949—1956）

新我国成立初期，人民政府采取了一系列重大措施，对国内土地所有权进行了根本性的改革。政府通过法令没收了帝国主义分子、国民党官僚机构和官僚资本家所拥有的土地，宣布这些土地归国家所有，同时承认了民族工商业者、个体劳动者和城市居民的土地所有权，从而在我国形成了国有土地与私有土地并存的局面。这一政策的实施，标志着我国土地制度的一次深刻变革。

随着 1954 年国家取消土地使用税并全面实行行政划拨制度，城市用地的管理模式转变为完全的行政手段，结束了土地使用的市场化。同时，自 1953 年起，农业合作化运动的开展彻底改变了农村的土地所有制和使用制度，这一运动推动了农村土地从个体经营向集体经营的转变，加速了社会主义农业的建设。

在这一时期内，我国的房地产和土地管理法律框架得到了基本确立，涉及房产管理、租金标准、房产契约、产权证书和租房政策等多个方面。关键的法律文件和政策包括 1948 年的《关于城市公有房产问题的决定》、1950 年的《中华人民共和国土地改革法》、1951 年的《城市房地产税暂行条例》、1954 年颁布的第一部《宪法》，以及 1955 年的《农业合作示范章程草案》等。这些法律和政策主要旨在废除旧有的半封建半殖民地的房地产关系，没收剥削阶级的房地产，将土地和房产分配给无地和无房的人民，同时逐步理顺城市房屋的租赁关系。

这些立法措施的焦点是在建立一个新型的社会主义土地所有权关系，确立国家对土地的全面控制和个人的有限所有权。这包括从农民个人的私有制向农业合作社的集体所有制的平稳过渡，最终建立起农民集体土地所有制。这些法律和政策为我国的土地改革和房地产管理提供了坚实的法律基础，为后续的经济和社会发展奠定了关键的制度框架。

（二）私房改造和稳定集体土地所有权时期（1956—1978）

在 1956 年至 1964 年期间，我国房地产法律的发展主要聚焦于实施社会主义改造和稳定集体土地所有制。在这一时期，重要的法规包括 1956 年中共中央发布的《关于目前城市私有房产基本情况及进行社会主义改造的意见》，标志着私房社会主义改造的开始，以及 1958 年颁布的《国家建设征用土地办法》，和 1962 年中共中央出台的关于改变农村人民公社基本核算单位问题的指示。

这些法律和政策的实施主要目标是对城市私有房产进行社会主义改造，通过采用定息和定租的方法，并对私房改造的形式和人员安排提供具体指导。此外，1964 年国务院批转的报告进一步细化了私有出租房屋的社会主义改造政策，允许私人出租少量房屋。

农村方面，从 1958 年开始的大跃进和人民公社化运动大幅提升了土地的公有化程度。然而，1962 年中共中央发布的指示和《农村人民公社工作条例（修正草案）》的通过，有助于稳定农村土地所有权制度，明确集体所有和集体经营的土地经营制度模式。这一时期，房地产法律的调整基本处于停滞状态，房地产市场未被正规化，私房转让虽然存在，但极为有限，并且未得到法律的充分支持。这段时期的立法重点是建立新型的社会主义土地所有权关系，确立集体所有制，并逐步解决人民公社化运动中的问题，为我国未来的经济体制改革奠定了坚实的法律基础。

二、改革开放以后的我国房地产立法

1979 年，我国开始探索一条新的社会主义建设道路，经济上引入市场机制，政治上恢复法制，采取依法治国的策略。这种经济和政治环境的改善为房地产立法的发展提供了必要的条件，使得房地产立法开始步入正轨。这一转变为房地产市场的规范化和法律体系的完善奠定了基础。

（一）建立和健全城市私房管理法律制度时期（1978—1988）

在 1980 年代，我国开始积极制定和实施一系列房地产和土地管理相关的法规，以适应经济改革和市场开放的需要。这些法规包括 1982 年的《国家建设征用土地条例》和《村镇建房用地管理条例》；1983 年的《城镇个人建造住宅管理办法》和《城市私有房屋管理条例》；1984 年的《城市规划条例》和《关于外来人私有房屋管理的若干规定》；1985 年的《村镇建设管理暂行规定》；1986 年的《土地管理法》和《房地产税暂行条例》；以及 1987 年的《城镇房屋所有权登记暂行办法》等。这些立法的目的在于纠正文革时期对私房权属管理的忽视，防止非法侵占、接管和没收私房的行为，同时规范城镇私有房屋的产权管理以及建造、买卖和租赁行为，加强私有房屋的权属管理，保护房屋所有人和使用人的合法权益。1986 年《土地管理法》的颁布和国家土地管理局的成立标志着我国土地管理工作正式进入依法管理的新阶段。这一时期，尽管房地产市场和土地流转制度尚未完全建立，但房地产和城市建设已开始纳入法制化轨道，反映了从公房私有化向私房公有化转变的趋势。

（二）建立房地产业管理和交易法律制度时期（1988—1998）

自 1988 年《宪法》修订及 1998 年《土地管理法》修订以来，我国房地产立法进入了一个新的制度设计阶段。这一阶段的特点是在保留必要的行政划拨方式的同时，引入了有偿出让土地使用权制度，并最终形成了可流动转让的房地产市场。重要的立法包括 1988 年建设部发布的《关于建立和健全房地产交易市场管理的通知》，1990 年国务院颁布的《城镇国有土地使用权出让和转让暂行条例》，1992 年建设部发布的《城市房地产市场估价管理暂行办法》和《商品住宅价格管理暂行办法》，以及 1994 年的《城市房地产管理法》和 1998 年修订的《土地管理法》。这些法律和政策不仅规范了土地使用制度，而且伴随住房制度改革，建立了房地产市场的法律规则，确保了房地产开发的法制化及其健康有序的发展。

特别是 1995 年开始实施的《城市房地产管理法》，它不仅规范了城市内房地产开发用地的取得、房地产开发和交易活动，还对房地产进行了综合管理，标志着房地产管理法制建设的一个里程碑。这部法律确认了房地产业作为一个独立行业的法律地位，并表明我国房地产立法逐渐趋向成熟和完善。这标志着我国房地产法律体系框架的基本建立，从房地产的可转让性到房地产开发和交易行为的规范化，都得到了法律的明确规定。

（三）完善房地产业管理和交易法律制度时期（1999年至今）

自1999年以后，我国进一步深化了土地使用制度改革，并提出了一系列政策法律要求以规范房地产市场，有效地维护市场秩序。这一时期重要的立法成果包括2001年的《商品房销售管理办法》《城市房屋拆迁管理条例》，2003年的《物业管理条例》（2007年修订），2004年修订的《城市商品房预售管理办法》和《土地管理法》，以及2007年的《物权法》，《城市房地产管理法》修订版，以及《经济适用住房管理办法》和《廉租住房保障办法》，2008年的《城乡规划法》和《土地调查条例》等。这些法律的制定旨在完善现有的房地产管理和交易法律制度，促进房地产市场的平稳健康发展。

特别值得一提的是，2007年10月1日起实施的《物权法》，作为关键的民事基本法律，它不仅涉及到国家的基本经济制度，还直接关系到公众的住房权益。《物权法》对不动产权利进行了细致规定，如实行统一的不动产登记制度、征地拆迁补偿机制以及明确了业主对建筑物共有部分的共享与共管权利和住宅用地的自动续期等。这部法律为房地产业提供了新的运作规则，对行业的长远发展产生了深远影响。

第四节　房地产法的渊源

房地产法的渊源描述了构成房地产法律规范的不同来源和表现形式。由于房地产法律所涉及的事项广泛且复杂，其法律渊源也相应多样化，包括从最高级别的宪法到具体的司法解释和地方习惯，各种来源共同构成了房地产法律体系的完整框架。这些多样的法律渊源确保了房地产法规可以全面覆盖与房地产相关的各个方面，同时也能适应不同地区、不同情况下的具体需求，促进房地产市场的健康和有序发展。

一、宪法

宪法作为国家的根本大法，具备最高法律效力，为房地产立法和司法提供了基本依据。我国《宪法》对房地产制度的直接规定包括：

（1）土地所有权的规定：根据《宪法》第9条，所有自然资源，包括矿藏、水流、森林、山岭、草原、荒地和滩涂，均属国家所有，即全民所有；特定的森林、山岭、草原、荒地和滩涂可依法属于集体所有。第10条进一步明确，城市土地属于国家所有，农村和城市郊区土地除法律规定属国家所有外，归集体所有，包括宅基地和自留地、自留山。

（2）土地使用权的规定：《宪法》第10条规定，任何组织或个人不得非法转移土地，包括侵占、买卖或其他非法形式。土地的使用权可以依法转让，而所有土地使用者必须合理利用土地。

（3）保护公民房屋所有权的规定：《宪法》第13条强调，公民的合法私有财产不受侵犯，国家依法保护公民的私有财产权和继承权。

（4）公民居住权的规定：《宪法》第39条规定，中华人民共和国公民的住宅不受侵犯，禁止非法搜查或侵入公民住宅。

（5）土地和房产征收或征用的规定：《宪法》第10条和第13条规定，国家出于公共利益的需要，可以依法征收或征用土地或私有财产，并予以相应补偿。

这些宪法条文的核心价值在于严格保护土地的公有制度，同时保护作为公民基本权利重要组成部分的房屋所有权和居住权，确保房地产法的正当性和公平性。

二、法律

在狭义上，法律是指由全国人民代表大会及其常务委员会制定的规范性文件，这些法律文件专门调整房地产领域的社会关系，分为专门性法律和相关性法律两大类。

专门性法律主要包括《城市房地产管理法》《土地管理法》《城乡规划法》《物权法》和《农村土地承包法》等。《城市房地产管理法》是我国第一部全面规定房地产开发用地、开发、交易及权属登记管理的法律。《土地管理法》涵盖土地权属、耕地保护和土地资源利用等内容。《城乡规划法》根据城乡一体化原则，规定城乡规划的制定和管理，是房地产开发的关键法律依据。《物权法》作为房地产法的基础性规范，涉及不动产登记、建筑物区分所有权、相邻关系、建设用地使用权等关键内容。《农村土地承包法》旨在稳定和完善家庭承包经营为基础的双层经营体制，确保农民的长期土地使用权，维护农村土地承包当事人的合法权益，并推动农业与农村经济发展。

相关性法律则涉及更广泛的法律体系，包括《民法通则》《担保法》《合同法》《建筑法》《森林法》《草原法》《矿产资源法》《环境保护法》《水土保持法》《节约能源法》《农业法》《继承法》《招标投标法》和《消费者权益保护法》等，这些法律直接或间接影响房地产市场的运作和管理，确保房地产交易和开发活动的合法性和规范性。

三、行政法规和行政规章

（一）行政法规

行政法规是由我国国务院制定的，涉及行政管理事项的规范性文件，通常采用"条例"和"规定"的形式发布。这些法规在我国的法律体系中居于法律之下，但高于地方性法规和部门规章，具有全国性的适用范围。在房地产领域，行政法规的作用尤为显著，它们确立了土地使用和房地产管理的基本框架和操作指南。主要的行政法规包括《土地管理法实施条例》《城镇国有土地使用权出让和转让暂行条例》《城市房地产开发经营管理条例》《住房公积金管理条例》《国有土地及房屋征收与补偿条例》和《房产税暂行条例》等，这些条例涵盖从土地管理到房地产开发、从财务调控到公共利益补偿的广泛领域，为房地产市场的有序运作提供法律支持和指导。

（二）行政规章

行政规章由国家行政机关根据法律、宪法以及国务院行政法规的授权制定。这些规章分为部门规章和地方政府规章两大类。部门规章是由国务院各部委在授权范围内发布的规范性文件，这些文件多以"办法"、"意见"、"细则"等形式出现，直接影响房地产市场的具体操作，如《建设项目用地预审管理办法》《城市房地产抵押管理办法》和《商品房销售管理办法》等，这些规章调整了房地产开发、交易和抵押等关键环节的具体实施。地方政府规章则是由各省、自治区、直辖市及设区的市或自治州的人民政府依照国家法律、行政法规和本地法规制定的，针对地方特有的房地产问题和需要，例如《农村土地承包经营权流转管理办法》《物业服务收费管理办法》和《廉租住房保障办法》等，这些地方性规章帮助地方政府更好地管理本地房地产市场，保护房地产交易双方的合法权益，并促进地方房地产市场的健康发展。

四、地方性法规

地方性法规是由省、自治区、直辖市的人民代表大会及其常务委员会等地方国家权力机构制定的规范性法律文件。这类法规的目的是确保宪法、法律和行政法规在地方层面的遵守与执行，同时结合该行政区域的具体环境和实际需求，依法行使授权的立法权限。特别是在经济特区，如深圳和上海等，地方立法机构在全国人民代表大会的特别授权下，可以制定专门调整房地产法律关系的地方性法规，并在特定区域内执行，以适应该地区快速发展的经济特性和房地产市场的特定需求。

地方性法规在房地产法律体系中占据重要地位，这主要是因为房地产具有明显的地域性特点，各地区在地理环境、经济发展水平、市场需求和文化背景等方面存在差异，这就需要地方性法规来做出更为精细和适应性强的法律调整。例如，一个地区可能需要特别的规定来保护历史建筑，而另一个地区可能需要促进房地产开发以支持当地经济增长。

此外，地方性法规还可以针对本地的土地使用规划、房地产交易、租赁市场、物业管理以及土地征用和补偿等方面制定具体规定。这种法律形式的灵活性使得地方政府能够根据地方实际情况采取有效措施，管理和引导房地产市场健康发展，确保法律与地方实际的紧密结合，有效应对房地产市场中出现的各种问题，从而在全国范围内形成多样化而又统一的房地产法律管理体系。

五、国家政策

政策作为国家或政治党派为实现特定历史时期的目标而设定的活动准则和行为规范，具有不同的类型和作用。其中，国家政策因其正式性和法律效力，被视为法律的渊源之一，这与政党政策形成对比，后者虽影响广泛但不具备法律效力。根据《民法通则》第6条的规定，民事活动应首先遵守法律，而在法律未作规定的情况下，应遵循国家政策。这一规定明确了国家政策在法律体系中的辅助地位。

国务院发布的政策文件，虽然不等同于正式的法律文本，却在实际应用中发挥着类似法规的作用，特别是在处理房地产纠纷等具体事务时提供了重要的参考依据。这些政策文件通常针对当前社会经济情况和市场变动，具有较强的适应性和针对性，填补了法律规范可能存在的时滞性或滞后性的空白。随着时间的推移，一些经过长期实施并证明有效的政策措施，可能被转化为具有更高稳定性和规范性的法律，从而正式纳入法律体系。

以2013年2月20日国务院常务会议制定的"五项加强房地产市场调控的政策措施"（简称"新国五条"）为例，这是一系列为应对当时房地产市场特殊状况而推出的政策性文件，旨在通过规范措施引导市场平稳健康发展。此类政策性文件，包括《中共中央、国务院关于加强土地管理、制止非法占用耕地的通知》《国务院关于深化改革严格土地管理的决定》以及《国务院关于继续冻结各项建设项目征占用林地的通知》等，都针对具体问题提出具体解决方案，直接影响房地产和土地管理的实践。在法律尚未明确规定的领域，这些政策性文件填补了法律空白，为房地产法的实施和房地产市场的规范管理提供了重要的法律依据和操作指导，显著地促进了房地产市场的稳定与发展。

六、司法解释

司法解释是由国家最高司法机关为明确法律条文的含义和适用法律的具体方法所发布

的解释，包括最高人民法院的审判解释和最高人民检察院的检察解释。这些解释为法院及相关法律实践机构在具体案件中正确适用法律提供了指导，确保了法律的统一实施和法律效果的预测性。

在房地产法领域，最高人民法院的司法解释尤为重要，因为它直接关系到房地产交易、开发、管理等多方面的法律实践。司法解释可以分为两大类：一是专门性的司法解释，二是综合性的司法解释。

专门性的司法解释主要针对房地产特定领域的法律应用问题。例如，《最高人民法院关于审理商品房买卖合同纠纷案件适用法律若干问题的解释》明确了商品房交易过程中的法律责任和权利归属，为处理此类纠纷提供了明确的法律依据。同样，对于国有土地使用权合同的纠纷，《最高人民法院关于审理涉及国有土地使用权合同纠纷案件适用法律问题的解释》也为法院判决提供了具体的法律指导。此外，涉及宗教场所如寺庙、道观的房屋产权属问题，则通过《最高人民法院、国务院宗教事务局关于寺庙、道观房屋产权归属问题的复函》加以明确。

综合性的司法解释则包括对多个相关法律条文或整个法律体系的解释，如《最高人民法院关于贯彻执行〈中华人民共和国民法通则〉若干问题的意见（试行）》，这一解释帮助法院在处理涉及民法通则的案件时，能更精确地理解和运用法律。《最高人民法院关于适用〈中华人民共和国合同法〉若干问题的解释（一）》和《最高人民法院关于适用〈中华人民共和国担保法〉若干问题的解释》则分别对合同法和担保法中的关键问题进行阐释，确保这些法律在房地产交易中的正确实施。

这些司法解释不仅提高了法律的可操作性和透明度，而且保证了房地产市场的法治环境，促进了市场的健康稳定发展。通过这种方式，司法解释在实现法律的公正与效率方面发挥了桥梁和纽带的作用。

七、当地习惯

在我国法律体系中，《物权法》第85条的规定特别强调了处理相邻关系时，若法律、法规缺乏具体规定，应考虑依据当地习惯进行判断和处理。所谓"当地习惯"是指在特定地区内，由多数居民长期形成并普遍遵守的行为准则和处理方式。这类习惯通常源于当地的文化、历史和经济背景，经过长时间的实践而逐渐固化，成为该地区人民在缺乏法律指引时的默认行为指南。

当地习惯在房地产法领域的应用表现在多个方面。例如，在解决物权冲突、界定产权边界、处理噪音干扰或其他侵权行为时，如果相关法律法规未提供明确指导，当地的传统做法和处理方法就显得尤为重要。这些习惯性做法不仅有助于保持社区的和谐稳定，也能在一定程度上防止或减少法律纠纷。

在实际法律实践中，当地习惯作为房地产法的渊源，有时甚至具有决定性的作用。例如，关于地界的确定、使用权的限制以及对公共资源的共享等问题，往往依赖于长期的地方实践和认可的习俗来调解。法院和其他法律实体在审理涉及当地习惯的案件时，通常需要详细考察这些习惯的合理性、持续性以及是否与现行法律相抵触。

综上所述，当地习惯在房地产法领域发挥着填补法律空白、衔接社会实践与法律规范的重要作用，是法律适用中不可忽视的一个重要方面。这种做法不仅体现了法律的灵活性和适应性，也强调了社区自治和地方特色在法律实践中的重要价值。

第二章　房地产权属与土地权属

房地产权属与土地权属是构成房地产法核心的基础性问题，直接关系到土地使用、开发和交易的法律基础。在当前快速发展的房地产市场中，权属问题尤为重要，因为它不仅关系到资产的价值和流通，还牵涉到土地的合理利用和社会资源的公正分配。土地权属是房地产权属的基础，涉及土地的所有权、使用权和其他相关权利。这些权利的界定、转让与维护是土地管理法律框架的关键组成部分。随着经济的发展和市场的需求变化，土地权属制度在不断适应新的社会经济条件，反映了政策制定者对于促进土地资源合理利用和保障公众利益的考量。

第一节　土地权属

一、土地权属制度的发展

在 1947 年 9 月，我国共产党在河北省石家庄市西柏坡村召开了具有历史意义的全国土地会议。这次会议通过了《我国土地法大纲》，并于同年 10 月 10 日由中共中央正式公布。《我国土地法大纲》不仅是一部具有里程碑意义的法律文件，更是一项彻底消除封建剥削制度的纲领性文件。大纲明确提出了"废除封建性及半封建性剥削的土地制度，实行耕者有其田的土地制度"的政策。这一政策的实施不仅标志着我国土地制度的根本改变，而且极大地激发了农民的革命和生产积极性，为我国革命的胜利提供了决定性的支持。

随着中华人民共和国的成立，1949 年 9 月，新政府发布的《我国人民政治协商会议共同纲领》起到了临时宪法的作用。该纲领规定了逐步将封建半封建的土地所有制改变为农民的土地所有制。从 1949 年开始，我国确立了土地国家所有制和农民所有制的双重体系。所有国有土地都按划拨方式使用，这种做法在 1982 年的《宪法》中得到进一步的明确，该宪法规定"任何组织或者个人不得侵占、买卖、出租或者以其他形式非法转让土地"。

在经济体制改革的背景下，1979 年颁布的《中外合资经营企业法》首次引入了国有土地有偿使用的先例。该法规定，我国合作方可以将土地使用权作为投资的一部分，如果未将土地使用权作为投资，则需要向政府支付土地使用费。这一规定是国有土地管理方式的重大变革。

进入 1980 年代后，我国的土地管理和房地产市场经历了更加深刻的变革。1987 年 11 月，深圳经济特区率先试行土地使用权有偿出让制度，这一尝试引发了全国范围内的土地制度改革浪潮。此后，1988 年 4 月，第七届全国人民代表大会在其第一次会议中修订了 1982 年的《宪法》，新的规定允许"土地使用权可以依法转让"。同年，国务院实施《城镇土地使用税暂行条例》，开始征收城镇土地使用税，这标志着土地使用权市场化的正式开始。

随着土地市场化进程的加速，全国各城市陆续建立了房地产交易所，银行也设立了房地产信贷部门，这些措施进一步促进了土地使用权的有偿、有期限使用制度在全国的普及和实施。这些政策和法规的变动标志着我国房地产市场及土地管理制度的根本转型，土地从计划经济时期的严格控制逐步过渡到市场经济体制下的有序竞争和交易。

这一系列改革措施，不仅促进了土地资源的合理配置和高效利用，也为房地产市场的快速发展奠定了基础。土地作为房地产开发的基础资源，其管理和交易方式的变革，直接影响到整个房地产市场的结构和发展趋势。同时，这些改革也引发了广泛的社会、经济乃至政治层面的影响，成为我国改革开放历程中不可或缺的重要组成部分。

总之，从 1947 年的土地改革到 1980 年代末的土地市场化改革，我国土地政策和房地产管理制度经历了从彻底的社会主义改革到市场经济初步探索的复杂过程。这一过程不仅深刻改写了我国的土地所有权和使用权体系，也为我国经济的现代化发展提供了坚实的基础和广阔的空间。

二、土地所有权

土地所有权指土地所有者依法享有的占有、使用、收益和处分土地的权利。根据《土地管理法》及《土地管理法实施条例》，土地所有权分为国家土地所有权和农民集体土地所有权两种形式。国家土地所有权具有所有权的绝对性特征，显示了国家对土地的绝对控制和支配能力。相比之下，集体土地所有权则存在更多限制，其所有权不具有绝对性，也可以理解为不完全的所有权，其权能在法律设定的框架和约束下行使。这种区分反映了不同土地所有形式在权利能力上的根本差异。

（一）国有土地所有权

国家所有的土地在我国的法律和管理体系中占据着核心地位，其具体类型涵盖了多种形态和用途的土地，确保了国家对重要资源的控制和合理利用。具体来说，国家所有的土地可以分为以下几类：

（1）城市市区的土地：这包括所有在城市规划区内的土地。这些区域通常涉及商业、住宅和工业用地，是城市经济活动的核心区域。

（2）农村和城市郊区中已经依法征收、征购或没收的土地：这类土地通常因国家重大建设项目或公共利益需要而被国家征用。征收和征购是国家为了公共利益实施土地资源管理的手段，确保了土地使用的公正性和合理性。

（3）国家依法征收的土地：这指的是根据法律规定，为了国家安全、公共安全、交通运输等国家重要需求而征收的土地。

（4）法律规定不属于集体所有的其他土地：包括林地、草地、荒地、滩涂等。这些土地通常位于生态保护区或其他特定管理区，由国家直接管理，以保护生态环境和维护生物多样性。

（5）原属于转为城镇居民的农村集体经济组织成员的土地：这类土地是指那些原本属于农村集体，但因成员转变为城镇居民而转为国家所有的土地。

（6）因国家组织的移民、自然灾害等原因导致农民集体迁移后不再使用的土地：这类土地通常涉及大规模的社会管理和资源重新配置，确保了资源在新的社会经济环境中的合理分配和利用。

国家的土地所有权是由国务院代表国家行使的。在我国的政治和行政体系中，国务院作为国家行政机关的最高执行机构，负责管理和执行国家的土地政策和法规。这种安排确保了土地资源管理的中央集权和统一性，国务院通过各种政策和法规，以及直接行政手段来维护国家对土地的控制。这不仅涉及经济发展和城市规划，还包括生态保护和灾害管理等方面，显示出国家在利用和保护土地资源方面的综合权力和责任。

（二）集体土地所有权

集体所有的土地主要包含两类：一是农村、乡镇和城市郊区的土地，这些土地未被法律明确规定为国家所有；二是包括宅基地、自留地和自留山在内的土地。

对于这些集体所有的土地，其所有权由相关集体依照以下规定行使：

（1）村级集体所有土地：这类土地归村集体经济组织或者村民委员会所有，由他们代表集体行使所有权。这确保了土地管理和利用决策紧密联系村级集体的具体需求和利益。

（2）跨村集体所有土地：如果一块土地跨越了一个村庄的范围，属于两个或以上的农民集体所有，那么由各相关村内的集体经济组织或者村民小组共同行使所有权。这种安排有助于平衡不同集体间的利益，并协调土地使用的共同问题。

（3）乡镇级集体所有土地：属于整个乡镇的集体土地由乡镇集体经济组织代表集体行使所有权。这反映了更广泛的社区利益，并可能涉及较大片区的土地管理和开发。

这种所有权的行使方式旨在确保土地利用和管理能够更好地服务于地方社区的发展需求，同时符合法律和行政管理的要求。通过这样的结构，集体土地的利用既保持了地方特色，又能有效实现资源的合理配置和保护。

（三）土地所有权的流转

根据现行《宪法》第 10 条第 4 款的规定："任何组织或者个人不得侵占、买卖或者以其他形式非法转让土地。"这一法律条款明确指出，在我国，土地所有权不能通过买卖、赠与、交换或其他任何商业性质的交易方式进行转让。这包括所有的国有土地以及集体土地，确保了土地交易的严格监管和法律约束。

在我国的土地所有权制度中，土地可以分为国有土地和集体土地。国有土地是由国家拥有并由国务院或其授权的地方政府机构管理。集体土地则主要指农村和城市郊区的土地，通常由地方的集体经济组织或村民委员会管理。这两种土地所有权形式都不允许通过传统的市场交易方式进行转移。

土地所有权的合法变更通常只能通过两种方式进行：一是国家的征收或征用，二是政府部门批准的土地边界调整。国家征收或征用土地是在公共利益的前提下进行，例如为了城市规划、基础设施建设或其他公共工程，这通常伴随着对原土地所有者的适当补偿。而土地边界的调整则是在不改变土地所有权性质的前提下，由政府相关部门审批，确保土地使用的合理性和效率，通常涉及的是不同集体经济组织之间的土地。

这些措施的实施有效地防止了非法土地交易行为，维护了土地资源的合理利用和管理。通过禁止非法土地转让，我国的法律框架旨在避免土地市场的无序竞争和土地资源的滥用，确保土地资源能够以最合理的方式服务于经济发展和社会稳定。此外，这种严格的法律规制也有助于减少土地纠纷，促进社会公正与经济的持续健康发展。

三、土地使用权

土地使用权涉及单位或个人根据法律或协议对国有或集体土地的占有、使用、收益和有限处分权利。《土地管理法》第 4 条根据用途将土地分类为农用地、建设用地和未利用地。农用地主要用于农业生产，包括耕地、林地、草地、农田水利用地和养殖水面等；而建设用地则用于建筑物和构筑物的建设，这类用地包括但不限于住宅和公共设施用地、工矿用地、交通水利设施用地、旅游用地以及军事设施用地等。这些分类反映了土地用途的多样性和功能性，指导土地的合理利用和管理。

（一）农用地使用权

农用地使用权也被称作土地承包经营权。根据《物权法》第 124 条第 2 款的规定，属于农民集体所有及国家所有但由农民集体使用的耕地、林地、草地以及其他农业用地，应依法实施土地承包经营制度。此外，《物权法》第 125 条明确指出，土地承包经营权人对其承包的耕地、林地、草地享有占有、使用和收益的权利，并可从事种植业、林业、畜牧业等农业生产活动。

至于土地承包经营权的确立和登记，《物权法》第 127 条规定，土地承包经营权自土地承包经营权合同生效时开始设立。地方人民政府县级以上机构应发放土地承包经营权证、林权证和草原使用权证，并进行登记造册，以确认土地承包经营权。这些措施确保了土地承包经营权的法律效力和透明度，为土地使用提供了明确的法律依据和管理框架。

（二）建设用地使用权

根据《土地管理法》的第 43 条和第 44 条，任何单位或个人若需进行建设活动并使用土地，则必须按照法律规定申请使用国有土地。然而，存在一些例外情况，比如当兴办乡镇企业或村民建设住宅时，若经法律批准可以使用所属集体经济组织的农民集体所有土地，或当乡（镇）村公共设施和公益事业建设也经法律批准使用农民集体所有的土地时，则可免申请国有土地。此外，如果建设活动涉及将农用地转换为建设用地，那么必须进行农用地转用的审批手续，以确保符合相关法律规定。这些规定旨在合理规范土地使用，确保土地资源得到合法、有效管理。

1. 国家建设用地使用权

《物权法》第 135 条为"国家建设用地使用权"提供了明确的法律规定，确立了使用权人对国家所有的土地享有占有、使用和收益的权利，并允许其在该土地上建造建筑物、构筑物及其附属设施。随着城市化和经济发展的需求，对土地的利用已经扩展到多维空间，包括地面以上、地表及地下。应对这种"三维"空间的土地利用需求，《物权法》第 136 条特别规定，建设用地使用权可以独立于土地的地表、地上或者地下分别设立，从而为现代城市发展中的高层建筑及地下设施的建设提供了法律支持。

国家建设用地使用权的流通性较高，它不仅限于单一的转让方式。除特定法律法规的限制之外，国家建设用地使用权可以通过转让、互换、出资、赠与或抵押等多种方式流通。这种高度的流动性使得国家建设用地使用权成为土地市场交易的主体，当前的土地市场实质上主要是国家建设用地使用权的市场。这种制度的设置不仅促进了土地资源的有效配置，也为房地产开发和城市基础设施建设提供了灵活性，支持了经济的持续发展和城市的空间扩展。

2. 集体建设用地使用权

乡镇企业、乡（镇）村公共设施、公益事业以及村民住宅等乡（镇）村建设项目，应根据村庄和集镇的规划进行合理布局，并综合发展，同时配套适当的基础设施建设。在这一过程中，集体经济组织所拥有的土地不得通过出让、转让或出租等形式，供其他集体经济组织、企业或个人用于非农业建设，除非这些活动符合土地利用总体规划且依法获得了建设用地的批准。此外，如果企业因破产、兼并等原因导致土地使用权依法转移，这种情形可以作为例外。

为了保障农民在集体所有的土地上建造住宅的权利，《物权法》专门设立了"宅基地使用权"一章。《物权法》第152条明确规定宅基地使用权人依法对集体所有的土地享有占有和使用的权利，并有权利用该土地建造住宅及其附属设施。这为农村居民提供了法律上的保障，确保他们在自己的土地上建设居住环境。

在宅基地的分配上，规定农村村民一户只能拥有一处宅基地，且宅基地的面积不得超过国家、省、自治区、直辖市规定的标准。如果农村村民出售或出租自己的房屋后再申请宅基地，该申请不予批准。然而，如果村民因自然灾害等不可抗力因素失去了宅基地，应当由当地政府重新分配宅基地，以确保受影响村民的基本居住需求得到满足。这些规定旨在平衡农村土地资源的合理使用和保护农民的基本生活权益。

（三）土地使用权的流转

虽然在我国，土地所有权的流转是受到限制的，但土地使用权却可以依法转让。国家机关、企事业单位、农民集体、公民个人、外资企业等，只要符合法定条件，都可以依法按照规定程序获得土地使用权，从而成为土地使用权的持有者。土地使用权具有一定的流动性，可以通过出让、转让、买卖、出租或抵押等多种方式进行操作。这种制度安排旨在促进土地资源的有效利用，同时确保土地交易的法律规范和秩序。

第二节 房地产权属登记

一、房地产权属登记的概念和职能

房地产权属登记，作为房地产管理机构的一项重要职责，包括持续性地记录和登记房地产的所有权、使用权以及其他相关权利的详细情况。这一过程对于确保整个房地产法律体系的有效运作至关重要，这个体系涵盖了产权制度、交易制度以及管理制度。房地产权属登记系统担负三项主要职能：首先是产权确认职能，即通过官方登记程序授予房地产权利法律上的确定性和效力；其次是公示职能，该职能通过公开披露权利变更信息，增加市场操作的透明度，使潜在买家和其他利益相关者能够访问权属信息；最后是管理职能，这不仅包括维护房地产权属档案的完整性和准确性，还涉及对申请人提交的权利申请进行严格的审查以及监督房地产市场的交易活动，确保所有的交易均合法有效，防止欺诈行为，保护投资者和消费者的权益。通过这些职能的有效执行，房地产权属登记系统为房地产市场的稳定和发展提供了坚实的法律和管理基础。

二、国有土地登记

国有土地登记是土地管理部门根据法律要求及申请人的提交资料，通过法定程序公示国有土地使用权及与之相关的土地抵押权、地役权等土地权利的重要行为。这种登记的目的是确保土地权利的透明度和可追溯性，防止权属纠纷，并对外界明确权利状况。

在国有土地使用权中，主要包括国有建设用地使用权和国有农用地使用权两大类。国有建设用地使用权涵盖了城市房地产中的土地使用，通常涉及商业、住宅、工业等多种用途的土地，而国有农用地使用权则涵盖农业生产相关的土地使用。这两类使用权对经济发展和社会管理都具有极其重要的影响。

整个国有土地登记过程不仅增强了国家对土地资源的管理能力，也为公民和企业提供了土地使用的法律保障和明确指引，确保了土地资源的合理、有效利用，促进了社会经济的有序发展。通过这样的登记系统，政府能够有效地监控和管理土地市场，防止土地使用中的违规行为，维护土地交易市场的公正性。

国有土地登记分为初始登记、变更登记和注销登记，每类登记针对不同的土地权利变动情况：

（1）初始登记：初始登记是为新设立的国有土地权利进行的登记。在国有建设用地使用权通过划拨或出让方式获得，或是现有划拨权转为出让权时，需办理初始登记。此外，涉及土地使用权的抵押也须办理此类登记。完成初始登记后，土地管理部门将向权利人发放土地权利证书。

（2）变更登记：变更登记应当在国有土地权利发生变更时进行，例如权利人信息、土地用途的变更，或是土地使用权在交易、法人重组、破产等情况下发生转移。此类变更确保土地使用权信息的实时更新和准确性，维护交易双方的法律权益。

（3）注销登记：当国有土地权利因各种原因终止时，如国家依法收回土地使用权、法律生效判决导致土地权利消灭，或因自然灾害等不可抗力事件导致的土地权利消灭，需办理注销登记。此过程中，土地权利证书将被收回或在无法收回时，通过土地登记簿注明并公告废止。

这三种登记类型确保国有土地权利的法律效力、公众透明度及行政管理的效率，是国有土地管理的重要组成部分。

三、房屋登记

房屋登记是由指定机构依法记录和公示房屋权利信息的过程，包括所有权、抵押权、地役权、预告登记等。这一制度涉及三种主要登记类型：

（一）所有权登记

所有权登记包括几个关键过程，确保房屋及其相关权利正确记录和更新。初始登记针对新建房屋，确保其权属正确反映并包括相关的公共设施。转移登记发生于房屋交易如买卖、交换或赠与，确保所有权平稳过渡。变更登记则应对当房屋所有者的信息或房屋的物理状态变化时进行更新，如业主信息更改或房屋结构改动。最后，注销登记在房屋因毁损、拆迁或所有者放弃权利时执行，从而在法律和行政记录中清除这些房屋的所有权。这些步骤共同维护房地产市场的透明度和秩序，保护房地产所有者和潜在购买者的合法权益。

（二）抵押权登记

抵押权登记是一个关键的法律程序，旨在确保房屋抵押的合法性和执行力。这一过程包括抵押权的设立登记、变更、转移及注销几个步骤。在设立登记阶段，需详细记录抵押的当事人信息、债务的具体金额以及登记的具体时间，以确保所有相关信息的准确性和可追溯性。若抵押条件如债务数额或当事人资格有所变化，需进行变更登记。抵押权的转移则涉及到抵押权从一个债务人转至另一债务人的法律过程。最后，当主债权被清偿或抵押权以其他方式实现时，必须进行抵押权的注销，从而法律上解除该物权对房屋的约束。这些步骤共同构成抵押登记的完整流程，确保房地产交易的安全性和法律的严密性。

（三）预告登记

预告登记是一个重要的法律手段，主要用于房屋交易初期阶段保护债权人的权益，确保交易双方之间的协议得到遵守。这种登记形式在房屋买卖或权益转让的协议签署后立即生效，主要目的是限制债务人在未征得债权人同意的情况下非法处置房产。法律上规定，一旦进行了预告登记，除非得到原权利人的明确同意，否则任何对该不动产的处置行为均不具备法律效力。此外，如果相关的债权结束或者在规定的期限内未能完成正式的权利登记，预告登记将自动失效。这一规定有效地防止了潜在的法律纠纷和财产损失，保护了交易双方的法律权益。

第三节　土地担保物权制度

一、担保物权的含义与类型

担保物权是一种法律安排，在民事交易中，如借贷和买卖活动中尤为常见，其允许债务人或第三方用自己的财产作为确保债务得到履行的手段。如果债务人未能履行其债务或出现双方事先约定的特定情况，债权人则可以依照法律规定，优先从该财产的价值中获得偿付，从而保护其财务利益。

担保物权的种类繁多，但主要包括抵押权、质权和留置权三种形式。其中，抵押权让债权人在不取得财产占有权的情况下，对债务人或第三方提供的担保财产拥有优先受偿权，这种方式在房地产交易中尤为常见。质权则不同，它涉及债务人或第三方将其动产或其他财产权转移至债权人占有，以此作为履行债务的保证，债权人在债务未得到满足时同样享有优先受偿权。留置权则是一种略显特殊的权利形式，债权人根据合同的约定，占有债务人的动产，并在债务人未按约定期限履行债务时，可以留置该动产，并根据法律规定，优先从该动产的折价、拍卖或变卖所得中获得偿付。

这些不同的担保物权形式适用于不同类型的财产和债务情况。抵押权通常适用于动产和不动产，包括不动产上的各种权利；质权主要适用于动产或特定财产权利；而留置权则专门针对动产。因此，土地担保物权制度实际上主要涉及土地抵押权，其目的是确保土地等不动产在债务关系中的担保作用得以法律的认可和保护。

二、土地抵押权的含义与特征

土地抵押权涉及土地权利人在法律允许的范围内，未转移土地的实际占有，而使用土地使用权作为债务担保的一种安排。在债务人未能履行债务或发生其他约定情况时，债权人可依法处理这些土地使用权，并优先从销售所得中获得偿还。

土地抵押权具有以下几个特点：

首先，土地抵押权的设立必须通过登记程序。根据《物权法》第 187 条的规定，抵押权的成立依赖于有效的抵押登记。这包括对建筑物、土地使用权、其他土地附着物以及正在建造中的建筑物进行登记。因此，土地抵押被视为一种严格的法律行为，不仅需要债务人和债权人之间的明确协议，而且必须通过书面合同正式记录，并完成登记程序才能确立法律效力。

其次，从性质上看，土地抵押权属于权利抵押而非实物抵押。这一区分非常关键，因为抵押的主体不是土地本身，而是与土地相关的各种权利，如土地使用权。这意味着在抵押关系中，债务人保留对土地的占有和使用，而债权人则获得对这些权利的优先受偿权。

第三，只有那些法律允许转让的土地权利才能被用作抵押。根据《中华人民共和国担保法》以及相关的最高人民法院解释，对于法律明确禁止或限制流通的土地权利，设定抵押是不被允许的。这一规定确保了抵押活动的合法性和执行的可行性。在债权实现的过程中，必须严格遵守法律和法规的相关规定，以合法、适当的方式处理这些财产。

最后，土地抵押权的设立要求土地权利必须已经经过正式登记并发证，这确保了债务人或第三方对被抵押土地具有清晰无争议的合法权利。同时，对于已被法院查封的土地，由于其法律地位受限，不允许用作抵押。这些规定共同构成了土地抵押权设立的法律框架，旨在确保所有涉及方的权益得到妥善保护和合理处理。

三、土地抵押权的类型

在我国，土地所有权属于社会主义公有制，意味着土地所有权不能进行交易或流转。无论是国有土地还是集体土地，其所有权都不可用作抵押。根据《物权法》第 184 条的规定，以下类型的财产不得抵押：（一）土地所有权；（二）耕地、宅基地、自留地、自留山等集体所有的土地使用权，除非法律有特别规定允许抵押；（三）用于公益目的的学校、幼儿园、医院等事业单位、社会团体的教育设施、医疗卫生设施及其他社会公益设施；（四）权属、使用权不明确或存在争议的财产；（五）依法被查封、扣押、监管的财产；（六）法律或行政法规规定不得抵押的其他财产。

因此，在我国，所谓的土地抵押权，实际上指的是土地使用权的抵押权。土地使用权作为土地用益物权的一种，具体包括了土地使用权的不同分类。接下来，我将详细说明不同类型的土地使用权及其抵押情况。

（一）建设用地使用权的抵押

1. 国有建设用地使用权的抵押

在我国，对于通过出让方式获得的建设用地使用权进行抵押是被法律允许的，因为没有相关法律对此类抵押作出禁止或限制性的规定。具体到《物权法》第 180 条，列举了可以抵押的财产种类，包括但不限于建筑物及其土地附着物、建设用地使用权、通过招标、拍卖、公开协商等方式取得的土地承包经营权。此外，生产设备、原材料、半成品、成品，正在建造中的建筑物、船舶、航空器，以及其他未被法律或行政法规禁止抵押的财产也都可以用作抵押。根据该法第 182 条的规定，如果以建筑物作为抵押物，则必须将该建筑物所在的建设用地使用权一并抵押；同理，如果是以建设用地使用权作为抵押物，则该土地上的建筑物也必须一并进行抵押。如果抵押人没有遵守这一规定进行同时抵押，那么那些未单独抵押的财产也会被视为已经一并抵押。抵押权的成立必须通过抵押登记程序来确认，如《物权法》第187条所述。

对于以划拨方式取得的建设用地使用权的抵押，我国法律设立了更为严格的规制。依据《最高人民法院关于破产企业国有划拨土地使用权是否列入破产财产等问题的批复》（法释〔2003〕6号），企业如果要对其通过划拨方式取得的国有土地使用权进行抵押，除了必须依法办理抵押登记手续外，还必须得到相应权限的人民政府或土地行政管理部门的批准。没有获得这种批准的抵押是无效的。此外，如果在划拨方式取得的国有土地上的建筑物及土地使用权一起进行抵押，这种抵押也必须通过法定的审批程序，否则同样视为无效。相比之下，如果建筑物和土地使用权是通过出让或转让方式取得，并一并设定为抵押物，即使未经相关部门批准，这种抵押仍被认为是有效的。根据《城镇国有土地使用权出让和转让暂行条例》，涉及划拨土地使用权的抵押还需要完成一些特定的程序，这包括获取市、县级人民政府土地管理部门的批准，以及将划拨土地转变为出让土地的手续，并缴纳相应的土地出让金或以抵押所获收益来抵偿土地使用权出让金。这些程序确保了土地抵押活动的合法性和规范性，同时也保护了土地资源的合理利用和管理。

2. 集体建设用地使用权的抵押

根据《物权法》第183条的规定，乡镇或村企业的建设用地使用权不能单独作为抵押物。如果乡镇或村企业的厂房及其他建筑物被用作抵押，那么这些建筑物所占用的建设用地使用权也必须一并纳入抵押。这一规定确保了建筑物与其占用的土地之间的法律关系清晰，防止了建筑物和土地使用权被分割抵押所可能引发的法律和管理上的复杂性。

此外，对于学校、幼儿园、医院以及其他以公益目的运作的事业单位和社会团体来说，其教育设施、医疗卫生设施及其他社会公益设施所占用的土地，无论是国有还是集体所有，都不得用作抵押。这一规定体现了对公共资源的保护，确保这些以服务社会为主要目的的设施不因财务问题而影响其正常运作和公益目标的实现。通过禁止这类土地使用权的抵押，法律加强了对教育和公共健康基础设施的稳定性和安全性的保障，确保这些设施能够持续服务于公众，不受经济压力的影响。此项规定是对公共利益的一种法律上的维护，反映了国家对教育和健康领域的支持和重视。

（二）土地承包经营权的抵押

根据我国的法律规定，《担保法》第34条、《物权法》第180条以及《农村土地承包法》第49条允许将"四荒"土地（即未开发的荒地）的承包经营权用作抵押。然而，对于耕地、自留山、自留地等土地的承包经营权，根据《担保法》第37条和《物权法》第

184 条，通常是禁止抵押的。这反映了我国在土地承包经营权抵押问题上的折中立场。在抵押登记的具体操作中，原国家土地管理局发布的《农村集体土地使用权抵押登记的若干规定》和《国家土地管理局关于土地使用权抵押登记有关问题的通知》也支持这一立场。

近年来，随着我国各地在农村土地承包经营权抵押和立法方面的活跃，多个地区推出了支持和鼓励农村土地承包经营权抵押的地方性法律文件。例如，辽宁省、成都市、海南省、重庆市、昆明市和黑龙江省均制定了相关的管理办法，这些办法自 2010 年以来陆续实施，以促进农村土地承包经营权的金融活动。

特别地，2013 年 11 月 12 日，党的十八届三中全会通过的《中共中央关于全面深化改革若干重大问题的决定》中，明确提出加快构建新型农业经营体系，其中包括赋予农民更多关于土地的权利，如占有、使用、收益、流转以及抵押和担保。继此之后，2014 年 4 月 20 日，国务院公布了《开展农村土地承包经营权抵押贷款试点的通知》，旨在创新农村土地的抵（质）押担保方式，并在批准的地区开展试点。

自 2015 年 12 月 28 日起，至 2017 年 12 月 31 日，全国人民代表大会常务委员会授权国务院在北京市大兴区等 232 个试点县（市、区）进行时限内的调整实施，涉及《物权法》和《担保法》中关于集体所有的耕地使用权不得抵押的规定的调整。这些试点和政策的实施显著推动了土地承包经营权抵押贷款业务的发展，展示了我国在土地管理和农业金融支持方面的创新和进步。

（三）宅基地使用权的抵押

在《物权法》的制定过程中，围绕宅基地使用权是否可以抵押的问题，出现了两种主要观点。一方认为，农民作为我国最大的弱势群体，如果允许宅基地使用权抵押，将有助于他们获取发展所需资金，从而改善生活条件并逐步致富。另一方则认为，宅基地使用权是农民的基本生存保障，具有特定的身份和福利属性。如果宅基地使用权被抵押，一旦抵押权实现，农民将失去其居住保障。

根据《物权法》第 184 条第 2 项的规定，宅基地使用权不得抵押。显然，《物权法》采纳了后一种观点，即不允许宅基地使用权的抵押。这种立法考虑不仅基于经济考量，还涉及到农村社会的稳定和农业经济的持续发展，显示了其深远的政治和社会意义。

此外，由于"地随房走"的原则，宅基地上建造的房屋也不能进行抵押。但是，《物权法》为了鼓励农民开发荒地并解决资金短缺问题，允许通过招标、拍卖、公开协商等方式取得的荒地等土地的承包经营权进行抵押。

在最新一轮的土地改革中，党的十八届三中全会的《关于全面深化改革若干重大问题的决定》提出了保障农户宅基地的权益、改革和完善农村宅基地制度，并在试点基础上稳妥推进农民住房财产权的抵押、担保、转让，以探索增加农民财产性收入的途径。2015 年

8月10日，国务院发布的《关于开展农村承包土地的经营权和农民住房财产权抵押贷款试点的指导意见》中指出，农民住房财产权设立抵押时，需要将宅基地使用权与住房所有权一并抵押。

尽管这些政策与《物权法》的相关规定存在冲突，但为了缓解这种冲突，国家在土地改革试点地区暂停执行相关法律条款，确保政策的执行仍然在法律框架内进行。这种做法为农民住房抵押试点工作提供了制度保障，对于推动农村经济发展和提高农民生活质量具有重要的现实意义。

（四）地役权的抵押

根据《物权法》第165条的规定，地役权本身不能单独抵押。当土地承包经营权、建设用地使用权等相关权利被抵押时，与之关联的地役权也将一并转让。

土地征收是一种国家行为，其定义为政府为了公共利益的需要，在依法定程序并提供适当补偿的前提下，强制取得集体土地所有权或个人、单位的房屋及其他不动产的行为。这种措施具有明确的特征：

首先，土地征收的主体具有唯一性，这意味着只有政府具备执行征收的权力。这是因为土地征收通常涉及更广泛的社会和公共政策目标，需要在国家层面上统一规划和执行。由于其涉及范围广和影响深远，不允许私人或其他非官方组织参与这一过程，以确保透明度和公正性。

其次，征收的对象具有双重性，不仅包括土地所有权，有时也涵盖房屋所有权。这表明征收活动可以针对各种类型的不动产，旨在支持重大的基础设施项目如道路、学校和医院等的建设，或是为了实现城市规划和环境保护等公共利益目标。

第三，土地征收必须基于公共利益的需要。这种政策决定不是随意的，而是必须经过严格的法律程序和评估，确保其为更大的社会福祉服务。专家指出，尽管征收和征用在某种程度上剥夺了个人或法人的财产权，这一行为是物权绝对性原则的例外。这种权力的行使通常伴随着对被征收方的补偿，以减轻其财务和情感的损失。

第四，土地征收具有强制性。政府在征收土地时不需要征得土地所有者的同意，这一点尤其体现了征收的权威性和决定性。在一些情况下，征收甚至可能违背土地所有者的意愿进行，尤其是在土地所有者对于公共项目的必要性持有异议时。然而，政府必须通过透明的沟通和合理的补偿程序来平衡这种权力的行使，确保所有相关方的合法权益得到尊重和保护。

关于土地征用与土地征收的关系，《物权法》第44条规定，因抢险、救灾等紧急需要，政府可以依法征用单位或个人的不动产或动产。被征用的财产在紧急使用后应返还，并对任何损坏或灭失提供补偿。

土地征用通常是基于紧急状态的需要，政府临时征用他人土地或动产，而无需事先补偿。紧急状态结束后，需将土地或动产返还，并对使用过程中的损坏或灭失进行赔偿。土地征用与土地征收虽然都具有强制性和公共利益保障的共同特征，但二者有本质区别：土地征收通常涉及获取土地的所有权和使用权，而土地征用仅涉及临时的使用权，使用后需归还原物，若造成损坏则需赔偿。

四、土地征收与征用的条件

按照法律法规的规定，土地征收与征用必须满足以下三个条件：

(一) 公共利益的目的性要件

我国的《宪法》《物权法》《土地管理法》等法律文本都对土地征收的公益性目的进行了规定。尽管《宪法》和《物权法》没有明确定义什么是"公共利益"，《国有土地上房屋征收与补偿条例》第8条却提供了一些具体情形。这些包括保障国家安全、促进国民经济和社会发展的需求，具体如国防和外交需要；政府实施的基础设施项目如能源、交通、水利建设；以及科技、教育、文化、卫生、体育、环境和资源保护、防灾减灾、文物保护、社会福利和市政公用等公共服务的需要。此外，保障性安居工程建设和按《城乡规划法》规定进行的城区改建等也列入其中。这一规定虽是对"公共利益"概念的一种列举式描述，但它并不能涵盖所有可能的情况。

由于"公共利益"概念本身的模糊性，如何在立法中将公共利益的标准和内涵具体化，成为一个关键且复杂的问题。确立清晰的公共利益定义和适用标准对于保证土地征收的公正性和合理性至关重要。在这方面，我们认为应坚持两个原则：

首先，政府在认定公共利益时应拥有一定的裁量权，但必须坚守的底线是：商业利益不等同于公共利益。政府的决策过程中应排除任何可能利用公共权力为私人或特定商业实体谋取利益的行为。这要求政府在每次征收决策中都必须透明地公示征收的具体公共目的，并通过公众咨询或听证程序验证其公共性，确保不会因私利侵害公众利益。

其次，政府在启动土地征收过程中必须依据具体、明确、特定的公共利益相关事项，不能仅仅基于模糊的规划就进行土地征收，然后将土地用作政府储备用地。这样的做法是为了确保土地征收的正当性，避免滥用权力，确保公共资源的合理利用，并保护公民的财产权。明确的规划应包括具体的项目描述、预期的公共利益以及如何解决可能的社会和环境影响。此外，政府应确保所有被征收土地的补偿公正合理，符合或超过市场价值，确保受影响居民的经济和社会福利不因征收而受损。

通过这些原则的实施，可以使"公共利益"的概念在土地征收中得到更明确和具体的体现，同时保障受影响群体的权益和社会的整体利益，进一步加强法治和透明度，在保护公民权利的同时促进社会和经济的可持续发展。

（二）正当的程序性要件

在我国的法律体系中，诸如《宪法》《物权法》《土地管理法》等都对土地征收的公益性目的进行了规定。《国有土地上房屋征收与补偿条例》的第9至16条对房屋征收程序进行了详细的规定，以保证程序的公正性，保护被征地农民的合法权益，约束政府征收权力的滥用，并真正实现"公共利益"的目的。

在土地和房屋征收的实践中，严格遵循合法和公正的程序是确保被征收人权益不受侵犯的关键。下述规定概括了房屋征收程序的各个阶段，确保每一步都公开、透明，并考虑到社会和经济的各方面影响：

第一，规划合规性与社会参与：所有涉及房屋征收的建设活动必须严格符合国民经济和社会发展规划、土地利用总体规划、城乡规划以及专项规划。如保障性安居工程建设和旧城区改建等项目，应被纳入市、县级国民经济和社会发展年度计划中。在制定这些规划时，政府必须广泛征求社会公众的意见，并通过专家的科学论证，确保规划的合理性和实施的可行性。

第二，制定与公布补偿方案：房屋征收部门应制定具体的补偿方案，并提交给市、县级人民政府进行审批。批准后，必须公布补偿方案，并组织相关部门进行论证。重要的是，政府必须开放一个不少于30天的公众意见征求期，以收集和考虑来自社区成员的反馈和建议。

第三，意见反馈与调整：市、县级人民政府有责任公布征求意见的结果，并说明根据公众意见所做的调整。如果多数被征收人反映补偿方案不符合规定，政府应组织公开听证会，被征收人和公众代表都应被邀请参与。根据听证会的反馈调整方案。

第四，社会稳定风险评估：在作出最终的房屋征收决定前，市、县级人民政府必须依法进行社会稳定风险评估。对于涉及大量被征收人的项目，决策应通过政府常务会议进行。确保补偿资金到位，并且专款专用是此阶段的必要条件。

第五，公告与信息公开：征收决定一旦作出，应通过适当的渠道及时公告。公告中应包含详尽的补偿方案信息、行政复议和诉讼的途径。同时，房屋征收部门应加强对征收与补偿政策的宣传和解释工作，确保被征收人充分了解自己的权利和可用的法律资源。

第六，法律复议与诉讼：被征收人对房屋征收决定有异议的，可以依法申请行政复议或直接提起行政诉讼，以寻求公正的解决方案。

第七，详细调查与记录：房屋征收部门应详细记录被征收房屋的权属、位置、用途及建筑面积等信息，并将调查结果公布给所有被征收人，以保持透明度和信息的公开性。

第八，禁止不当行为：一旦确定房屋征收范围，禁止在该范围内进行任何可能不当增加补偿费用的新建、扩建、改建或改变用途的行为。若有违反此规定的行为发生，相关增加的费用不予补偿。此外，房屋征收部门应通知相关部门暂停处理与房屋相关的手续，确保公正和合理的征收流程。

（三）公正的补偿性要件

补偿是政府为了公共利益而征收或征用个人或企业的不动产（如土地、房屋）或其他动产（如车辆、设备）时，根据法律规定向被征收人提供的经济补偿。这种补偿措施的目的是为了抵偿因政府行为对个人或企业产生的直接财产损失，确保公平原则的实现。补偿通常包括以下几个关键方面：

1. 补偿的原则

土地征收与征用补偿的原则涉及到在征收和征用过程中应遵守的一系列基本准则。这些准则旨在确保补偿措施的合理性和公正性，以平衡公共利益与个人权益。具体的补偿原则包括：

（1）完全补偿原则：该原则主张补偿应全面覆盖所有相关损失。这不仅包括直接的经济损失，如财产市值的丧失，还应包括间接损失，如由于土地征收导致的期待利益损失，甚至涉及到因环境变化带来的生活质量下降等非经济因素。例如，如果某个地区的公园或绿地被征用用于商业开发，除了对这些土地的市场价值进行补偿外，还应考虑到居民因失去休闲场所而可能遭受的生活质量损失。

（2）相当补偿原则：这一原则强调提供"妥当"或"合理"的补偿即可，不必追求完全补偿财产实际价值的全额。相当补偿的理念基于效率和实用主义，旨在实现成本效益的最优化，同时确保被征收人得到适当的经济补偿以缓解由征收行为带来的财产损失。

（3）公平补偿原则：根据这一原则，国家在考虑到公共利益的重要性、被征收人的权益以及国家财政承受能力的基础上进行补偿。通常，补偿金额基于被征收财产的市场价值来确定，以确保补偿既不过高也不过低，符合市场公正性的要求。这种补偿方式尤其强调补偿的公平性，试图在公共利益与个人权益之间找到一个平衡点。

在我国的实践中，鉴于当前的社会经济状况和文化观念，主要采用了公平补偿原则。这种方法认为补偿应当基于一个公正的市场价值评估，旨在确保被征收人得到公正的经济补偿，同时支持国家和社会的长远发展目标。这种补偿方式试图在维护被征收人的基本权利和满足国家进行重大公共项目的需要之间取得平衡，以促进社会的整体利益和谐发展。

2. 补偿的方式

根据《国有土地上房屋征收与补偿条例》第 21 条第 1 款的规定，被征收人有权选择货币补偿或房屋产权调换的方式。货币补偿意味着政府向被征收人支付一定金额的货币，这种方式简单直接，能够为被征收人立即解决资金需求提供帮助。然而，这种一次性的金钱支付可能难以满足所有被征收人长期的经济和生活需要。

进一步详述《国有土地上房屋征收与补偿条例》第 21 条第 2、3 款的规定，如果被征收人选择房屋产权调换，市、县级人民政府应提供用于产权调换的房屋，并与被征收人计算、结清被征收房屋价值与用于产权调换房屋价值的差价。特别是在旧城区改建项目中征收个人住宅时，被征收人有选择在改建地段或就近地段进行房屋产权调换的权利。这种方式可以让被征收人在物理或地理位置上保持连续性，有助于保持社区的稳定和被征收人的生活质量。

尽管如此，这些补偿方式可能仍然显得过于单一，可能不足以全面保障被征收人的长期利益。对于农民等土地依赖性较强的群体来说，土地不仅是生产资料，也是其生活和文化的基础。因此，如果仅提供一次性的货币补偿，可能无法保障他们的未来生活和经济安全。

为此，建议创造更多样化的补偿方案，以更全面地保障被征收人的长期利益。例如：

（1）长期收益分享：政府可以考虑引入一种补偿机制，允许被征收人在未来开发项目中获得持续的收益分成。这可以通过设置地租收入共享或开发后房地产销售的百分比分成来实现。

（2）生活和就业支持：提供就业培训和就业机会，尤其是项目相关的就业，可以帮助被征收人适应新的经济环境。

（3）社会保障和福利接入：为被征收人提供增强的社会保障措施，如优先医疗保障、教育资源和其他公共服务。

（4）可持续发展项目参与：让被征收人参与到项目规划和执行阶段，不仅可以提升项目的社会接受度，还可以直接让被征收群体受益于相关开发活动。

通过这些措施，可以更有效地平衡经济发展与社会公正，确保被征收人得到公平而有力的补偿，从而真正实现土地征收的"公共利益"目标。

3. 补偿的范围

根据《国有土地上房屋征收与补偿条例》中第 17 条、第 19 条、第 22 条、第 23 条的规定，补偿的范围针对被征收人包括多个关键方面：

（1）房屋价值的补偿：市、县级人民政府必须确保被征收房屋的补偿金额不低于该房屋在征收决定公告之日的类似房地产市场价格。房屋的市场价值由具有相应资质的房地产价格评估机构根据国家规定的房屋征收评估办法进行评估。若对评估结果有异议，被征收人有权请求评估机构进行复核，或进一步向房地产价格评估专家委员会申请鉴定。

（2）搬迁与临时安置补偿：在房屋被征收导致搬迁的情况下，征收部门应向被征收人支付搬迁费。对于选择房屋产权调换的被征收人，在产权调换房屋交付前，征收部门应支付临时安置费或提供周转用房。

（3）停产停业损失的补偿：对于因征收房屋造成的停产停业损失，补偿应基于房屋被征收前的运营效益和预计的停产停业期限来确定。具体的补偿办法由省、自治区、直辖市根据实际情况制定。

此外，补偿的范围还涵盖一些特殊考虑：

（1）违章建筑的处理：违法建筑通常不予以补偿。

（2）无形利益的补偿：虽然难以量化，但如社区环境、邻里关系等无形利益的损失也应当考虑在内。这种补偿的金额可能难以具体确定，但应当在补偿决策中给予适当考虑。

（3）预期利益的补偿：例如，如果房屋被用来出租，那么因征收导致的出租收益损失也应该得到补偿。

在制定这些补偿政策时，国务院住房城乡建设主管部门应广泛征求社会公众的意见，确保政策的透明性和公正性。这样的做法不仅帮助确保被征收人得到公正的经济补偿，还有助于增强公众对征收政策的接受度和信任度。

4. 补偿的标准

补偿的标准即补偿的计兑准则，主要涉及时间标准和价值标准，这些标准确保了补偿的合理性和公正性。

时间标准的制定非常关键，它确保了补偿金额的公平性。根据《国有土地上房屋征收与补偿条例》第 19 条第 1 款和《国有土地上房屋征收评估办法》第 10 条第 1 款的规定，"房屋征收决定公告之日"被确定为评估补偿的时间点。这意味着被征收房屋的价值将根据征收公告日的市场状况来确定，而非征收决策作出时的条件。这一时间点的选择有助于避免市场波动对补偿公正性的影响，确保被征收人得到的补偿与房屋在被征收前的市场价值相匹配。

价值标准则更为复杂，涉及多个层面的考量。《国有土地上房屋征收与补偿条例》第 19 条第 1 款规定，"被征收房屋类似房地产的市场价格"作为补偿的价值基准。进一步，根据《国有土地上房屋征收评估办法》第 11 条，被征收房屋的价值应在正常交易情况下，由熟悉情况的交易双方以公平交易方式自愿进行交易的金额进行评估，不考虑租赁、抵押或查封等因素的影响。这样的规定旨在确保评估价值反映房屋本身的真实市场价值，不受外部法律纠纷或临时性财务安排的影响。

在实际操作中，房地产的评估过程至关重要。《国有土地上房屋征收评估办法》第 4 条规定，房地产价格评估机构的选择由被征收人在规定的时间内协商选定，如协商不成，可以通过投票或随机方式如摇号、抽签确定。这样的做法尊重被征收人的选择权，同时确保评估机构的中立性和公正性。

评估过程还必须考虑房屋的具体属性，如《国有土地上房屋征收评估办法》第14条所述，包括房屋的区位、用途、建筑结构、新旧程度、建筑面积、占地面积和土地使用权等因素。这些因素共同决定了房屋的市场价值。此外，房屋的内部装修、机器设备、物资的搬迁费用及因停产停业造成的损失等也需要通过评估来确定补偿金额，若协商不成，则可委托评估机构进行确定。

这一全面而细致的补偿标准设定旨在确保补偿措施的透明度和公正性，使得被征收人得到公平合理的经济补偿，从而减轻征收行为对个人或企业带来的经济负担。

五、征地补偿安置争议协调裁决制度

征地补偿安置争议协调裁决制度是针对征地补偿安置争议而设立的特定纠纷解决机制。根据国土资源部《关于加快推进征地补偿安置争议协调裁决制度的通知》（国土资发〔2006〕133号），该制度的核心内容和操作流程包括以下几个方面：

（一）准确定位

该制度的核心目的是解决被征地农民与执行征地的市、县政府之间关于补偿安置的争议。重要的是，协调裁决过程专注于争议的解决而不是征地的法律基础审查，也不旨在取代传统的行政复议或司法诉讼程序。裁决的主要内容涉及对政府批准的征地补偿安置方案的异议，特别是对土地类别、人均耕地面积以及被征地前三年的平均年产值等核心要素的认定争议。

（二）兼顾合法性与合理性

协调裁决的处理必须严格依据国家和省级政府的相关政策，以及地方的管理法规和规章。这一过程不仅涉及对市、县级政府确定的征地补偿安置方案的合法性审查，同时也考量方案的合理性。合理性的审查标准主要是确保被征地农民的基本生活水平得到保障，长远生计不受影响，从而实现公平和正义。

（三）规范协调裁决程序

协调裁决程序的设计遵循"协调前置、重在协调"的原则。在正式裁决之前，当事人应首先向拟定补偿安置方案的市、县级人民政府的上级政府申请协调。若未经协调，相关争议不予裁决。接到案件后，裁决机关应优先组织协调，尽量通过协商达成共识。一旦双方达成协调意见并签字同意，该协调意见书便具有法律效力。

（四）建立灵活多样的协调裁决机制

不同地区的具体情况可能有所不同，因此，各地需要根据自身的实际情况，创新性地探索和建立符合当地特色的协调裁决机制。这些机制应能有效解决征地补偿安置争议，同时体现程序的中立性、公正性和高效性。

（五）依法告知当事人诉权

裁决机关在作出裁决决定时，必须依法明确告知当事人其法定的诉讼权利。如果当事人对裁决结果不满，他们可以在法定期限内根据《行政复议法》和《行政诉讼法》的规定申请行政复议或提起行政诉讼。这一步骤是确保所有当事人的法律权利得到尊重和保护的关键。

通过上述详细的步骤和原则，征地补偿安置争议协调裁决制度旨在提供一个公正、高效的解决方案，同时确保所有相关方的法律权利得到充分尊重和保护。

第四节　房地产物权

一、房地产物权与体系

（一）房地产相近概念

1. 房地产与不动产

房地产通常包括土地、房屋以及与之不可分离的部分，如土地上的建筑物和其他固定结构。而不动产则广泛指涉土地及其上的房屋、林木等地面附着物和建筑物的固定附属设施。在民法中，物质分为"动产"和"不动产"，区分标准基于物品是否可以自由移动。不同国家对不动产的定义有所不同，存在广义与狭义之分。狭义的不动产主要指房地产，而广义的不动产还包括了其他如水资源、矿藏等自然资源，这些资源一旦移动可能会丧失其重大价值。

房地产与不动产在法律与经济语境中都强调了其不可移动的特性。尽管"房地产"这一概念相对较新，主要用来描述以房屋和土地为基础的资产，而"不动产"这一概念源远流长，其更多地被用来强调财产的不可移动性，是民法中常用的术语。尽管这两者在使用上有所不同，但它们通常指向相同的实体——土地、房屋及其附属物。

2. 房地产与房屋

"房屋"这一术语在日常生活中广泛使用，常常与"房地产"同义使用。房屋是人们居住和生产的场所，对人类社会发展至关重要。然而，房屋和房地产在概念上有所区别。房屋的概念自人类早期已存在，主要指建筑物的物理形态。在法律和经济学领域，房屋并不等同于房地产，它不能全面代表建筑物的社会属性，通常只是房地产概念中的一部分。房地产是现代社会中的一个概念，涵盖房产和地产，不仅包括具体的建筑物及其权属关系，还包括建筑物上所附带的各种权利，是建筑物在经济社会中的具体表现。

3. 房地产与物业

"物业"一词在我国香港地区广泛使用，指的是具有"单元性"的房地产。在我国大陆，"物业"主要与物业管理相关联，指的是房屋及其配套设施设备和相关场地。尽管房地产与物业在某些方面可视为通用，两者的含义及范围存在差异。物业通常只指在特定建设用地范围内的房地产，强调"单元性"和"空间环境性"。物业的单元性指的是可以根据经济或管理需要，将特定区域的建筑物及其附属物视为独立财产进行权属确认和管理。空间环境性则强调特定区域内的建筑物和土地构成的特定环境，这是物业所有者权益的关键所在。相比之下，房地产的概念更为宏观，不仅包括物质的房产和地产，还包括与房地产相关的投资开发、建造、销售、服务以及交易、使用、出租、抵押等动态活动，涵盖范围更广，含义更丰富。

（二）物权的词源

在罗马法中，已经确立了所有权等具体的物权形式，并初步形成了物权与债权的区别。然而，更为抽象的物权和他物权的术语并未在罗马法中出现，而是由中世纪的注释法学派在研究和解释罗马法时创造的。

1811年，《奥地利法典》首次明确界定了物权的概念。该法典第307条规定："物权是属于个人的财产上的权利，可以对抗任何人。"随后，1900年颁布的《德国民法典》中首次将物权单独列为民法典的一个独立部分，对物权制度进行了系统和完整的规定。此后，物权的概念被多数国家的立法接受，物权法也成为现代民法的重要组成部分。例如，我国的《物权法》第2条第3款规定："本法所称物权，是指权利人依法对特定的物质行使直接支配和排他的权利，其中包括所有权、房地产用益物权和房地产担保物权。"

相比之下，英美法系国家的法律中没有物权的概念，而使用的术语是"财产"或"财产权"（property）。值得注意的是，英美法中的这一用语与大陆法系中的"物权"在实质上并不完全对等。英美法的"财产权"涵盖了更为广泛的内容，不仅包括物质上的所有权，还涉及与物质不直接相关的其他权利，展示了两大法系在财产权理念上的基本差异。

（三）房地产物权及其体系

在我国的《物权法》框架下，物质被定义为包括不动产和动产。基于标的物的不同种类，物权可以细分为不动产物权和动产物权。在我国，不动产物权主要指的是房地产物权，这涉及将房地产视作不动产的客体。房地产的权利人根据国家法律对所拥有的房地产进行直接管理和支配，并从中获益，同时具有排除他人干涉的权利。

房地产物权的概念不仅准确地涵盖了房地产所有权及由所有权衍生的其他房地产物权，还科学地描述了各种房地产权利之间的相互关系和本质。因此，建立和完善法律上的房地产物权制度，特别是房地产他物权制度，具有极其重要的意义。

随着《物权法》的颁布，我国的房地产物权体系已经成为系统化的结构。房地产物权包括房地产所有权和房地产他物权。房地产他物权进一步细分为房地产用益物权和房地产担保物权。房地产所有权、房地产用益物权和房地产担保物权共同构成了房地产物权体系，这为房地产市场的运作和管理提供了法律基础和清晰的权利界定。

二、房屋所有权

（一）房屋所有权概述

1. 房屋所有权的概念和种类

房屋所有权是指房屋所有权人依法对自己的房屋享有的占有、使用、收益和处分的权利。在我国，房屋所有权的种类较多，主要可以分为以下四类：

第一，城镇房屋所有权与农村房屋所有权。房屋所有权根据房屋的位置可分为城镇房屋所有权和农村房屋所有权。城镇房屋所有权涉及城市区域内的房屋，而农村房屋所有权则涉及农村区域的房屋。这两种所有权在获取方式、交易规则和管理体系上有所不同。例如，在城镇房屋所有权中，通常没有对所有权主体资格的限制，而农村房屋所有权在法律上对所有权主体资格有一定的限制，比如城镇居民通常不能通过购买方式获得农村房屋的所有权。

第二，公有房屋所有权与非公有房屋所有权。房屋所有权还可以根据房屋的归属关系划分为公有房屋所有权和非公有房屋所有权。

第三，生活用房所有权、生产用房所有权与办公用房所有权。根据房屋的使用目的，房屋所有权又可细分为生活用房所有权、生产用房所有权和办公用房所有权。生活用房所有权涉及个人为满足居住需求所持有的房屋；生产用房所有权通常指企业为生产活动所持有的房屋；办公用房所有权则关系到政府机关、企事业单位、社会团体等为办公目的持有的房屋。国家会根据房屋的具体用途设定相应的管理政策。

第四，单独房屋所有权、共有房屋所有权与区分房屋所有权。房屋所有权还可以根据所有权的共享情况进一步划分。单独房屋所有权指的是房屋完全属于一个人或一个实体；共有房屋所有权涉及多个主体共同拥有同一房屋；区分房屋所有权则是在物业如公寓大楼中，各个独立单元分别属于不同的所有者。

这些分类展示了房屋所有权的多样性和复杂性，同时也指导了房屋所有权的具体实施和管理方式。

2. 房屋所有权的取得

房屋所有权的获得指某一民事主体依法获得对房屋的所有权。房屋所有权的获取方式主要包括原始获取和继受获取两种。原始获取，也称为固有获取，是指民事主体直接根据法律规定而非基于他人权利和意愿获取房屋所有权。例如，通过建造或善意获取的方式获得房屋所有权，属于原始获取。继受获取，也称为传来获取，是指基于他人权利和意愿获取房屋所有权。例如，通过买卖、交换、赠与等方式获取房屋所有权，属于继受获取。房屋所有权的常见获取原因包括：

（1）建造

根据《物权法》第142条和第152条的规定，如果个人或组织在合法获得的土地上建造房屋，则该建造者可获得房屋所有权。房屋所有权从建造完成时起生效，并不以产权登记为前提条件。《物权法》第30条规定，通过合法建造获得的物权，从行为完成时即发生法律效力。如果处分这种方式获取的房屋所有权未经登记，则不发生物权效力。

（2）买卖、交换、赠与

买卖、交换、赠与是通过合同交易方式获取房屋所有权。在这些情况下，购买者从卖方处取得房屋所有权，卖方则丧失该所有权。对于交换而言，双方互换房屋，各自获取新房屋的所有权。赠与则是赠与人无偿将房屋所有权转移给受赠人。这些方式获取的房屋所有权，法律要求必须进行产权登记，未经登记则不发生所有权变更的法律效力。

（3）继承、接受遗赠

继承和接受遗赠是从去世的人那里继承或接受房屋所有权。根据继承法，继承人可以通过法定继承或遗嘱继承获得房屋所有权。继承或接受遗赠的物权从继承开始或接受遗赠之时起发生效力，同样不以登记为条件。如法律规定，未经登记的产权转让不发生物权效力。

（4）善意获取

善意获取是指第三方在不知情的情况下，从无权处分房屋的人那里购买房屋并且支付了合理的价格。根据《物权法》第106条，善意获取的房屋所有权需要满足特定条件，包括购房者处于善意状态并且支付了合理的价格。只有在办理了产权转移登记后，善意获取才能成立。法律解释进一步明确，如果受让人在交易过程中没有重大过失，并且检查了登记簿证明转让人的处分权，可以认定为善意。如果善意获取成立，善意第三方即获得房屋的所有权，而原所有权人可以向转让人索赔。

（二）建筑物区分所有权

1. 建筑物区分所有权概述

根据《物权法》第 70 条的规定，"业主对其在建筑物内的住宅、经营性用房等专有部分拥有所有权，对于专有部分以外的共有部分则拥有共有权和共同管理权。"这表明，建筑物区分所有权是当多个所有权人共同拥有一栋建筑物时，每个所有权人（即业主）对其专用部分的专有权利和对共用部分的共有权及管理权的集合。

2. 建筑物区分所有权中的专有权

专有权是指业主对区分所有建筑物中的专用部分拥有的占有、使用、收益和处分的权利。《物权法》第 71 条明确指出："业主对其建筑物的专有部分拥有占有、使用、收益和处分的权利，但在行使这些权利时，不得危及建筑物的安全或损害其他业主的合法权益。"根据 2009 年最高人民法院发布的《关于审理建筑物区分所有权纠纷案件具体应用法律若干问题的解释》（以下简称《建筑物区分所有权解释》）第 4 条的规定，业主可以基于对其住宅、经营性用房等专有部分的特定使用功能的合理需要，无偿利用与其专有部分相对应的屋顶及外墙面等部分，这种使用不应被视为侵权，除非违反法律、法规或管理规约且损害了他人的合法权益。

专有权的客体通常是区分所有建筑物中的独立建筑空间，例如公寓楼中的单元住宅。与传统的建筑物所有权不同，区分所有权中的专有权并不仅仅是对物体的控制和支配，而是对由建筑材料构成的"空间"进行控制和支配。因此，这种权利在法律上也被称为"空间所有权"。根据《建筑物区分所有权解释》第 2 条的规定，建筑区内符合以下条件的房屋（包括整栋建筑物）以及车位、摊位等特定空间，应被认定为专有部分：（1）具有构造上的独立性，可以明确区分；（2）具有利用上的独立性，可以独立使用；（3）可以登记为特定业主的所有权的对象。如规划中专属于特定房屋且在销售时已经包括在买卖合同中的露台等，应视为专有部分的一部分。

3. 建筑物区分所有权中的共有权

共有权指业主对建筑物中非专有部分的共同所有和管理的权利。《物权法》第 72 条第 1 款规定："业主对建筑物以外的共有部分，享有权利，承担义务；不得以放弃权利不承担义务。"《建筑物区分所有权的解释》第 14 条明确，建设单位或其他任何人不得私自占用、处分业主的共有部分或改变其使用功能进行经营性活动，如果侵害了权利人的利益，权利人有权请求排除妨碍、恢复原状、确认处分行为无效或要求赔偿损失，人民法院应予支持。若涉及到从事经营性活动，权利人有权要求行为人扣除合理成本后的收益用于补充专项维修资金或其他业主共同决定的用途。

共有权的客体主要是建筑物的共有部分，具体包括：

（1）根据《物权法》第73条，建筑区内的道路，除城镇公共道路外，属于业主共有。建筑区内的绿地，除城镇公共绿地或个人所有外，亦属业主共有。其他公共场所、公用设施和物业服务用房也属于业主共有。

（2）《物权法》第74条规定，建筑区内规划用于停车的车位、车库应明确归属，优先满足业主的需要。这些车位、车库的归属可以通过出售、赠送或出租等方式由当事人约定。《建筑物区分所有权的解释》第5条认为，建设单位依比例将车位、车库出售、赠送或出租给业主，符合首先满足业主需求的规定。配置比例指规划中建筑内用于停车的车位、车库与房屋套数的比例。占用业主共有的道路或其他场地用于停车的车位，属于业主共有。

（3）《建筑物区分所有权的解释》第3条规定，除法律、行政法规明确的共有部分外，建筑区内的以下部分也应认定为共有部分：建筑物的基础、承重结构、外墙、屋顶等基本结构部分，通道、楼梯、大堂等公共通行部分，消防、公共照明等附属设施和设备，避难层、设备层或设备间等结构部分。此外，不属于业主专有、不属于市政公用部分或其他权利人所有的场所及设施也属于共有部分。建筑区内的土地，业主依法共同享有建设用地使用权，除了规划为业主专有的整栋建筑物的占地及城镇公共道路、绿地占地外，都属于业主共有。

4. 建筑物区分所有权中的管理权

共有权指业主对建筑物共有部分的权利与义务。根据《物权法》第72条第1款的规定，业主对建筑物的共有部分享有权利并承担义务，且不能通过放弃权利来逃避义务。《建筑物区分所有权的解释》第14条指出，若业主认为业主大会或委员会的决定侵害了自己的合法权益或违反了法定程序，可以在知悉该决定之日起一年内请求人民法院撤销此决定。

根据《物权法》第76条，以下事项需由业主共同决定：（1）制定或修改业主大会议事规则；（2）制定或修改建筑物及其附属设施的管理规约；（3）选举或更换业主委员会成员；（4）聘用或解聘物业服务企业或其他管理人；（5）筹集和使用维修资金；（6）改建或重建建筑物及其附属设施；（7）其他涉及共有和共同管理权利的重大事项。决定（5）和（6）项时需至少30%的业主按专有部分面积和人数同意，其他事项则需要过半数的同意。

《建筑物区分所有权的解释》第 8 条和第 9 条规定，专有部分面积和建筑总面积可通过不动产登记簿的记录或实测面积计算，未登记或未测量的可按购房合同记录计算。业主人数以专有部分数量为准，一个专有部分视为一个业主，除非由同一人拥有或建设单位未售出的部分。

根据《物权法》第 77 条，业主不能违反法规或管理规约将住宅改为经营性用房，除非得到有利害关系的业主同意。《建筑物区分所有权的解释》第 10 条和第 11 条提出，如业主未得到同意而改变用途，其他有利害关系的业主可要求恢复原状或赔偿损失。

《物权法》第 79 条规定，维修资金属于业主共有，并可用于共有部分如电梯、水箱等的维修。《建筑物区分所有权的解释》第 13 条提出，业主有权查阅与公开的信息，包括维修资金使用情况、管理规约、业主大会决定等。

最后，《物权法》第 80 条和第 81 条允许业主自行或委托管理建筑物及其附属设施。业主有权更换物业服务企业或管理人，并监督其工作。业主应遵守法律、法规及管理规约，违反者将面临法律责任。

三、房地产共有

（一）房地产共有的概述

根据我国的法律框架，《民法通则》第 78 条第 1 款和《物权法》第 93 条分别提供了财产共有的法律依据，明确指出不动产或动产可以由两个以上的单位或个人共有。这样的规定构成了房地产共有的法律基础，即两个或更多的权利主体对同一房地产拥有共同的权利。

房地产共有不仅涵盖了权利主体对房地产的所有权共享，也包括了对房地产其他相关权利的共享。这些权利可能包括但不限于建设用地使用权、土地承包经营权、宅基地使用权、地役权以及抵押权等。在法律实践中，共有权利不仅限于物理财产（如房屋或土地）的直接所有权，还扩展到了这些附属的经济和使用权益。

在法律理论上，除了共同拥有房地产所有权之外的其他共有形式通常被称为准共有。这种分类有助于理解不同权利主体在共有房地产中的权利和责任，尽管在实际应用中，这种区分可能不那么明显。因此，本文档并不严格区分房地产共有权利的不同类型，而是将其统一称为房地产共有。

房地产共有的法律状态意味着所有共有人在权利和责任上是平等的，除非另有约定。共有人之间的关系通常需要依据事先的协议或法律规定进行调整和管理，以防止任何潜在的冲突，并确保房地产的有效管理和使用。例如，共有人需要共同决定关于财产的重大改动、出售或抵押等事项，这些决策通常需要得到超过半数或更高比例共有人的同意。

综上所述，房地产共有是一种复杂但充满机遇的法律安排，它要求共有人之间必须进行有效的沟通和合作，以确保共有财产能够为所有相关方带来最大的利益。

（二）房地产按份共有

1. 房地产按份共有的概念

房地产按份共有涉及共有人根据各自明确的份额在权利与义务上进行分享与承担。具体来说，《民法通则》第 78 条第 2 款明确规定：按份共有人应根据各自份额享受共有财产的权利并承担相应的义务。同样，《物权法》第 94 条也规定，按份共有人根据自己的份额对共有的不动产或动产拥有所有权。

2. 房地产按份共有的内部关系

房地产按份共有的内部关系关注的是共有人之间的权利与义务。在这种共有形式下，各共有人都对共有财产的使用、收益享有权利，但这些权利应在各自的份额范围内行使，并须考虑不侵犯其他共有人的权益。

具体来说，在使用和获得房地产的收益时，共有人不仅要在自己的份额范围内行动，还要受到其他共有人份额的制约，确保不损害其他人的权利。通常情况下，共有人应共同商议并决定房地产的使用和收益分配。如果无法达成一致，可以根据大多数共有人的意见行事，但这一决定不应损害少数共有人的权利。

此外，按份共有人在处分共有房地产时，不论是法律上的转让还是事实上的处置，通常需要得到超过 2/3 共有人的同意，除非共有人之间有其他约定（参照《物权法》第 97 条）。这种安排旨在保护所有共有人的利益，确保房地产的处分行为得到充分的共识。

3. 应有部分的处分

按份共有人根据各自的份额对共有财产具有所有权，并可依此处分其份额。在按份共有中，各共有人的份额赋予他们对应的权利，允许他们处分自己的部分，这种处分只能是法律上的行为，如转让或放弃，而不涉及实际物理分割。

在处理自己的份额时，共有人可以选择将其部分转让给他人，或是进行其他法律允许的处置方式。根据《民法通则》第 78 条第 3 款的规定，每个按份共有人都有权将自己的份额进行分割或转让。此外，如果决定出售份额，根据《物权法》第 101 条的规定，其他共有人在相同条件下享有优先购买权。这些规定确保了共有财产的处理在尊重所有共有人权利的同时进行。

（三）房地产共同共有

房地产共同共有是一种共有形式，其中共有人对共有房地产不按份额享有权利并共同承担义务。根据《民法通则》第78条第2款和《物权法》第95条，共同共有人共享对共有不动产或动产的所有权，并共同承担相关义务。

1. 房地产共同共有的内部关系

共同共有的内部关系涉及共有人之间的权利和义务。在这种共有关系中，共有人平等地享有对共有房地产的占有、使用、收益和处分权利。这种共有形式基于共同关系，不允许任何共有人单独主张对共有房地产的任何特定部分的权利。重大决定，如处分共有房地产或进行重大修缮，需得到所有共同共有人的一致同意，除非另有约定（《物权法》第97条）。

共同共有人还需共同承担与共有房地产相关的义务。费用支出应由所有共有人共同承担，具体分担方式应依据约定处理，若无明确约定则平均分担（《物权法》第98条）。在共同共有关系持续期间，共有人一般不能要求分割共有财产。但是，若共有基础丧失或存在分割的重大理由，共有人可以要求进行分割（《物权法》第99条）。

2. 房地产共同共有的外部关系

对外而言，共同共有的法律效力体现在与第三方的权利和义务关系中，这些关系通常呈现为连带关系。共有人对第三方拥有连带权利，任何一位共有人均可向第三方主张全部权利；同样，共有人对第三方承担的义务也是连带的，即第三方可以要求任何一位共有人清偿全部义务。这种连带关系确保了共有人和第三方之间的权利和义务能够有效、全面地被执行。

第五节　房屋权属

一、房屋权属制度的发展

在新我国成立后的计划经济时期，我国实施了一种特殊的住房制度，即"统一管理、统一分配、以公养房"的住房物资分配制度。这种制度下，住房被统称为公共住房（简称"公房"），其建设、维护和分配由国家和企业统一负责。公房的所有权属于国家或集体组织，职工及其家庭成员仅享有使用权，而无产权。公房的租赁关系类似于无限期租约，租户可以在法律允许的范围内长期居住，甚至可由其直系亲属继承租赁权，而公房的租金极低，接近于无偿使用。

这种住房分配方式虽然在一定程度上保障了城镇职工的基本居住需求，但也带来了一系列社会经济问题。首先，因为住房资源完全由政府和单位掌控，普通居民在住房获取上完全依赖于行政分配，这不仅限制了居民的住房选择自由，也使得住房资源的分配存在明显的等级性和不公平性。此外，由于住房投入巨大而几乎没有经济回报，这种制度严重扭曲了家庭消费结构，抑制了居民消费潜力的发挥，并导致住房资源的浪费和低效利用。

同时，这种住房政策与经济发展的关系日益紧张。住房建设的投资巨大，而缺乏有效的经济回收机制，政府和企业因此承担了沉重的财政负担。这种分离于市场机制的住房供应方式，难以适应市场经济的要求和快速城市化的步伐，最终导致了住房供需矛盾的激化，影响了社会稳定与经济健康发展。这些问题的存在显然表明，原有的住房分配和管理模式已难以适应改革开放后经济和社会发展的新要求，迫切需要进行结构调整和制度创新。

随着我国改革开放和市场经济的推进，传统的"统一管理、统一分配、以公养房"的住房物资分配制度显得日益落后，不适应经济社会的发展需求。因此，住房制度改革成为必然趋势，以盘活公房为起点，开启了一场旷日持久且充满挑战的改革。这场改革的核心在于将原本归国家所有的公房出售给职工或放入二手市场进行交易，转变为市场化运作。

然而，由于历史遗留问题及经济条件的限制，这一改革并非一帆风顺。职工购得的公房虽然转变为个人所有，但产权并非完整，市场交易存在许多约束。为了规范这一转变，1994 年 7 月 18 日，国务院发布《关于深化城镇住房制度改革的决定》，明确了不同购房情况下的产权归属和市场交易的条件。这包括以市场价购买的住房，产权直接归个人所有，可自由进入市场交易，并应缴纳相应的税费；而以成本价购买的住房则需居住满 5 年后，补交土地使用权出让金或土地收益后，方可进入市场，其收入按产权比例由个人和单位分配。

此外，为了适应社会发展和居民多样化的住房需求，住房制度改革的方向逐步向货币化、市场化、社会化及多层次供给体系转变。政府积极推动商品房市场的发展，同时致力于建设具有社会保障性质的经济适用房。1994 年的国务院决定中提出加速经济适用房的建设，以保障低收入家庭的住房需求。到了 2006 年，为解决中等收入家庭的住房问题，国务院办公厅转发的相关部委文件首次提出了为中等收入阶层供应"限价商品房"的策略，这些住房在市场交易前需要履行满 5 年居住和向政府支付土地收益的条件，以确保政府能在必要时优先回购，维护市场的平稳和公平。这些政策的实施标志着我国住房供应体系的深刻变革，逐步形成了更为复杂且功能多样的住房市场结构。

二、房屋所有权

房屋所有权是一个复杂的法律概念，涉及到所有者对其房屋的完全控制权，包括占有、使用、收益和处分等权利。这种权利的行使受到法律的严格规定，旨在保障所有者的利益，同时也确保社会秩序的稳定。在我国，无论是国家机关、企事业单位还是公民个人，只要满足法定条件，都可以依照规定程序获得房屋所有权。

（一）房屋所有权与土地使用权的联系

房屋与土地之间的关系是房地产法律中的核心内容之一。在我国，房屋被视为土地的定着物，这表明房屋虽然附着于土地，形成不可分割的整体，但在经济关系上又具有独立性。依据"房地一体主义"，无论房屋和土地是否属于同一所有者，房屋所有权和其所占土地的使用权都需同时处理，如转让和抵押，这在实践中常被简称为"房随地走，地随房走"的原则。

（二）房屋所有权的分类

根据房屋所处的土地性质和位置，我国的房屋所有权可分为城市房屋所有权和农村房屋所有权：

（1）城市房屋所有权：指坐落在国有土地上的房屋。这类房屋所有权根据所有权人的性质进一步细分为国家房屋所有权、法人房屋所有权和公民房屋所有权。城市房屋所有权通常涉及更复杂的交易和转让程序，以适应城市发展和房地产市场的需要。

（2）农村房屋所有权：指位于集体土地上的房屋，这类房屋通常归农村集体经济组织、乡镇企业或农户个人所有。农村房屋所有权由于集体土地使用权的流转受限，因此其转让和建设也受到相应的法律限制。

三、房屋使用权

尽管我国的现行法律中没有将房屋使用权定义为一个独立的用益物权，它仍然是房屋所有权的重要组成部分。在房屋所有权人将房屋出租或出借的情况下，承租人或使用人享有的使用权具有实权性质，如租赁权。为了保护承租人，法律中确立了"买卖不破租赁"和"抵押不破租赁"的原则，赋予租赁权一定的对抗效力，这在法律上被称为租赁权的物权化，以确保租赁关系的稳定和租赁市场的健康发展。

第三章　房地产开发与开发企业

房地产开发与开发企业在现代经济中扮演着极其重要的角色，不仅推动了城市化和工业化进程，也是地区经济增长的重要驱动力。房地产开发涉及复杂的法律、经济和社会交互，而开发企业则是这一过程的关键行动者。房地产开发的法律环境包括从土地购置、项目规划、建设到销售的全过程中的法律规定和政策导向。这些法律和政策不仅定义了开发的可能性和限制，还影响着市场的形态和发展趋势。开发企业必须在这一框架内进行操作，同时应对来自市场竞争、经济波动和政策变动的挑战。

第一节　房地产开发概述

一、房地产开发的概念和特征

房地产开发是一项涉及到在依法取得的国有土地上进行基础设施和房屋建设的复杂活动。在我国，城市房地产开发的前提是获取国有建设用地使用权，因为农村集体土地需先被国家征收并转化为国有土地才能用于开发。房地产开发活动主要分为土地开发和房屋建设两大类。土地开发包括"三通一平"和"七通一平"工程，即开发区域外的基础设施建设和现场平整作业，转变原生地为适宜建筑的熟地。而房屋建设则涉及住宅、商业楼宇及其他类型建筑的开发。

房地产开发是一项涉及多个层面、具有高度综合性和广泛性的经济活动。它不仅关联城市发展的多个方面，包括土地使用、城市建设和规划、税收政策的执行等，还需要勘测、设计、施工等多个专业服务的密切配合。这种活动要求开发商在项目启动前进行全面的规划和合理的布局，以确保房地产项目不仅符合城市发展的大局，同时满足使用功能和美观性的需求。

房地产开发的一个显著特点是其资金密集性，通常涉及巨额的初期投入。项目的资金大多来源于银行贷款或其他金融机构，这就使得房地产项目在运行过程中需要承担相当高的财务成本。此外，房地产项目的开发周期通常较长，从项目策划到最终商品房的销售可能需要数年时间，这期间的资金回收周期长，投资回报的不确定性较大。

风险性是房地产开发不可忽视的另一重要特征。由于房地产市场受经济条件、市场需求、政策法规以及其他外部环境的影响较大，任何微小的市场波动或政策调整都可能对房地产项目产生重大影响。例如，利率的变化、税收政策的调整、市场供需关系的变化等，都可能对房地产开发项目的成本、价格以及最终的市场表现产生影响。

因此，房地产开发不仅需要开发商具备强大的资金实力和风险控制能力，还要求其在项目管理上能够实现高效的协调和精准的市场定位，确保在动态变化的市场环境中把握机会，有效应对挑战。这一切都需要开发商在房地产项目管理中坚持"全面规划、合理布局、综合开发、配套建设"的原则，以实现项目的成功和持续的经济效益。

房地产开发的操作过程非常复杂，要求开发商在项目的每个阶段坚持严格的程序性，确保所有活动都符合法律法规的要求。这些程序性的操作主要包括项目立项、进行详尽的可行性研究、获取土地使用权、执行建设工作以及进行最终的销售活动。每一步都必须按照法定的流程进行，以保障整个开发过程的合规性和有效性。

（1）项目立项：这是启动房地产开发项目的第一步，涉及到项目的初步规划和概念设计。在此阶段，开发商需要评估项目的潜在市场需求、投资回报率和可能面临的风险。

（2）可行性研究：在正式投资前，必须对项目的经济、技术、法律、环境等多个方面进行全面的可行性分析。这一步骤是评估项目是否值得投资的关键，涉及对成本估算、资金筹措方案、市场分析等多个维度的详细研究。

（3）获得土地使用权：房地产开发通常需要大片土地，因此，合法获取土地使用权是关键步骤。这包括与地方政府或土地所有者进行谈判，完成土地购买或长期租赁的手续，并确保所有土地使用权的转让符合当地规划和土地法规。

（4）建设：建设阶段是房地产开发中最为重要的部分，涉及到工程规划、施工管理、建材供应以及质量控制等。这一阶段的成功执行，直接关系到项目是否能按时、按质完成。

（5）销售：最后的销售环节涉及到市场营销策略的制定和执行，包括房产的定价、广告推广、销售谈判及成交等。成功的销售活动不仅要依赖于市场状况，还要依赖于项目本身的质量和位置优势。

各国政府通过制定严格的法规来规范这些程序，确保房地产开发过程中的每一步都科学、合理地进行。这种法规的制定旨在最大限度地减少资源浪费、经济损失并保护消费者利益，同时确保城市发展的持续性和稳定性。这种严格的法律约束也是防止过度开发和保护环境的关键措施。

二、房地产开发的分类

房地产开发是一种综合性的生产活动，涵盖了广泛的开发类型和规模，每种类型都有其独特的目的和方法。首先，根据开发范围，可以将房地产开发分为新区开发和旧城改造两大类。新区开发主要涉及将未开发的土地如农业用地转变为居住、工商业及其他功能的区域，这种开发旨在为城市发展提供必要的基础设施。相比之下，旧城改造则聚焦于对已有城区进行重建和现代化改造，以提升城市功能和居住条件，响应现代城市生活的需求。

在开发规模方面，房地产开发可细分为单项开发、小区开发和成片开发。单项开发通常指在新区开发或旧城改造中的独立项目，这些项目规模较小，功能单一。小区开发则在新城区可能涉及一个完整小区的综合开发，或在旧城区的部分街区进行局部改造，这类开发旨在创建配套齐全的居住或商业环境。成片开发则是一种大规模的综合开发，通常涉及大面积土地的规划和建设，这种开发往往需要巨大的资金投入和长期的建设周期，但同时也能显著改善大区域内的城市功能和居住条件。

从开发主体的角度看，房地产开发可以由政府或私营房地产开发企业承担。政府开发通常负责土地的前期开发，如将原始土地开发成熟地，再出让给开发商或用于公共项目。而私营房地产开发企业则通过合法程序获取土地使用权，进行从土地开发到建设房屋的全过程。

此外，房地产开发还可以根据开发内容分为基础设施建设和房屋建设，按目的分为经营性开发和自用性开发，以及按开发主体的人数划分为单独开发与合作开发，展现了房地产开发的多样性和复杂性。这些分类不仅反映了房地产开发的多方面需求，也体现了不同开发项目在实现城市规划和满足居民生活需求方面的独特作用。

三、房地产开发的原则

房地产开发不仅是城市建设的一个重要部分，更是城市可持续发展的重要因素。按照《城市房地产管理法》第25条和《城市房地产开发经营管理条例》第3条的规定，房地产开发应遵循几个关键原则以确保其效益最大化，同时降低对环境和社会的负面影响。

首先，房地产开发必须严格执行城市规划，这不仅确保了开发活动的合法性，还保证了其有效性。城市规划是房地产开发的框架，定义了城市的性质、规模、发展方向和土地利用。通过遵守这些规划，开发活动可以与城市的长远目标和短期需求相协调，促进有序的城市扩张和更新，避免随意建设带来的资源浪费和城市功能混乱。

其次，房地产开发要在确保经济效益的同时，兼顾社会和环境效益。这意味着开发项目不仅要追求利润最大化，也要为社会提供价值，比如通过提供公共设施、改善居住条件、创造就业机会以及促进社区的和谐发展。同时，项目需要采用环保材料和技术，减少能源消耗和废物产出，保护自然环境和城市生态系统，避免对周边环境造成破坏。

此外，房地产开发应采用全面规划和合理布局的原则，通过综合开发和配套建设，使新开发区域能够完善地融入城市结构中。这包括基础设施的完善，如交通、公共绿地、教育和卫生设施，以及确保这些新开发区域在美学和功能上与城市的其他部分保持一致。这种方法不仅提高了土地使用的效率，也促进了城市功能的整合和居民生活质量的提高。

综上所述，房地产开发是一个复杂的过程，涉及多方面的考虑。遵循《城市房地产管理法》和《城市房地产开发经营管理条例》的规定，不仅可以保证房地产项目的成功，也有助于推动城市的健康、有序和可持续发展。

房地产开发不仅是经济活动，也承载着社会和环境的责任。它追求的是长期和全面的价值，不仅仅是短期的经济回报。这要求开发者在规划时就考虑到如何通过恰当的基础设施建设来提升地区的生活和工作环境，同时必须将环境保护和可持续性作为核心考量。房地产项目应遵循细致的全面规划和合理布局原则，确保从开发初期到竣工各阶段的有序推进，从而最大限度地减少对资源的消耗和对环境的冲击。

此外，配套建设是整个开发过程中关键的组成部分，这包括交通、教育、医疗等公共服务设施的同步开发，确保新建社区的居住者能够享有高质量的生活支持。开发商需要在项目规划阶段就综合考虑这些因素，并实施相关建设，这样才能使新开发区域成为具有吸引力的居住和商业环境，为社区居民提供便捷和舒适的生活空间。

总的来说，房地产开发必须建立在经济效益、社会责任和环境可持续三大支柱的基础之上。这些原则不仅形成了房地产开发的法律和伦理框架，而且确保了开发活动能够以负责任和长远的视角推进，符合当代城市发展的全面需求。

第二节　房地产开发企业

一、房地产开发企业的概念和种类

房地产开发企业，通常称为开发商或建设单位，是根据法律规定成立的以盈利为目的的企业，专注于房地产开发和经营。这类企业的成立必须符合国家对特定行业的严格条件和程序，因为它们直接影响到国家经济和公众安全。房地产开发企业以营利为主要目的，独立承担经济风险与收益，并涵盖房地产开发与经营的全部活动。根据法规，未获得正式资质的企业不得从事房地产开发业务。

在我国，房地产开发企业有几种不同的类型，每种都有其特定的功能和市场定位：

（1）专营企业：这些企业专注于房地产开发，具有合法注册和严格的行业规范。它们通常拥有强大的资金和技术支持，能够在房地产市场中发挥显著的领导和影响力。国家对这些企业的操作标准和资质等级有明确的规定，根据企业的规模和能力，由不同级别的建设行政部门负责审批和发放资质证书，确保其运作的合规性和专业性。

（2）兼营企业：这类企业主要经营范围可能涵盖多个行业，但同时参与房地产开发。兼营企业需要满足特定的资质标准才能从事房地产开发，这包括获取省级或更高级别建设行政部门的正式许可和资质认证。这种模式允许企业多角度扩展业务，但同时必须确保其房地产开发活动符合国家的法律和行业规定。

（3）项目公司：项目公司通常是基于单一房地产项目成立的，专门负责特定项目的开发和管理。这些公司的生命周期与项目周期密切相关，一旦项目结束，公司可能会解散或转型。项目公司模式使得企业能够集中资源，灵活应对市场变化，降低运营风险，非常适合那些寻求快速进入市场的开发商。获得项目批准和相应资质后，这些公司可以进行房地产项目的营业注册，开始项目开发和销售活动。

这些不同类型的企业构成了我国房地产开发的多元化框架，各自发挥着独特的作用。这些企业形式各具特色，根据其业务范围和操作模式的不同，为房地产市场的多样性和动态发展提供了基础。

二、房地产开发企业的设立

（一）房地产开发企业设立的条件

在我国，设立专营房地产开发企业需要满足一系列严格的条件，这些条件旨在确保企业具有足够的能力和资源来负责房地产项目的开发和管理。根据《城市房地产管理法》第30条，设立专营房地产开发企业的要求包括：

（1）组织结构完备：企业必须有自己的名称和组织结构。名称不仅是企业的商业标识，还代表其信誉和市场身份。组织结构包括决策机构和管理机构，这些是企业运营的核心部分。例如，有限责任公司需要有股东会和董事会，而股份有限公司还需设立监事会。

（2）固定的经营场所：企业应有固定的经营场所，这是企业开展日常运营和对外业务往来的必需条件。固定的经营场所也有利于政府的监管和公众的信任。

（3）足够的注册资本：注册资本须符合国务院的规定，以确保企业有足够的经济实力进行大规模的房地产开发。这表明企业具有承担大型项目的财务能力。2019和2020年修订的《城市房地产开发经营管理条例》规定，房地产开发企业的注册资本不得低于100万元人民币，这是最低标准。

（4）专业技术人员：由于房地产开发是一个技术密集型行业，企业必须配备足够的专业技术人员，包括建筑、设计、经济、法律和会计等领域的专业人员。这些人员是确保项目顺利进行和企业运营有效性的关键。

（5）符合法律法规的其他条件：企业设立还必须符合相关的法律法规，如《公司法》和《企业法人登记管理条例》等，这些法规定义了企业的合法组织形式和登记条件。

此外，对于兼营房地产开发的企业，条件包括：

（1）资金要求：非生产型综合公司或信托投资公司，必须拥有至少2亿元的资金，其中流动资金不少于1亿元。

（2）资质要求：中央部门所属的工程建设公司应达到建筑工程资质一级，自有资金至少1亿元，流动资金不低于5000万元。

（3）地方公司资金和资质：地方工程建筑公司应具备建筑工程资质一级，自有资金不少于5000万元，流动资金不低于3000万元。

这些条件确保了参与房地产开发的企业具备必要的资质和资源，以支持其开发活动的财务和技术要求，同时保障了项目的质量和可靠性。

（二）房地产开发企业设立的程序

根据《城市房地产开发经营管理条例》，设立房地产开发企业的程序包括以下步骤：

（1）申请登记：企业需向县级以上的人民政府工商行政管理部门提交登记申请。该部门负责审核申请是否符合法定标准，如果符合，应在收到申请后30天内完成登记；如果不符合，不予登记并需说明不通过的具体理由。在审查过程中，工商行政管理部门还需要征求同级房地产开发主管部门的意见。

（2）依法备案：房地产开发企业在领取营业执照后30日内，必须携带相关文件到登记机关所在地的房地产开发主管部门进行备案。所需提供的备案资料包括营业执照副本、企业章程、专业技术人员的资格证书以及聘用合同等相关文件。

通过这些程序确保房地产开发企业的合法成立及其后续操作的合规性，进一步维护了市场和消费者的利益。

三、房地产开发企业的资质管理

根据《城市房地产开发经营管理条例》第9条和住房与城乡建设部2015年修订的《房地产开发企业资质管理规定》，我国实施了详细的房地产开发企业资质管理系统。该体系要求房地产开发企业根据资产、专业技术能力和业绩得到相应的资质等级，只有持有资质证书的企业才能开展房地产开发。

资质等级划分为一级到四级，每个等级都有明确的资格要求。一级资质的房地产开发企业由省级建设行政主管部门初审，最终由国务院建设行政主管部门审批。二级及以下资质的审批则由省级建设行政主管部门制定具体办法。资质需每年核审一次，不符合条件的企业将面临降级或资质取消。根据我国的法规，每个等级具体要求如下：

（1）一级资质：必须有至少40名具有建筑、结构、财务、房地产等相关经济学科的专业管理人员，其中至少20人需具备中级以上职称。此外，需要至少4名持证的专职会计人员。这类企业应具有至少5年房地产开发经验，近3年内的建筑面积完成超过30万平方米，或相当的投资额。连续5年内建筑工程质量合格率须达100%，上一年度至少完成15万平方米的建筑施工或相等的投资额。同时，必须有完善的质量保证体系和实施《住宅质量保证书》及《住宅使用说明书》的制度，并且没有发生过重大工程质量事故。

（2）二级资质：需要至少20名具有相关专业职称的建筑、结构、财务、房地产管理人员，其中至少10人拥有中级以上职称，和至少3名持证的专职会计人员。该类企业应从事房地产开发3年以上，近3年完成至少15万平方米的建筑面积或相当的开发投资额。连续3年建筑工程质量合格率应达100%，上一年至少完成10万平方米的建筑施工或相等的投资额，并且具备完善的质量保证体系，无重大工程质量事故。

（3）三级资质：至少10名相关经济类专业管理人员，其中5人具备中级以上职称，2名持证的专职会计人员。必须从事房地产开发2年以上，已完成的房屋建筑面积累计5万平方米以上或相当的投资额。连续2年建筑工程质量合格率达100%，有完善的质量保证体系，实行《住宅质量保证书》和《住宅使用说明书》制度，未发生重大工程质量事故。

（4）四级资质：至少5名具有相应专业职称的管理人员，2名持证的专职会计人员，具备专业的统计人员。从事房地产开发经营1年以上，已竣工建筑工程质量合格率达100%，并且在商品住宅销售中实施《住宅质量保证书》和《住宅使用说明书》制度，没有重大工程质量事故。

这些规定确保了房地产开发企业的专业水平和质量保证，从而维护消费者权益并促进房地产市场的健康发展。

在我国的房地产开发行业中，非专营企业如兼营企业和项目公司虽然不按资质等级分类，但他们必须经过省级或更高级别建设行政部门的严格批准才能从事房地产开发。这样的措施是为了确保这些企业在参与房地产项目时具备适当的能力和资源。例如，项目公司在进行单个房地产项目开发时，其资质通常由项目所在地的建设行政部门根据该项目的规模和企业的资源状况进行评估。一旦符合要求，他们会获得一次性的资质证书，使他们能够在规定的条件下进行项目开发。

对于拥有一级资质的房地产开发企业而言，他们享有更广泛的业务权限，可以在全国范围内承接各种规模和技术复杂度的房地产开发项目，没有任何限制。这使得一级资质的企业能够在市场上承担大型和高难度的房地产开发任务，从而在竞争中处于领先地位。

相比之下，二级及以下资质的房地产开发企业则受到更多的限制。这些企业只能承担建筑面积不超过25万平方米的开发项目，且他们的业务范围必须符合所在省级建设行政部门的具体规定。这些规定旨在确保较小规模或资本较少的企业能在合适的范围内进行运营，从而保持行业的稳定和项目质量的标准。

通过这样的分级管理，政府能够有效控制房地产市场的质量和安全，同时也保证了各级企业能在其能力和资源允许的范围内开展业务，促进整个行业的有序发展。

第四章　房地产开发项目分类

房地产开发项目的分类不仅反映了市场的多样性和专业化，还指导了开发策略和法律实践的具体应用。不同类型的房地产项目—如住宅、商业、工业、零售和旅游地产—各自面临着独特的市场需求、发展挑战和法律规定。住宅地产项目通常关注居住舒适性和社区环境，而商业地产项目则侧重于地段的商业价值和物业的收益潜力。工业地产开发涉及更为复杂的设施需求和环境法规，而零售和旅游地产则需要综合考虑消费者行为和休闲需求。每一类项目都需要开发者在遵循相关法律的基础上进行精细化管理。

第一节　住宅地产开发项目

住宅地产开发涉及规划、融资、建设、销售、管理等多个环节，是房地产市场中最活跃的领域之一。它不仅为人们提供居住空间，而且对城市的社会结构和经济活动产生深远影响。住宅地产的发展状态常被视为衡量一个国家或地区经济健康的重要指标。

当前，全球住宅地产市场正处于快速变动之中。随着城市化进程的加速，人口的集中带来了对住宅的高需求，同时也推动了住宅价格的上涨。技术的进步和消费者偏好的变化更是为住宅市场带来了新的发展机遇和挑战。例如，可持续建筑和智能家居技术的兴起，正在改变传统的住宅地产开发模式。

一、住宅地产开发的法律框架

住宅地产开发受到多层级的法律规范与政策框架的影响，这些法律不仅为住宅市场的健康发展提供了基础保障，同时也确保了社会经济与环境目标的平衡实现。

（一）国家层面的政策和法规

1.《城市房地产管理法》

这部法律是我国住宅地产开发的核心法规之一，旨在规范住宅市场，加强房地产市场管理。它详细规定了房地产开发、交易、登记以及交易双方的权利和义务，为住宅地产开发提供了法律依据和行为指南。

2. 《土地管理法》的相关规定

《土地管理法》对土地的使用、规划和交易提出了严格要求，特别是对于住宅用地的划分和使用有明确的规定。它规范了土地的出让和转让过程，确保土地资源的合理利用，对防止土地市场的无序竞争具有重要作用。

（二）地方政府在住宅开发中的角色和责任

地方政府在住宅地产开发中的角色不仅至关重要，更是多面的。作为政策执行者，地方政府负责将国家的房地产发展方针和政策具体化，并根据地区特色和需要进行调整和实施。他们通过制定和执行区域内的城市规划，确保开发活动符合长远的社会经济目标和空间布局规划。

作为监管者，地方政府对住宅开发项目进行严格审查，从项目申请的初期到施工完成的各个阶段，确保所有开发活动都符合建筑标准和安全规范。这包括对建筑材料、设计方案和施工技术的检查，以防任何低标准的建设对居民和环境造成影响。

地方政府也是市场的引导者，通过设定地区发展的优先级和策略来引导私人投资流向关键领域。例如，为了促进某个区域的经济发展，地方政府可能会优先批准那些能带动周边经济发展的住宅项目，或者在人口稠密地区推动高密度住宅的建设来解决住房紧缺问题。

此外，地方政府在土地出让过程中扮演关键角色，通过公开透明的招标和竞拍程序出让土地，确保土地资源的合理利用和公平分配。通过有效的土地管理，地方政府能够控制住宅市场的供应，从而间接调控房地产市场的健康发展。

综上所述，地方政府在确保住宅地产开发顺利进行的同时，也需平衡公共利益和促进经济增长，其作用在住宅地产开发中是不可替代的。

（三）环境保护法规在住宅开发中的应用

环境保护法规在住宅地产开发中同样占据重要地位。这些法规确保开发项目不会对所在区域的生态系统和环境造成不可逆转的损害。住宅项目开发前，开发商必须进行环境影响评估，并采取必要的措施减少对环境的负面影响，如采用绿色建筑材料、建设节能建筑等。此外，环境保护法规还要求在项目规划和实施过程中考虑到废物处理和水资源管理，保证住宅区的可持续发展。

通过这些法律框架的实施，住宅地产开发能在符合法律规定的同时，兼顾经济效益和社会责任，促进住宅市场的健康发展。

二、项目策划与前期准备

项目策划与前期准备是住宅地产开发的关键阶段，涉及细致的市场需求分析、精准的选址与土地获取策略，以及全面的项目可行性研究。

（一）市场需求分析：

市场需求分析是任何住宅地产开发项目成功的关键步骤。为了确保项目能够满足市场需求并实现预期的商业成功，开发商首先必须深入了解市场的当前状态及未来趋势。这包括详细评估目标区域的人口增长率，因为人口增长直接推动住房需求。同时，考察区域经济发展的速度和稳定性也至关重要，经济增长带动了就业机会，进而增强居民的购房能力。

开发商还需要分析居民的收入水平，这直接影响他们的购买力。不同收入水平的家庭对住房的需求在类型、大小和价格上会有显著差异。此外，市场需求分析还应包括对目标消费者的购房偏好的详细了解，例如他们更倾向于购买哪种类型的住房（如公寓、联排别墅或独立屋）以及首选的居住区域。

除了直接的需求因素外，开发商还需要评估竞争对手的活动，包括他们的项目类型、定价策略、市场占有率和客户满意度等。了解竞争对手的情况有助于开发商制定更具竞争力的市场定位和差异化策略。此外，市场饱和度的评估也是必不可少的，以避免在已过度供应的市场中投资，从而减少经济风险。

通过全面而深入的市场需求分析，开发商可以确定更具针对性的开发方案，确保项目既符合市场需求又能达到预期的财务回报，从而制定出有效的产品开发策略和精准的市场入口策略。这一步骤是住宅地产开发项目策划和前期准备中不可忽视的关键环节。

（二）选址与土地获取：

选址和土地获取是住宅地产开发中的关键初步步骤，直接影响项目的成本、进度和最终成功。

1. 土地使用权的招标、拍卖和挂牌：

获取土地使用权的过程是通过招标、拍卖或挂牌进行的，这些方式保证了土地交易的公开性和透明性。招标通常涉及开发商对特定项目的提案，竞标过程确保选择最合适的开发计划。拍卖则是基于价格竞争，通常适用于市场价值高、需求强烈的土地。挂牌则涉及在公开市场上以固定价格出售土地，通常用于那些市场需求较为明确的区域。这些方法都受到地方政府及相关部门的严格监管，旨在确保交易的合法性和公平性，防止腐败和土地使用权的不当交易。

2. 土地整治与前期工程准备：

土地整治是土地获取后的第一步，关键在于为开发项目创造良好的起点。整治工作通常包括清理现有建筑物、废墟或其他障碍，这可能涉及拆除工作和废物处理。此外，土壤改良也是土地整治的一部分，特别是在土壤条件不理想的地区，如土壤稳定性差或污染严重的场所。基础设施建设则包括道路、排水系统、电力和水供应等，这些都是确保住宅区可居住和符合规定的必要条件。

这些前期工程不仅关系到项目后续的顺利进行，还影响到建设效率和成本控制。优良的前期准备能够显著提高土地利用率，降低后续建设中的技术和财务风险，为整个开发项目打下坚实的基础。因此，开发商必须投入必要的资源和注意力，确保这一阶段的工作得到妥善完成。

（三）项目可行性研究：

项目可行性研究是住宅地产开发项目策划的核心部分，涵盖了经济可行性、技术可行性和环境影响评估三个关键领域。这些研究确保了项目从理论到实践的顺利转化，符合法规要求，并能在商业上取得成功。

1. 经济可行性：

经济可行性研究的核心是确保项目在财务上的合理性和盈利能力。这一过程包括详细的成本与收益分析，预算编制，以及资金流的评估。开发商需要通过市场调研来设定合理的价格，估算潜在的销售收入，并计算投资回报率。同时，还需进行敏感性分析，考察不同市场条件下项目的财务表现，识别和评估可能的财务风险，如利率变动、成本超支或销售不达预期。这些分析对于吸引外部资金、特别是银行贷款和投资者资金非常关键。

2. 技术可行性：

技术可行性分析确保项目的建设计划在技术上是可行的，包括建筑设计的创新与适用性、建筑材料的选择、施工方法及其安全性。此外，也考虑到建筑技术的现代性和持续性，确保使用的技术能够满足当前的建筑标准和未来的发展需求。这一研究有助于提升建设效率，确保施工质量，降低维护成本，同时增强项目对潜在买家或租户的吸引力。

3. 环境影响评估：

环境影响评估（EIA）是评估住宅地产开发项目对自然和人文环境可能产生的影响。这包括对项目建设和运营期间可能产生的噪声、空气污染、水体污染、土壤污染以及对生态系统的影响进行全面分析。此外，EIA还需评估项目在消耗自然资源和能源方面的效率。环境评估的结果将指导项目设计中采取的环保措施，如绿色建筑设计、能源效率的提高和废物减少方案，确保项目符合相关环境保护法规，同时也体现了企业的社会责任。

整体而言，项目策划与前期准备阶段需要综合考量市场、技术、经济和环境等多方面因素，通过科学合理的规划和评估，为项目的顺利开展和成功实施奠定坚实基础。

三、项目融资与投资决策

（一）融资方式

在房地产项目中，选择合适的融资方式是确保项目顺利推进的关键。常见的融资方式主要包括自有资金、银行贷款和房地产信托投资基金（REITs）。

1. 自有资金

自有资金指开发商或投资者通过自身积累的资金来进行项目开发。这种方式的优势在于无需承担利息和还款压力，同时自主性较强，能够灵活调整项目进度和策略。然而，自有资金的缺点也很明显，主要表现在资金量通常有限，难以支撑大型项目的全面开发。另外，过度依赖自有资金可能会导致资金流动性问题，限制其他投资机会。

2. 银行贷款

银行贷款是房地产项目最常见的融资方式之一。银行通过抵押贷款、建设贷款等形式为开发商提供资金支持。银行贷款的优点在于资金量较大，利率相对稳定，能够有效解决项目资金短缺的问题。然而，银行贷款也存在一定的风险和挑战。首先，贷款申请需要经过严格的审批流程，时间较长。其次，贷款需要定期偿还本金和利息，对项目的现金流管理提出了更高的要求。此外，银行贷款通常需要提供抵押物，一旦项目无法按期完成或销售不畅，可能面临被收回抵押物的风险。

3. 房地产信托投资基金（REITs）

房地产信托投资基金（REITs）是一种通过公开市场募集资金，投资于房地产项目的金融工具。REITs为开发商提供了一种融资的新途径，能够吸引广泛的投资者参与。REITs的优势在于融资灵活、资金来源多样化，同时能够分散投资风险，提升项目的市场影响力。然而，REITs的缺点在于管理复杂度高，需遵守严格的法律法规，管理费用相对较高。

（二）投资回报与风险管理

在选择融资方式后，投资回报和风险管理是房地产项目成功的关键。

1. 投资回报

投资回报主要通过项目的租金收益和资本增值来实现。开发商需综合考虑市场需求、地段选择、项目定位等因素，确保项目能够在市场中具有竞争力。此外，合理的财务规划和成本控制也是提升投资回报的重要手段。

2. 风险管理

房地产项目具有较高的风险，包括市场风险、政策风险、财务风险等。因此，开发商需建立完善的风险管理体系，通过市场调研、风险评估、财务模型分析等手段，识别和控制各类风险。此外，保险也是风险管理的重要工具，通过购买工程保险、财产保险等，能够有效转移部分风险。

（三）法律与税务考量

房地产项目涉及众多法律和税务问题，开发商需全面了解并遵守相关法规。

1. 法律考量

在项目开发过程中，开发商需确保项目符合法律法规，包括土地使用、规划许可、建筑规范等。这些法律法规是保障项目合法性和合规性的基础，直接影响项目的可行性和后续运营。

（1）土地使用

土地使用是房地产项目开发的第一步，开发商需确保所购置的土地具有合法的使用权。土地使用权的取得需要经过严格的审批程序，包括土地招拍挂、土地使用权出让合同的签订等。在土地使用过程中，开发商还需遵守相关的土地用途规定，确保土地的开发符合国家和地方的土地利用总体规划。

（2）规划许可

规划许可是房地产项目开发的重要环节，开发商需取得相关部门的规划许可和建设工程规划许可证。这些许可证的取得需经过详细的规划设计和审核，确保项目的规划布局、建筑风格、环境保护等方面符合城市规划的要求。同时，开发商还需定期向规划部门汇报项目进展，接受监督检查。

（3）建筑规范

建筑规范是确保建筑质量和安全的重要标准，开发商在项目建设过程中需严格遵守相关的建筑规范和标准。这包括建筑设计标准、施工规范、防火规范、抗震设计规范等。开发商还需聘请具有资质的设计、施工、监理单位，确保工程质量达到国家标准。

（4）项目合同的签订

项目合同的签订是保障各方权益的重要法律文件，开发商需确保合同的合法性和合规性。合同条款应明确项目各方的权利义务、项目进度、质量标准、违约责任等内容，避免因合同条款不明确引发法律纠纷。在合同签订过程中，开发商需充分了解合同法及相关法律法规，确保合同内容符合法律要求。

（5）知识产权的保护

在房地产项目开发过程中，知识产权保护同样重要。开发商需确保项目设计、品牌标识等知识产权不侵犯他人的合法权益，同时对自身的知识产权进行保护，防止被侵权。开发商可通过申请专利、注册商标等方式保护项目的知识产权。

（6）劳动用工的管理

劳动用工管理是房地产项目开发中的重要环节，开发商需确保劳动用工的合法合规性。这包括劳动合同的签订、工资支付、劳动保护等方面。开发商需按照劳动法和相关法规签订劳动合同，明确劳动者的工作内容、工资标准、工作时间等，同时保障劳动者的合法权益，防止劳动纠纷的发生。

2. 税务考量

税务是房地产项目的重要成本之一，开发商需合理进行税务筹划，优化税务结构，以实现税务成本的最小化和税务风险的有效控制。

（1）税务筹划

税务筹划是通过合理的财务安排和税务管理，降低税务负担的一种手段。开发商可通过多种方式进行税务筹划，例如合理安排项目开发和销售进度，充分利用税收优惠政策等。此外，开发商还可通过合理的公司架构设计，例如设立专项子公司、选择适当的税务居所等方式，优化税务结构。

（2）税收优惠政策的利用

国家和地方政府为了促进房地产行业的发展，通常会出台一系列税收优惠政策。开发商需密切关注这些政策，及时进行调整，以充分利用税收优惠。例如，对于符合条件的保障性住房项目，政府可能会给予土地增值税、契税等方面的优惠。开发商应及时了解和申请这些优惠政策，以降低税务成本。

（3）税务风险管理

税务风险管理是确保纳税申报和缴纳的合规性，避免因税务问题引发法律风险的重要措施。开发商需建立完善的税务管理制度，确保税务申报、纳税缴纳的准确性和及时性。开发商还需定期进行税务审计，发现和解决潜在的税务问题。此外，开发商还需关注税务环境的变化，及时调整税务策略，以应对税务风险。

通过全面的法律和税务考量，开发商可以有效保障房地产项目的合法合规性，降低法律和税务风险，从而实现项目的顺利推进和成功运营。

综上所述，房地产项目的融资与投资决策是一个复杂而关键的过程，需要综合考虑多种因素，进行科学合理的规划和管理。只有在确保资金来源稳定、投资回报合理、风险控制有效的前提下，才能实现项目的成功开发和运营。

四、设计与建筑规划

（一）建筑设计的法律要求

在房地产项目的设计阶段，开发商必须严格遵循一系列的法律要求，以确保项目的合规性和安全性。这些法律要求涉及多个方面，包括建筑安全标准、消防规范、抗震设计等。

1. 建筑安全标准

建筑安全标准是确保建筑物在设计、施工和使用过程中安全可靠的基本准则。开发商需遵守国家和地方的建筑安全法规，确保建筑结构的稳固性、耐久性和安全性。这包括对建筑材料的选择、结构设计的科学性、施工工艺的规范化等。

2. 消防规范

消防规范是保障建筑物及其使用人员安全的重要法律要求。开发商需确保项目设计符合消防安全标准，包括设置合理的消防通道、配备足够的消防设施、设计有效的疏散路线等。此外，开发商需定期进行消防检查和演练，确保建筑物在发生火灾时能够有效应对，保障人员安全。

3. 抗震设计

抗震设计是提高建筑物抗震性能的重要手段，尤其是在地震多发地区更为重要。开发商需根据当地的地震烈度设防标准，采用科学的抗震设计方法，确保建筑物在地震发生时具备良好的抗震能力。这包括合理选择抗震材料、优化结构设计、严格控制施工质量等。

4. 环保与可持续设计原则

现代房地产开发过程中，环保与可持续设计原则越来越受到重视。开发商在设计阶段需考虑如何最大限度地减少对环境的影响，促进资源的可持续利用。

5. 节能设计

节能设计是环保设计的重要组成部分，旨在减少建筑物的能源消耗。开发商可通过采用高效的建筑材料和技术，如节能玻璃、保温材料、太阳能利用技术等，实现建筑物的节能目标。此外，优化建筑布局、设计合理的通风和采光系统，也有助于减少能源消耗。

6. 水资源管理

水资源管理是可持续设计的重要内容，开发商需采取措施减少建筑物对水资源的消耗，并提高水资源的利用效率。例如，采用雨水收集系统、中水回用系统等技术，减少对自来水的依赖；设计节水型卫生设备，降低用水量；在景观设计中选用耐旱植物，减少灌溉用水。

7. 绿色建筑认证

绿色建筑认证是衡量建筑物环保性能的重要标准。开发商可通过申请 LEED、BREE-AM 等国际认可的绿色建筑认证，提升项目的环保水平和市场竞争力。绿色建筑认证涵盖了节能、节水、材料选择、室内环境质量等多个方面，能够全面提升建筑物的环保性能。

（二）住宅社区规划与设施配套

住宅社区规划与设施配套是提高居住质量和居民生活便利性的重要因素。开发商需在项目设计阶段充分考虑社区的整体布局、公共设施配置、交通便利性等因素，打造宜居的住宅社区。

1. 整体布局

住宅社区的整体布局需考虑土地的合理利用和空间的有效配置。开发商应根据地形、地貌等自然条件，设计合理的建筑密度和绿地比例，确保社区的通风、采光和景观效果。同时，合理规划社区内的道路、广场、停车场等公共空间，提高社区的功能性和美观性。

2. 公共设施配置

公共设施是提高社区生活便利性的重要因素。开发商需在社区内设置完备的公共设施，如幼儿园、健身房、游泳池、社区中心等，满足居民的基本生活需求。此外，合理规划社区的商业设施，如超市、餐厅、咖啡馆等，为居民提供便捷的购物和休闲场所。

3. 交通便利性

交通便利性是影响社区居住质量的重要因素。开发商需考虑社区的交通组织，设计合理的出入口和内部道路系统，确保交通流畅。同时，社区应与周边的公共交通系统良好衔接，如地铁站、公交站等，方便居民的出行。此外，鼓励绿色出行，设计自行车道和步行道，提升社区的宜居性。

通过全面的设计与建筑规划，开发商可以打造高质量的住宅社区，提升项目的市场竞争力和居民的生活质量。确保建筑设计符合法律要求，践行环保与可持续设计原则，合理规划社区布局和设施配套，是实现这一目标的重要途径。

五、物业管理与运营

（一）物业管理法律框架

物业管理是确保房地产项目持续良好运转和维护业主利益的关键环节。物业管理的法律框架提供了规范物业管理行为、保护业主和物业服务企业合法权益的重要保障。

1. 物业管理合同

物业管理合同是物业服务企业与业主或业主委员会之间签订的正式协议，明确了双方的权利和义务。合同内容包括物业管理服务的具体项目、服务标准、收费标准、违约责任等。签订物业管理合同需严格遵守《物业管理条例》等相关法律法规，确保合同的合法性和有效性。

2. 物业管理条例

《物业管理条例》是规范物业管理活动的重要法律文件，涵盖了物业管理的方方面面。条例规定了物业管理服务的基本原则、服务内容、服务收费标准、服务质量监督等内容。物业服务企业需严格按照《物业管理条例》开展工作，确保服务质量和管理水平达到法律要求。

3. 业主大会和业主委员会

业主大会和业主委员会是业主行使自治管理的重要组织形式。《物业管理条例》规定，业主可以通过召开业主大会，选举业主委员会，参与物业管理的决策和监督。业主委员会代表业主的利益，负责监督物业服务企业的工作，协调解决物业管理中的问题。

（二）社区服务与管理

社区服务与管理是提升居民生活质量和社区和谐的重要方面，物业服务企业需提供多样化、高质量的服务，满足居民的多种需求。

1. 基础服务

基础服务是物业管理的核心内容，包括清洁卫生、绿化养护、安全保卫、公共设施维护等。物业服务企业需制定详细的服务计划和标准，确保社区环境整洁、绿化景观优美、公共设施正常运行。同时，物业服务企业需建立健全的安全管理体系，配备专业的安保人员和监控设备，保障社区安全。

2. 增值服务

增值服务是提升物业服务价值的重要手段，包括家政服务、维修服务、社区文化活动等。物业服务企业可根据居民的需求，提供个性化、专业化的增值服务，提升居民的满意度和社区的整体品质。例如，提供家政清洁、设备维修、室内装修等服务，组织社区文化活动、健康讲座、体育比赛等，增强社区的凝聚力和居民的归属感。

3. 智能化管理

随着科技的发展，智能化管理成为物业管理的新趋势。物业服务企业可通过引入智能化设备和管理系统，提高服务效率和管理水平。例如，安装智能门禁系统、智能监控系统，实现对社区的智能化管理；建立物业管理信息平台，方便业主在线报修、缴费、查询信息，提升服务便捷性和透明度。

（三）业主权益保护与物业税务问题

保护业主权益和合理处理物业税务问题，是物业管理的重要内容，直接关系到业主的合法利益和社区的和谐稳定。

1. 业主权益保护

业主权益保护是物业管理的重要任务，物业服务企业需依法履行职责，维护业主的合法权益。首先，物业服务企业需提供高质量的物业服务，确保服务内容和标准符合合同约定和法律要求。其次，物业服务企业需透明管理，定期公布服务费用收支情况，接受业主监督。此外，物业服务企业需建立完善的投诉处理机制，及时处理业主的投诉和建议，妥善解决矛盾纠纷，维护社区的和谐稳定。

2. 物业税务问题

物业税务问题是物业管理中的重要环节，涉及物业服务企业和业主双方的利益。物业服务企业需依法纳税，确保税务申报和缴纳的合规性。常见的物业税务包括物业管理费的增值税、企业所得税等。物业服务企业需熟悉相关税务政策，合理进行税务筹划，降低税务负担。此外，物业服务企业需向业主解释清楚税务相关问题，如物业管理费中的税费构成，确保业主知情权，减少误解和纠纷。

通过健全的物业管理法律框架、高质量的社区服务与管理以及有效的业主权益保护和税务处理，物业管理和运营可以实现良性循环，提升社区的居住品质和居民的满意度。物业服务企业需不断提升自身的服务能力和管理水平，以适应市场需求和业主期望，推动社区的持续发展和繁荣。

第二节　写字楼地产开发项目

一、写字楼地产开发项目概述

写字楼，通常在西方称为商务办公大楼，是专门为商务和办公活动设计的建筑，配备相应的设施、设备和服务。在我国，这种类型的建筑传统上被称作"办公楼"。写字楼主要功能是进行信息收集、决策制定、文件处理以及其他经济管理活动。由于城市中心地带土地紧缺且地价高昂，许多中小企业难以单独建造办公楼，因此，房地产开发商修建这些大楼并将其分层出售或出租成为一种流行的做法。

写字楼开发在当前房地产市场中展现出显著的投资优势和稳定回报，成为开发商和投资者的热门选择，具体体现在以下几个方面：

（1）高投资回报：随着住宅市场受到越来越多政策的限制，商用物业尤其是写字楼因其较高的潜在盈利能力而受到市场的青睐。例如，小型写字楼和商务公寓因其相对较低的入门门槛和强劲的市场需求，成为开发商和投资者的热门产品。这些物业通常位于商业活跃区域，易于出租，投资回收快，收益率高。

（2）收益稳定性：与其他类型的房产相比，写字楼因其位置通常处于城市核心商务区，其租赁需求持续且稳定。此外，许多拥有充足资金的开发商倾向于长期持有这些物业，通过出租来获得稳定的收入流。虽然分割销售可能会影响建筑的长期物业管理和业态布局，但自持模式有助于维持物业价值和高租金水平。

（3）严格的区位要求：写字楼项目的成功在很大程度上取决于其地理位置。开发商在选址时必须综合考虑交通便利性、市政设施完善程度和城市景观等因素。最理想的位置是城市的中央商务区（CBD），这里不仅交通枢纽汇集，商业活动频繁，还能吸引大量企业和专业人士，从而确保高租赁率和投资回报。

（4）追求"高大全"：市场对写字楼的要求不断提高，现代写字楼不仅要有高度，还要提供广阔的空间和全面的设施支持。在核心商务区，高地价促使开发商利用垂直空间，建造地标性高楼。这些建筑通常拥有宽敞的大堂和高效的空间利用率，配备先进的电梯、全面的安保系统、现代化的办公设施和综合性服务，如物业管理、金融服务、邮政和餐饮等，全方位满足商务需求，增强了物业的吸引力和功能性。

二、写字楼地产开发项目的等级

尽管我国现行的建筑设计规范中没有正式的写字楼等级分类标准，市场上依据写字楼的综合素质将其划分为甲级、乙级和丙级等不同等级。这些等级主要考虑以下几个方面：

（一）楼宇品牌

写字楼作为城市商务活动的核心区域，其品牌影响力是其商业价值的重要组成部分。一个成功的写字楼品牌不仅体现在其独特的建筑设计上，还包括其商务文化的深度、高标准的服务理念以及显著的地标特性。这些因素结合，使得写字楼不仅是办公空间的集合，更是城市文化和经济活力的展示窗口。写字楼的地标性使其成为城市景观中不可或缺的一部分，而与城市历史的紧密联系则增添了其独有的文化价值。因此，一个优秀的写字楼品牌能够提升整个区域的商业吸引力，推动经济增长，同时也能提升城市的国际形象和竞争力。

（二）地理位置

地理位置在写字楼的成功运营中起到至关重要的作用，它直接影响到楼宇的投资回报和市场吸引力。优选的写字楼位置通常位于城市的核心商务区或其他具有高增长潜力的区域。这些区域的选择考虑到了便捷的交通连通性、充足的周边设施如购物中心、餐厅和娱乐场所，以及高度的业务集聚效应，使得这些写字楼能够吸引和保留高端企业客户。此外，靠近主要的交通枢纽如地铁站、机场和公路网络，可以大大提高员工和客户的可达性，增加物业的实用价值和竞争力，从而成为投资者和租户的首选地点。

（三）客户层次

写字楼的客户层次对其商业成功和市场形象具有深远的影响。高端写字楼通常吸引具有高商业地位和专业需求的企业和专业人士，如跨国公司、大型律师事务所及金融机构等。这些客户不仅带来稳定的租金收入，还能提升整个建筑的品牌价值。同时，这种高层次的客户群体也形成了一种独特的商务氛围，有助于租户之间的业务交流和合作，促进知识共享和网络扩展。此外，高层次客户对写字楼的现代化设施和高标准服务有更高要求，这反过来又推动开发商持续提升服务质量和建筑标准，确保写字楼在激烈的市场竞争中保持吸引力和竞争优势。

（四）软件服务

软件服务在高级写字楼的运营中起到至关重要的作用，它们不仅保证了日常运营的效率，也极大地提升了租户的满意度和忠诚度。一个优质的写字楼必须提供全面的物业管理服务，包括但不限于高效能的空调系统、24 小时安全监控、高速互联网连接以及节假日的不间断服务。此外，专业化的商务支持服务，如提供先进的会议设施、卫星会议系统、专业活动策划和会展中心的管理，都是吸引高端企业客户的重要因素。这些服务确保租户可以在一个设施完备的环境中高效地开展工作，同时也因高标准的服务体验而对写字楼产生更强的业务依赖，从而增强了写字楼作为商务中心的吸引力和市场竞争力。

（五）硬件设施

硬件设施是现代写字楼吸引租户和投资者的关键因素之一，尤其是在科技和创新方面的追求。顶级写字楼配备有智能化建筑管理系统，这些系统能自动调整照明、温度和安全系统，确保环境的最优化和能源的高效使用。此外，建筑设计方面不断引入创新，如采用环保材料和可持续设计理念，不仅提高建筑的美观性，也符合现代的环保标准。

写字楼的功能性在建筑设计中占有重要位置，包括足够高的标准层高和承重，以适应各种商务需求。此外，高效的电梯系统减少了等待时间，提高了建筑的流通效率。通讯设施也极为先进，包括高速互联网接入、数据中心和无线网络覆盖，这些都是现代商务活动不可或缺的组成部分。

综合来看，这些高科技和创新的硬件设施不仅提升了写字楼的功能性和舒适度，还大幅提高了其能源效率和整体环境质量，使其成为更具吸引力和竞争力的商务空间。这些特点使得高级写字楼能够满足日益严格的商业和环保标准，同时为租户提供高效且舒适的工作环境。

第三节　零售商业地产开发项目

一、零售商业地产开发项目概述

零售商业地产，顾名思义，是指用于零售商业用途的地产。零售商业地产、办公楼地产和其他商业地产都属于广义的商业地产范畴，以区别于以居住功能为主的住宅地产和以工业生产功能为主的工业地产。零售商业地产曾经是一个备受关注并且热度较高的地产业态。自 2010 年起，房地产市场开始实施紧缩型调控政策，新政主要针对住宅地产市场，商业地产成为楼市调控新政的受益者。在近年住宅地产市场受到强力打压、办公楼开发又面临市场趋于饱和的形势下，开发商开始关注零售商业地产，许多开发商转投这一领域。

零售商业地产开发项目需要经历选址、规划、设计、招商、运营、融资等阶段。其中，规划是重要的前提，招商是关键，运营是核心和保障。

（一）规划：重要的前提

规划是零售商业地产开发的重要前提，必须对项目进行准确定位，包括确定地址、确定客户规模和业态。

（1）选址：选址在零售商业地产开发中至关重要。俗话说"一步差三成"，选址绝不能凭一时冲动决定。开发商需要反复研究讨论，综合考虑政府的长期规划、多方面评估地理位置和交通条件等因素。

（2）客户：确定目标客户是招商工作的前端，只有确立了消费群体中的某类目标客户，才能展开有效且有针对性的招商活动。

（3）规模：购物中心的规模需要合理规划，既不能过大，也不能过小。商业地产的核心指标包括业主的平方米租金收入和经营者的平方米销售收入，这些都需在规模设计时加以考虑。

（4）业态：业态定位决定了商业项目的成败。好的业态定位能最大程度地节约项目的建设成本，决定了整个商业项目的功能布局、建筑结构布局等多方面因素。

（二）招商：关键环节

招商是零售商业地产项目成功的关键。成功的招商取决于项目的定位和商业环境条件、准确的项目定位与商业规划、专业的招商团队以及有效的招商策略、推广活动和宣传支持。

（1）主力店：确定主力店是招商工作的重中之重。一个项目通常需要3~5个主力店，不同业态的主力店搭配在一起，如百货、超市、数码城、电影城等，能够吸引不同层次的消费者，增加主力店的比较效益。

（2）次主力店：选择次主力店同样重要。与主力店相比，次主力店通常为500~1000平方米的特色经营店铺，这些店铺的引入可以丰富商业业态，提升购物中心的整体吸引力。

（三）运营：核心和保障

运营是零售商业地产项目能否保值升值的核心和保障。运营包括三个方面：

（1）营运：负责环境的整洁，监管员工的服务品质，是衔接顾客与商家的桥梁。

（2）招商：负责各品类各品牌的引进，维护整体的经营档次，确保优秀的商家资源和商场的盈利目标。

（3）推广：负责形象推广，开展定期活动吸引顾客前来，培养顾客的消费习惯。

为了便于统一经营定位和管理，较好地控制商业业态和档次，降低经营风险，零售商业地产项目适合长期投资，而不是短期的住宅销售。这种性质决定了其需要较长的市场培育期，以获得长期稳定的现金流，不能搞短平快，不能简单以实现短期现金流平衡为目的。

二、零售商业地产开发项目的类型

零售商业地产开发项目根据不同标准可分为多个类型。例如，按开发形式可划分为购物中心、商业街、写字楼商铺、住宅底层商铺、社区商业和专业市场；按消费者的消费行为可划分为物品业态、服务业态和体验业态。

（一）购物中心（Shopping Center/ Shopping Mall）

购物中心是零售商业地产的核心形态。根据商务部的相关文件，购物中心是指多种零售店铺、服务设施集中在由开发商有计划地开发、管理、运营的一个建筑物内或一个区域内，向消费者提供综合性服务的商业集合体。这种商业集合体内通常包含数十个甚至数百个服务场所，业态涵盖大型综合超市、专业店、专卖店、饮食店、杂品店以及娱乐、健身、休闲等。

购物中心的规模各不相同，大型购物中心的面积可以达到数十万甚至上百万平方米，而小型购物中心可能仅有几万平方米，甚至更小。作为现代集中式商业，购物中心是一种需要进行整体统一经营运作的特殊商业资产。因此，从战略上讲，购物中心应作为持有型资产，使其具有较高的可持续经营价值。其核心价值回报方式包括稳定的现金流、经营租金收益回报以及物业价值增值。

（二）商业街（Business Street/ Commercial Street）

要了解"商业街"，首先要理解"街"的含义。街是随着人们交换和贸易发展逐渐形成的，它源于人们的生活需求，是一种商业形态，同时也是人们行走、徜徉、休息和交流的开放空间。商业街由众多商店、餐饮店和服务店按一定比例排列而成，是城市商业的缩影和精华，是一种多功能、多业种、多业态的商业集合体。

从设计角度看，商业街通常是以平面形式按照街道布局的单层或多层商业地产形式。沿街两侧布置商铺，多为单层建筑。商业街可以是一条主街，也可以包括多条副街。商业街的设计应以行人的活动为基准，而不是以高速通过的机动车为参照。行人在购物时关注的主要是建筑的一层，对一层以上的部分往往"视而不见"；横向关注范围一般在 10 至 20 米之间，超过这个宽度的商业街，行人可能只关注一侧的店铺，而不会"之"字形前行。

商业街的长度也应适中，超过 600 米的街道会让行人产生疲劳和厌倦的感觉。如何规划和设计商业街是开发商面临的重要问题，需要合理把握规划设计准则，以确保项目成功。

（三）写字楼商铺

写字楼商铺是指写字楼内用于商业用途的空间。随着我国经济的高速发展，各大城市的中央商务区陆续建成，这些区域集中了一批高消费能力的白领阶层，形成了规模不等的商业环境，吸引了众多商家入驻，有效推动了写字楼商铺的发展。

写字楼商铺可按规模分为两大类：整体商铺和零散商铺。整体商铺是指开发商将底层或某个楼层或多个楼层整体作为商业用途出租，例如出租给大型饭店或百货公司；而零散商铺则是指开发商将某些楼层或部分楼层的空间用于商业用途出租。虽然写字楼商铺适合经营的业态较多，但由于白领们来此主要是工作，购物时间有限，因此在写字楼商铺尚未辐射到更广泛人群之前，经营品牌服装、精品店存在较大风险，而便利店、餐饮、商务出行服务等业态则更为适合。例如，超市、便利店、咖啡店、特色餐饮、银行、美容美发店、旅行社、机票代理、干洗店、彩扩店、国际诊所和娱乐项目等都适合在写字楼商铺内经营。

（四）住宅底层商铺

住宅底层商铺是指位于住宅楼底层的商用铺位。这类商铺和写字楼商铺有相似之处，即都以上住户和租户为主要客户群，但写字楼商铺的定位通常高于住宅底层商铺。住宅底层商铺是市场上备受关注和投资者热衷的投资形式。许多开发商充分认识到住宅底层商铺的巨大价值，不仅解决了过去住宅底层难以销售的尴尬局面，还获得了更大的投资收益。住宅楼上住户为底层商铺提供了稳定的客户流，投资风险相对较小。

在建筑形式上，住宅底层商铺依附于住宅楼，通常为楼的一层、二层或地下层，楼上部分为居住用途。为了确保居住和商业运营功能的有效性，开发商会通过合理规划设计，使居民和底层商铺的消费者和经营者分开出入，保证楼上居民的生活尽可能少受到底层商铺的影响。需要注意的是，如果规划设计不合理，住宅底层商铺可能影响住宅的销售。此外，住宅底层商铺的规模需要适当控制，当规模超过2万平方米时，开发商必须对该商业房地产项目的市场环境进行必要的调查和研究，不能简单地以底层商铺的概念确定项目定位、规模和市场策略，否则可能面临开发困境。

（五）社区商业

社区商业是以一定地域的居住区为载体，以便民利民为宗旨，以提高居民生活质量、满足居民综合消费为目标，提供日常生活所需商品和服务的属地型商业。社区商业所提供的服务主要是社区居民需要的日常生活服务，这些服务具有经常性和便利性，但不一定价格低廉。因此，社区商业具有稳定的市场基础，并将随着居民收入水平的提高得到更大的发展。开发商需要深入研究，提供符合社区居民需求的商业服务。

2012年8月3日，国务院出台的《关于深化流通体制改革加快流通产业发展的意见》中指出："完善社区商业网点配置，新建社区（含廉租房、公租房等保障性住房小区、棚户区改造和旧城改造安置住房小区）商业和综合服务设施面积占社区总建筑面积的比例不得低于10%。地方政府应出资购买一部分商业用房，用于支持社区菜店、菜市场、农副产品平价商店、便利店、早餐店、家政服务点等居民生活必备的商业网点建设。严格社区商业网点用途监管，不得随意改变必备商业网点的用途和性质，拆迁改建时应保证其基本服务功能不缺失。"

与写字楼商铺和住宅底层商铺不同的是，写字楼商铺和住宅底层商铺都属于"公共建筑"，而社区商业配套设施属于"配套公共建筑"，二者的税费、经营运作模式完全不同。

（六）专业市场

专业市场是一种以现货批发为主，集中交易某一类商品或若干类具有较强互补性或替代性商品的场所，是大规模集中交易的坐商式市场制度安排。专业市场是商品流通的集中经营形式，是商品流通的一个重要环节。专业市场通常经过长时间逐步发展，从最初的个体分散经营，发展到软硬件设施完善的室内店铺型专业市场。

完善的配套设施是专业市场经营的基本保证。一个完整的专业市场不仅包括储存、货运代理、分装配送、短途交通、停车场和展览中心等基础设施，还需要提供银行、酒店、餐饮、行业协会、工商税务、报关和网上交易平台等相关服务。这些配套设施和服务要求专业市场为经营者和消费者创造良好的商业环境，同时也为项目后期的经营管理打下坚实基础。

三、零售商业地产开发项目的投资及运营

（一）零售商业地产开发项目的投资

由于国内零售商业地产起步较晚，其发展规模没有得到充分关注和研究。因此，许多开发商在寻求转投零售商业地产时，面临各种难题。开发商在投资零售商业地产时，必须突破的两个瓶颈是资金实力和操盘能力，也可以说是资本运作能力和零售商业地产项目运营能力。

1. 资金实力

与住宅地产相比，零售商业地产需要大规模的资金投入，仅从租金收益来看，资金的回收周期较长，强大的资金支持不可或缺。零售商业地产项目通常需要数百万甚至数亿的资金来进行土地购置、开发建设和后期运营。这种大规模的资金需求对开发商的财务实力提出了很高的要求。

为了解决资金问题，越来越多的开发商开始尝试成立各类地产基金，以多元化的融资方式获得充足的资金支持。这些基金可以通过吸引私人投资者、机构投资者甚至是国际资本来集资。此外，开发商还积极寻求与战略合作伙伴的合作，通过合资、合作开发等方式分担资金压力。这些合作伙伴通常包括金融机构、大型企业以及其他有实力的投资者，他们不仅提供资金支持，还可以带来专业管理经验和市场资源，从而提升项目的成功率。

2. 操盘能力

相比资金投入，如何进行合理的定位策划、落实针对性的招商、运营和推广工作，直

接考验开发商的操盘能力和专业水平。这也直接影响资产的升值能力。

合理的定位策划是零售商业地产成功的基础。开发商需要根据市场需求、地段优势和消费者行为进行科学的市场调研和分析，确定项目的目标客户群体和业态组合。同时，招商是项目运营的关键环节，开发商需具备吸引优质商户入驻的能力，这不仅要求开发商拥有丰富的商户资源，还需具备良好的商业谈判技巧和合作关系。

运营和推广是零售商业地产长期保值增值的重要保障。开发商需要建立一支专业的运营团队，负责日常管理、活动策划、品牌推广等工作，以提高项目的知名度和吸引力。从目前情况看，许多转型零售商业地产的开发商不缺资金，主要瓶颈出现在专业的操盘能力上，这也是许多谋求转型的开发商在转投后迟迟未见成效的根本原因。

3. 转型挑战

从2010年的情况来看，零售商业地产虽然吸引了大量企业进入，但其中相当一部分企业在尚未具备相应的资本运作能力及操盘能力的前提下，就开始转型和扩张。这种盲目投资使得一些企业在转型过程中遇到了许多困境。

零售商业地产的转型不仅仅是简单的业务调整，更涉及到企业战略、组织结构、管理模式等方面的深层次变革。开发商需要在新的市场环境中重新定位企业的发展方向，调整资源配置，提升专业管理能力。同时，转型过程中还需要面对市场竞争加剧、客户需求变化、政策环境不确定等诸多挑战。

成功转型需要开发商的智慧和经验。开发商必须通过不断学习和创新，积累零售商业地产的专业知识和运营经验，培养和引进专业人才，建立起适应市场变化的快速反应机制。此外，与业内领先企业和专业机构合作，通过借鉴先进的管理经验和成功案例，提升自身的竞争力和市场地位。

对于刚刚转型零售商业地产的开发商们，这注定是一个长期的过程，需要耐心和坚持。在这个过程中，开发商需要保持战略定力，避免盲目跟风，科学制定发展规划，通过持续不断的努力，最终实现从住宅地产向零售商业地产的成功转型。

零售商业地产开发项目的投资，需要开发商具备强大的资金实力和专业的操盘能力。通过建立专业团队或委托专业管理，开发商可以逐步提升运营水平，实现资产的保值增值。然而，成功转型并非一蹴而就，需要开发商在实践中不断探索和积累经验，才能在激烈的市场竞争中立于不败之地。

（二）零售商业地产开发项目的运营

零售商业地产的运营主要有三种模式：全部出售、租售结合和只租不售。对于规模庞大的零售商业地产项目，通常采用开发商整体开发，以收取租金作为主要投资回报的模式；而对于规模较小的零售商业地产项目，如国内许多住宅、公寓、写字楼的底层商铺以及各类商业街和商品市场，则采用商铺出售和零散经营的模式，这种模式在后期经营管理上存在很大问题。

1. 全部出售的经营模式

全部出售是零售商业地产最原始的模式，这种模式的优点在于可以快速回收投资，实现短期收益。通过一次性出售物业，开发商可以在短时间内获得大量资金，缓解资金压力，迅速回笼资金用于其他项目的开发。然而，这种模式的缺点在于无法满足企业长期持续发展的需求。随着零售商业地产市场的逐渐火爆，单纯的出售模式已不再适应市场的发展需求，因为它无法保证项目的长期运营质量和收益稳定性。

全部出售模式可细分为两种情况：

（1）只销售，不经营。在这种模式下，开发商在销售后基本上不再参与项目的运营管理，物业管理部门仅限于进行日常的统一物业管理。这种模式适用于那些不具备运营管理能力的开发商，能够让他们迅速完成资金回笼。然而，这种模式也存在明显的缺点：

第一，管理水平低：由于开发商不再参与运营管理，商铺的整体协调性和管理水平较低，可能导致商铺布局混乱、业态不合理，进而影响消费者的购物体验和商户的经营效益。

第二，品牌效应弱：缺乏统一的品牌管理和推广，商铺难以形成集中的品牌效应，降低了整体商业项目的吸引力。

第三，市场竞争力不足：由于管理不善，商铺的竞争力可能不如那些由专业运营团队管理的项目，长远来看，难以在市场上立足。

（2）销售后统一经营管理。这种模式较为少见，因为房地产开发企业普遍缺乏零售商业地产的经营管理专业素质。然而，这种模式虽然在一定程度上提升了项目的整体运营水平，但对开发商的管理能力提出了较高要求：

第一，专业素质要求高：开发商需要具备专业的运营管理能力，包括市场定位、商户招募、品牌推广、日常运营等方面的能力，这对很多开发商来说是一个挑战。

第二，资源投入大：统一经营管理需要开发商投入大量的人力、物力和财力，以确保项目的持续运营和管理，这对开发商的综合实力提出了更高要求。

第三，运营风险高：由于开发商需要全面负责项目的运营管理，一旦市场环境发生变化或运营策略出现问题，开发商将面临较大的运营风险。

尽管如此，销售后统一经营管理的模式也有其独特的优势：

第一，提升整体品质：通过统一的运营管理，可以确保商铺的整体品质和服务水平，提升消费者的购物体验和满意度。

第二，品牌集中化：统一管理能够更好地进行品牌建设和推广，形成强有力的品牌效应，吸引更多的消费者和商户。

第三，长期收益稳定：尽管前期投入较大，但通过专业运营管理，项目能够获得长期稳定的租金收益，实现资产的保值增值。

综上所述，全部出售的经营模式虽然能够快速回笼资金，但其长期发展潜力有限。对于开发商来说，选择适合自身实际情况的经营模式，并不断提升专业运营管理能力，是实现零售商业地产项目可持续发展的关键。

2. 租售结合的经营模式

租售结合是指开发商将部分物业出租，部分物业出售。这种模式通常是为了缓解资金压力，通过出售部分物业回笼资金，同时保留部分物业以租金形式获得持续收益。这种模式不仅在住宅地产开发中广泛应用，也逐渐成为零售商业地产开发的主要模式之一。

（1）租售结合模式的具体优势

①缓解资金压力

通过出售部分物业，开发商可以迅速回笼资金，缓解开发过程中巨大的资金压力。这笔资金可以用于偿还贷款、继续开发其他项目或进行企业扩张，确保开发商在资金链上的健康运行。

②获取持续收益

保留部分物业用于出租，可以为开发商带来稳定的租金收入。这种长期收益不仅能够为企业提供稳定的现金流，还能在一定程度上抵御市场波动带来的风险。此外，租金收入还可以作为后续融资的重要基础，提升企业的融资能力和信用等级。

③灵活应对市场变化

租售结合的模式使得开发商在面对市场变化时具有更大的灵活性。通过出售部分物业，开发商可以快速应对市场需求的变化，调整项目的商业策略。同时，保留部分物业用于出租，可以根据市场需求灵活调整租赁条件和业态组合，保持项目的竞争力。

④提高项目品质和形象

出租的部分物业通常是代表项目形象、收益较高且集中、便于统一经营管理的物业。这些物业通过统一的品牌形象和高品质的运营管理，可以提升整个项目的档次和吸引力。例如，保留一部分优质的商铺、餐饮和娱乐设施，可以增强项目的吸引力和人流量，提升整个商业地产的价值。

⑤分散风险

租售结合模式通过分散投资风险，提升项目的抗风险能力。出售部分物业可以快速回笼资金，降低财务风险，而出租部分物业则可以确保长期稳定的收益，降低市场波动带来的经营风险。这样，开发商可以在不确定的市场环境中保持相对的稳健发展。

⑥便于统一经营管理

保留部分物业用于出租，开发商可以对这些物业进行统一的经营管理，从而更好地控制项目的整体运营质量。这不仅有助于保持项目的品牌形象和服务水平，还可以提高租户的满意度和忠诚度，形成良好的市场口碑。

（2）实施租售结合模式的策略

为了成功实施租售结合的经营模式，开发商需要制定科学合理的策略：

①精准定位

首先，开发商需要对市场进行深入调研，了解目标客户群体的需求和偏好，精准定位项目的业态和租售比例。根据不同区域和消费群体的特点，合理安排出售和出租的物业比例，确保项目的市场竞争力。

②优选租赁物业

选择代表项目形象和高收益的物业进行出租，如大型商铺、品牌餐饮和娱乐设施等。这些物业不仅能带来稳定的租金收入，还能提升整个项目的档次和吸引力。

③有效管理

为确保出租物业的长期收益，开发商需要建立专业的运营管理团队，制定科学的管理制度和服务标准。通过统一的品牌形象和高品质的服务，提升租户的满意度和忠诚度，保持项目的良好运营状态。

④灵活调整

在项目运营过程中，开发商需要根据市场变化和租户需求，灵活调整租赁条件和业态组合，保持项目的竞争力。同时，通过不断优化物业配置和服务水平，提升项目的整体价值和市场地位。

综上所述，租售结合的经营模式通过平衡出售和出租物业，实现资金的快速回收和持续收益，为开发商在市场竞争中提供了更大的灵活性和稳定性。这种模式不仅缓解了资金压力，提高了项目品质和形象，还通过有效的风险分散，确保了项目的长期稳定发展。

3. 只租不售的统一经营管理模式

只租不售的统一经营管理模式是指项目建成后，开发商保留全部物业的产权，通过招商合作，将物业出租给各类商户，以租金作为主要收入来源。这种模式通常要求开发商具备较强的资金实力和专业的运营管理能力。

（1）模式优势

①长期稳定收益

只租不售模式的最大优势在于能够为开发商带来长期稳定的租金收益。与一次性出售物业不同，租金收入能够持续多年，提供稳定的现金流，有助于企业的长期财务健康。

②资产增值

保留物业的产权使得开发商能够享受物业升值带来的红利。随着市场环境的改善和项目运营的不断提升，物业价值将不断增长，为企业带来更多的资本增值。

③高效运营管理

通过统一的经营管理，开发商可以确保项目的整体品质和服务水平。这种集中管理模式有助于提升商户和消费者的满意度，打造优质的商业环境，形成良好的市场口碑。

④灵活调整业态

只租不售模式下，开发商可以根据市场需求和消费趋势，灵活调整项目的业态布局和租户组合，保持项目的竞争力和吸引力。这样可以更好地适应市场变化，提升项目的盈利能力。

⑤品牌建设

统一管理有助于品牌建设和推广。通过一致的品牌形象和高品质的服务，开发商可以提升项目的知名度和美誉度，吸引更多优质租户和消费者，进一步提升项目的商业价值。

（2）模式挑战

①资金实力要求高

只租不售模式需要开发商在前期投入大量资金，包括土地购置、建设成本和运营管理费用。这对开发商的资金实力提出了很高的要求，资金链的稳定性至关重要。

②专业管理能力

这种模式要求开发商具备专业的运营管理能力，包括市场调研、招商引资、租户管理、品牌推广等。缺乏经验和专业知识的开发商可能难以实现项目的高效运营。

③市场风险

尽管只租不售模式能够带来长期稳定的收益，但市场风险依然存在。如果市场环境发生重大变化，消费者需求下降或竞争加剧，项目的租金收益可能受到影响。

（3）实施策略

①建立专业团队

开发商需要建立一支专业的运营管理团队，负责项目的日常运营、招商引资和市场推广。这支团队应具备丰富的商业地产运营经验和专业知识，能够高效管理项目。

②科学规划

在项目初期，开发商应进行科学的市场调研和精准定位，制定合理的业态布局和租户组合方案。通过科学规划，确保项目能够吸引目标客户群体，实现高效运营。

③多元化融资

为了缓解资金压力，开发商可以探索多元化的融资渠道，如发行地产基金、引入战略合作伙伴或通过银行贷款等方式，确保项目资金的充足和稳定。

④品牌推广

通过有效的品牌推广和市场营销，提高项目的知名度和吸引力。利用多种渠道进行宣传，如线上广告、社交媒体、线下活动等，增强项目的市场影响力。

⑤风险管理

制定完善的风险管理策略，识别和应对市场变化带来的潜在风险。通过灵活调整租赁策略和业态布局，保持项目的竞争力和收益稳定。

只租不售的统一经营管理模式通过保留全部物业产权，实现长期稳定收益和资产增值。然而，这种模式对开发商的资金实力和专业管理能力要求较高，实施过程中需面对市场风险和运营挑战。开发商在选择运营模式时，需要根据自身实际情况和市场环境进行综合考虑，通过建立专业团队、科学规划、多元化融资和品牌推广等策略，实现项目的可持续发展，提升商业地产的整体价值和市场竞争力。

第四节 工业地产开发项目

一、工业地产开发项目概述

工业地产是指用于工业用途的土地，以及在这些土地上的建筑物和附属设施。工业用途的建筑物种类繁多，包括工业制造厂房、物流仓库、工业研发楼宇等。在我国，工业用途土地的批租年限为50年。工业地产可细分为重工业房地产、轻工业房地产、仓储物流房地产以及自由贸易区房地产（带有特殊政策的贸易加工型通用型工业地产）。

自20世纪80年代以来，全球经历了战后第三次产业结构调整的高峰期，世界范围内的产业结构变迁呈现出新的特征。这些特征不仅包括适应高技术产业发展和产业升级的需求，还包括劳动密集型产业和一般加工制造业大量向发展我国家转移。同时，资本密集型和技术密集型产业环节也在进行全球战略调整。由于我国经济发展采取了较为开放的模式，再加上我国在资源、人力、产业配套能力和国内市场规模等方面的优势，我国成为承接国际产业转移的重要目的地。

全球产业升级和国际产业转移的不断深化促进了我国制造业的迅速发展。同时，这也为工业地产开发带来了新的历史性机遇，蕴含着新的商业机会。通过抓住这些机会，工业地产开发可以在以下几个方面取得显著成效：

（1）重工业房地产：包括冶金、机械制造和化工等重工业所需的土地和厂房。随着我国重工业的发展和产业升级，重工业房地产需求持续增长。

（2）轻工业房地产：主要服务于纺织、食品加工、电子制造等轻工业。轻工业对土地和厂房的需求较为灵活，可根据市场需求快速调整。

（3）仓储物流房地产：伴随着电子商务和现代物流业的快速发展，仓储物流房地产需求旺盛。高标准的物流仓储设施对于提高物流效率、降低运营成本具有重要意义。

（4）自由贸易区房地产：自由贸易区内的工业地产享有特殊政策支持，包括税收优惠和简化行政审批等，吸引了大量外资企业入驻。这类房地产不仅促进了区域经济发展，还提升了我国在国际贸易中的竞争力。

综上所述，工业地产开发在我国具有广阔的发展前景和巨大的市场潜力。通过科学规划和合理布局，抓住全球产业转移和国内产业升级的历史机遇，工业地产开发项目可以实现可持续发展，推动我国经济的高质量增长。

二、工业地产开发项目的开发模式

工业地产开发项目的主要模式包括工业园区开发模式、主体企业引导模式、工业地产商模式和综合运作模式。目前在我国，工业地产开发主要采用工业园区开发模式和工业地产商模式，尤其是工业园区开发模式，在工业及工业地产的发展过程中扮演了极为重要的角色。

（1）工业园区开发模式：目前在我国，工业园区开发模式是地方政府最为常用的工业地产开发策略，它不只承载了工业地产市场的重要角色，也涵盖了促进区域经济建设、社会发展及提供就业机会等综合目标。该模式的核心是政府的主导作用，政府不仅通过制定支持性的产业政策和税收优惠措施来创建优势，还通过招商引资和土地出让等方式，吸引符合产业发展方向的企业和项目，从而推动地区的工业化和现代化步伐。

（2）工业园区开发模式的管理体制：这一模式主要分为两种管理体制。首先是政府主导型，政府不仅负责政策的制定和实施，还直接参与园区的盈亏管理，确保园区开发与地区经济社会发展相符合。另一种是开发商主导型，其中政府将土地和基础设施的开发任务委托或授权给私人开发商。这种模式允许开发商承担更大的经济风险和收益，通常适用于开发需求复杂或资金投入大的高级别开发区。在这种体制下，开发商与地方政府之间会签订期限明确的合作协议，确保开发活动的顺利进行，同时赋予开发商一定的市场优先权，增加市场准入壁垒。

（3）主体企业引导模式：在这一模式中，通常是某一工业领域内具有强大实力的企业牵头，通过获取大量工业用地来构建一个独立的工业园区。这样的企业不仅引领园区的建设，还通过自身在行业中的影响力，吸引其他企业加入，从而推动产业集群的形成和发展。主体企业通过出让土地或出租项目设施等方式，促进同行业或相关行业企业的集聚，通过产业链的完善和协同效应，实现区域经济的整体提升。

（4）工业地产商模式：在这个模式中，开发商主要负责获取并开发工业地产项目，涵盖从基础设施如道路、绿化到厂房、仓库和研发设施的建设。这些项目在建设完成后，可以通过出租、转让或以合资、合作形式进行管理和运营，最终实现投资回报。这种模式要求开发商具备较强的项目管理能力和资金运作能力，以确保项目按时完成并实现经济效益。

（5）综合运作模式：这一模式是将工业园区开发模式、主体企业引导模式和工业地产商模式进行有效整合，以应对工业项目大规模建设的需求和广泛的管理运营范围。这种模式依赖于强有力的政策支持和充足的投资资源，以及项目参与方在项目运营中的协同合作。通过这种多元化的开发策略，不仅可以提高工业项目的建设和运营效率，还能确保项目的长期成功和地区经济的可持续发展。

三、工业地产开发项目的特点

工业地产开发项目具有以下四大特征：大规模投资、快速启动、提供增值服务和追求长期稳定回报。

（1）大规模投资：工业地产开发不同于主要由政府驱动的传统开发区建设，其一个显著特点是对开发商的财力要求较高，以确保足够的前期资金投入。工业地产的资金占用周期较长，投资回收期通常超过住宅和商业地产，这成为资金不足的中小企业的进入门槛。前期投入动辄数十亿元，涉及招商、管理运营等方面的费用也极为庞大，投资回收期可能长达数十年。因此，只有资金充足的开发商才能参与工业地产的开发。

（2）快速启动：基础设施是工业园区快速启动和初步形成的基石。这包括交通、通信、能源供应和水电设施等。当投资者考察投资地点时，通常最先注意到的就是基础设施的完备性。优质的基础设施能吸引优秀企业入驻，而供水、供电、通信和道路等方面的可靠性是项目按时启动的必要条件。

（3）提供增值服务：当前，许多经济技术开发区面临的一个主要挑战是"人气不足"和"商气不旺"，政策优惠的吸引力逐渐减弱。为应对这种情况，开发区应主动优化生产生活配套设施、建立完善的物流仓储服务系统、为投资者提供优质的投资环境、协助企业解决融资问题，并同时加强园区内教育、医疗、文化、科技和体育设施的发展。

（4）追求长期稳定回报：工业地产开发商的投资通常考虑长达 10 年甚至更长时间的经营周期。因此，投资者在评价一个开发区时，应全面考察整个投资环境，不仅限于短期的投资回报。工业地产的长期稳定回报是基于开发商的大规模资金投入和增值服务的提供。在考虑投资工业地产时，除了地理位置，政策因素和回报率也是重要的考量因素。

第五节　旅游地产开发项目

一、旅游地产开发项目概述

旅游地产是结合了旅游、休闲、度假和居住功能的特殊地产类型，其开发主要依托周边丰富的旅游资源。这类地产涵盖了休闲度假村、旅游景区、主题公园、分时度假酒店、海景住宅等多种形式，各具特色，旨在提供综合性的休闲体验。

在当前经济环境下，旅游地产已成为热门的行业话题。一方面，由于旅游业是国民经济的战略性支柱产业，它不断扩大的规模和影响力受到了各界的广泛关注。另一方面，房地产业作为支撑经济发展的重要领域，与旅游业的融合催生了旅游地产这一新的业态。这种地产不仅利用特定的旅游资源作为吸引投资的核心，还整合了旅游、休闲、度假、娱乐和居住等功能，创造了极具吸引力的自然和建筑景观，并配备完善的设施，具有高投资价值和市场需求。

旅游地产的开发过程通常是一个阶段性的策略，首先着重于培育和开发核心旅游产品，比如特色景区或特色服务，从而增强该地区的吸引力。此后，开发商会逐步优化和升级土地使用，使之成熟并具备开发条件，最终实现旅游业与房地产业的有效整合。这种开发模式依托低成本土地的优势，通过构建高价值的旅游目的地来追求高人气和长期稳定的收益，从而使投资者获得持续的经济回报。

具体来说，旅游地产项目的收益周期通常较长，可能超过 15 年，但其持续的回报期可达到 50 年甚至更久。在项目的初期 2 至 3 年内，投资可能会得到全面回收，且盈利率可达 150% 至 400%，显示出巨大的利润潜力。然而，项目成功的关键在于能否持续吸引大量访客，因为没有足够的人气，即使是最佳的地产也难以达到预期的销售目标。

从投资和运营的角度考虑，旅游地产依赖于高效专业的管理团队和充足的资金支持。项目的成功不仅需要在市场营销和客户服务上投入大量资源，还要依赖于能够持续吸引游客的景点和活动的创新。此外，这种地产类型的发展还需要有力的政策支持和地方政府的配合，以确保基础设施如交通、水电和通信等得到有效建设和维护，从而为旅游地产的长远发展打下坚实的基础。

二、旅游地产开发项目的类型

（一）分时度假

分时度假作为一个独特的房地产与酒店业的混合模式，正在逐渐成为旅游和休闲市场中的一个重要部分。这种模式主要通过提供消费者一种新型的度假方式来吸引人们的兴趣，即消费者可以购买他们在特定时间段内使用的度假物业的部分权利。

具体而言，分时度假酒店或公寓通常参与到一个更广泛的时权交换系统中。这允许物业的部分所有者在一年中的特定时间享有使用权，而这种权利可以在全球范围内的其他相似设施中进行交换。例如，一个在佛罗里达拥有分时度假权利的家庭可能选择将他们的时间交换到加利福尼亚或甚至国外的度假地。

在这一模式中，多方参与者的角色至关重要：

开发商持有并开发物业，负责初始的建设和设施的配置。

销售商作为开发商的代表，向公众推广分时度假权益，解释其优势并处理销售事宜。

度假物业管理公司负责日常的管理和维护，确保度假设施的质量和服务达到标准，以满足业主和访客的需求。

分时度假交换公司则扮演一个更广泛的角色，为那些希望将他们的使用权在不同地点间交换的会员提供服务。这不仅增加了分时度假的灵活性，也极大地扩展了其吸引力。

除了上述主要角色，律师、金融机构和咨询顾问等专业人士也在其中发挥着重要作用。他们提供必要的法律、财务和战略建议，帮助规范交易、优化运营和保护消费者权益。

尽管在我国分时度假的概念已经引起了市场的关注，并且潜在的分时度假地点众多，但面临的挑战也不容忽视。目前，有效的销售和交换系统相对有限，这限制了分时度假模式的扩展和普及。市场需要更多的教育和透明度以建立消费者信任，同时也需要更加完善的监管框架来确保这一市场的健康发展。此外，提升系统的效率和用户体验将是推动分时度假在未来发展中的关键因素。

（二）主题社区

主题社区是一种将主题公园与周边住宅结合的旅游地产开发模式。这种模式通过将娱乐与居住功能有机结合，创造出独特而富有吸引力的居住环境。

1. 主题公园

主题公园作为主题社区的核心部分，是为了满足游客多样的休闲娱乐需求而建造的。这些公园通常采用创意活动和高新技术手段，以特定文化主题创造虚拟环境，吸引游客。例如，主题公园可能围绕童话故事、科幻冒险、历史文化或自然生态等主题展开，通过精心设计的景观、建筑和互动体验，让游客仿佛置身于一个全新的世界。

主题公园不仅提供了丰富多彩的娱乐项目，如游乐设施、表演节目、主题展览和互动体验，还配备了各种服务设施，如餐饮、购物和休闲场所，满足游客的全面需求。这些创意和技术的运用，使主题公园成为了家庭旅游、朋友聚会和个人休闲的理想选择。

2. 住宅区

紧邻主题公园的住宅区是主题社区的另一重要组成部分。这些住宅区以主题公园为依托，使得居民可以身处于这样一个充满乐趣和文化氛围的特色社区。住在这里的居民不仅可以方便地享受主题公园带来的各类娱乐和休闲活动，还能体验到一种独特的生活方式。

住宅区的设计通常与主题公园的风格相呼应，整体环境美观、和谐。例如，住宅区可能采用特定主题的建筑风格和景观设计，与主题公园形成统一的视觉效果。此外，住宅区内还会设置各种便民设施，如学校、超市、医疗机构和公共交通站点，确保居民的日常生活便利。

主题社区作为一种新兴的旅游地产开发模式，通过将主题公园与住宅区紧密结合，创造了独特的生活和娱乐环境。这种模式不仅提升了居民的生活品质，还具有良好的投资前景和经济带动作用。通过创意和高新技术的结合，主题社区为现代城市生活注入了新的活力和魅力。

（三）度假村

度假村是精心设计的休闲和娱乐建筑群，它们通常处于风景如画的地区，旨在提供一站式的度假体验。这些度假村通常由单一公司运营，以保证服务和设施的一致性和高标准，但也不乏有多家公司通过合作共同运营的情况，特别是在大型或主题特定的度假村项目中，这种合作可以带来更丰富的资源和专业技能。

度假村内的设施一应俱全，包括各类餐饮选择、舒适的住宿条件、多样的体育活动、全方位的娱乐选项以及购物中心，旨在满足客人从基本需求到高端享受的所有期望。这些设施不仅提供了便利，也增强了度假村的吸引力，使其成为旅游者的首选目的地。

一些度假村因其全面的设施和服务而成为周边地区的中心，进而促使整个城镇的发展，这些城镇被称为"度假村城镇"。这些城镇通常围绕一个或多个大型度假村发展，其经济活动和社区生活大部分与度假村的运营密切相关。

从定义上看，度假村远不止是一个提供住宿的酒店，它是一个综合性的休闲和娱乐中心。在这里，游客不仅可以享受到宁静和舒适的住宿环境，还可以体验到丰富多彩的活动和服务，例如水上运动、高尔夫、SPA、主题晚会等，这些都是旨在让游客从日常繁忙的生活中彻底放松下来。

此外，许多度假村还会提供特色服务，如儿童俱乐部、健康和养生课程以及定制的旅游行程，这些都是为了满足不同客人的个性化需求。度假村的设计和运营考虑到了从单身游客到家庭团体的所有类型客人的需求，确保每位访客都能在此找到适合自己的放松和娱乐方式。

（四）产权式酒店

产权式酒店是一种越来越流行的房地产投资模式，投资者在这里不仅购买单个酒店客房的产权，还能通过房间的经营活动获得收益。这种模式允许投资者拥有独立的产权，并将客房委托给专业酒店管理公司运营。管理公司负责日常运维、客户服务以及市场营销，确保房间的高出租率和维护质量，从而为投资者带来稳定的投资回报和物业增值的可能性。

这种投资模式本质上类似于国外的房地产投资基金或有限合伙企业，它为普通投资者提供了参与高端酒店市场的机会，通常这是高资本门槛的投资领域。投资者除了能获得来自出租的定期收入外，还享有一定期限的免费入住权，这增加了投资的吸引力和灵活性。这种结合了消费和投资双重优势的模式，特别适合那些寻求相对低风险和稳定回报的中产阶级投资者。

成功的产权式酒店投资高度依赖于其位置、稀缺性和品质。优越的地理位置，如位于主要城市的中心地带、著名的旅游目的地或其他高客流区域，可以显著增加客房的出租率和投资回报。此外，酒店的独特性和高标准的设施也是吸引投资者的关键因素，它们能够提升客房的吸引力，从而带来更高的收益。

从长远来看，产权式酒店不仅提供了一种比传统银行存款或股票投资更为稳定的收益方式，而且还能作为一种实物资产，为投资者的投资组合增加多样性。在经济波动时期，这种实物资产尤其具有吸引力，因为它提供了一定的安全边际。随着全球旅游业的复苏和增长，产权式酒店的市场需求预计将继续扩大，使其成为一种越来越受欢迎的投资选择。

第五章 房地产开发相关程序

房地产开发不仅是一个复杂的商业活动，也是一个涉及多层法律程序的过程。为了顺利开发房地产项目，开发者必须遵守一系列法律和规章制度，这些程序从项目立项开始，一直延伸到规划许可、土地使用权的获取、施工许可以及预售许可的办理。这些程序的设计旨在确保房地产开发的合法性、安全性和环境可持续性，同时平衡公众利益与开发效率。

第一节 房地产开发项目立项

房地产开发项目的重要性体现在多个方面。首先，它是城市化和现代化进程的重要推动力量。通过开发新住宅区、商业区和工业区，房地产开发项目有效地改善了城市的基础设施，优化了城市功能布局，提升了城市的整体形象和宜居性。其次，房地产开发项目对经济发展具有重要的拉动作用。开发过程中涉及的建筑材料、设备采购、劳动力需求等，为相关行业提供了广阔的市场空间，带动了整个产业链的发展。此外，房地产开发项目还直接影响着人们的生活质量。通过提供舒适、安全、便利的居住和工作环境，房地产项目提升了居民的生活幸福感和满意度。

立项阶段是房地产开发项目的起点，具有决定性的作用和意义。这个阶段主要包括项目的可行性研究、项目规划、土地购置以及初步的设计方案等。在这个阶段，开发商需要对项目进行全面的市场调研和分析，以确定项目的定位和目标客户群体。

立项阶段在房地产开发过程中具有重要的作用和意义。它不仅决定了项目的可行性和规划方向，还为项目的顺利实施和未来的成功运营奠定了坚实的基础。通过科学、合理的立项和规划，开发商可以最大程度地发挥项目的经济效益和社会效益，推动城市的可持续发展。

一、房地产开发立项的基本概念

（一）定义房地产开发项目立项

房地产开发项目立项是指在房地产项目开发过程中的初步阶段，开发商或项目负责人对一个潜在的开发项目进行详细分析和规划，以决定是否启动该项目。立项过程包括对项目的可行性进行全面评估，涵盖市场需求分析、财务分析、法律审查以及初步的设计和规划。这一阶段的核心目的是确定项目是否具备实施的必要条件和成功的可能性，确保投资能够带来预期的回报，同时符合法律和规章制度的要求。

（二）立项阶段的目标和预期成果

立项阶段的主要目标是通过详细的前期研究，为房地产开发项目的决策提供科学依据。这一阶段的预期成果包括：

（1）市场分析报告：这是评估项目潜在市场需求的关键文档，内容包括目标市场的大小、消费者需求、竞争对手分析以及市场趋势预测。通过市场分析，开发商可以判断项目的市场吸引力和销售前景。

（2）财务可行性分析：此分析评估项目的经济效益，包括成本预算、资金筹措计划、投资回报率预测和风险评估。财务可行性分析帮助确定项目是否经济实用，预算是否合理。

（3）法律和政策审查：确保项目遵守所有相关法律、规章和政策，包括土地使用权、建设规范和环境保护要求等。通过法律审查，可以预见到潜在的法律障碍，并提前准备应对策略。

（4）初步设计和规划：基于上述分析和审查，进行项目的初步设计和规划，包括土地利用规划、建筑设计初稿和基础设施布局。这些内容将为后续的详细设计和建设阶段奠定基础。

通过房地产开发立项，开发商可以系统地评估项目的所有关键方面，降低风险，优化资源配置，从而在项目实施阶段提高成功率。立项阶段的彻底和详尽是项目能否顺利进行和最终成功的关键。

二、立项前的准备工作

在房地产开发项目的立项阶段，准备工作是至关重要的。这一阶段的目标是收集和分析所有相关数据，以确保项目的可行性和成功率。以下是立项前的关键准备工作详细步骤：

（一）市场研究与分析

市场研究和分析是房地产开发的基石，它帮助开发商理解市场动态和项目潜力。

（1）*地区经济状况：首先，开发商需要评估项目所在地区的经济状况。这包括了解地区的经济增长率、就业率、居民收入水平以及经济多样性等因素。这些因素可以影响房地产的需求和价值。

（2）目标市场与消费者需求：明确目标市场是成功的关键。开发商需要识别并理解潜在买家或租户的偏好和需求，包括他们对房产类型、大小、价格和位置的具体要求。通过对目标市场进行细分，开发商可以更精确地定位其项目，以满足市场的需求。

（3）竞争者分析：了解竞争对手的活动对于制定有效的市场策略至关重要。这包括分析同一地区内其他正在进行或已完成的相似项目，评估它们的成功和失败，以及它们提供的设施和服务类型。了解竞争对手的定价策略和市场表现也可以帮助开发商制定竞争优势。

（二）选址分析

选址是决定项目成败的另一个关键因素。一个优越的地理位置可以极大地增加项目的吸引力和投资回报。

（1）地理位置：选择一个地理位置应考虑其对目标市场的吸引力。这可能包括景观优美的地区、市中心或其他有利于增加房地产价值的位置。

（2）交通状况：良好的交通连接是房地产项目成功的关键。评估项目地点的交通便利性，包括公共交通的可达性和连接周边重要城市或设施的道路状况。

（3）基础设施：基础设施的完善程度直接影响房地产的吸引力和功能性。这包括水电供应、排水系统、互联网接入和社区服务等。

（三）法律与政策环境

合规性是房地产开发中不可忽视的部分，对法律和政策环境的全面了解是必需的。

（1）土地使用权：确认项目用地的法律状态，包括土地所有权和使用权，确保无法律纠纷。

（2）建设法规与标准：了解并遵守当地的建设法规和标准是项目能否顺利进行的关键。这包括建筑高度、占地面积、环保标准等。

（3）税收政策与激励措施：熟悉相关税收政策，包括地产税和销售税等，以及任何可能影响项目财务模型的政府激励措施。

通过这些详尽的准备工作，开发商不仅能确保项目的合法性，还能大幅度提升项目成功的可能性，为投资回报奠定坚实的基础。

三、立项过程中的关键考虑因素

在房地产开发项目的立项阶段，有若干关键考虑因素需要深入分析和评估。这些因素不仅决定项目的可行性和经济效益，还对项目的长远发展和可持续性有着重要影响。以下是立项过程中必须重点关注的几个方面：

（一）项目可行性分析

1. 技术可行性

技术可行性是指项目在技术层面上的可操作性和实现难度。开发商需要评估项目所在地的地理条件、基础设施、施工技术以及相关的技术标准和规范。例如，对于一个大型的住宅社区项目，开发商需要考虑地基处理、建筑材料选择、施工工艺以及配套设施的技术可行性。技术可行性分析确保项目设计和建设的各个环节都能够顺利实施，避免技术障碍带来的延误和成本增加。

2. 经济可行性

经济可行性分析是项目立项过程中最为关键的环节之一。它包括对项目的成本估算、投资回报率、市场需求分析和财务预测。开发商需要进行详细的市场调研，了解目标市场的需求和竞争状况，预测未来的销售收入和租金收入。同时，开发商还需评估项目的建设成本、运营成本和融资成本，确保项目在经济上具备可行性和吸引力。经济可行性分析的结果将直接影响项目的决策和投资规模。

3. 环境影响评估

环境影响评估（EIA）是评估项目对环境可能造成的影响，并制定相应的环境保护措施。开发商需要对项目所在地的生态环境、水资源、空气质量和噪声等因素进行全面评估，确保项目符合环境保护的相关法律法规和标准。环境影响评估不仅是项目立项审批的重要依据，也是企业社会责任的重要体现，有助于提升项目的社会认可度和可持续发展能力。

（二）风险评估与管理

1. 财务风险

财务风险包括项目融资风险、成本控制风险和市场销售风险。开发商需要制定详细的融资计划，合理配置自有资金和外部融资，确保资金链的稳定。同时，需要建立有效的成本控制体系，防止成本超支和资金浪费。此外，开发商还需对市场需求变化和销售情况进行动态监测，及时调整销售策略，降低市场销售风险。

2. 法律风险

法律风险涉及项目在土地使用、建设审批、合同管理等方面的法律合规性。开发商需要确保土地取得、规划许可、施工许可等手续齐全，并遵守相关法律法规。同时，开发商需加强合同管理，防范合同纠纷和法律诉讼。法律风险管理有助于保护开发商的合法权益，确保项目顺利推进。

3. 运营风险

运营风险包括项目建设期间和运营期间可能面临的各种不确定因素。建设期间的风险主要包括施工安全风险、质量风险和工期风险，开发商需采取有效的管理措施和技术手段加以控制。运营期间的风险主要包括物业管理风险、租赁风险和市场竞争风险，开发商需建立完善的物业管理体系，提升服务水平，增强项目的市场竞争力。

（二）初步设计与规划

1. 建筑设计概念

建筑设计概念是项目整体形象和功能布局的基础。开发商需与建筑设计师密切合作，确定项目的建筑风格、功能分区和空间利用，确保设计符合市场需求和使用功能。例如，对于一个高端住宅项目，开发商需注重建筑外观的美观性和内部空间的舒适性，创造独特的生活体验。

2. 设施规划

设施规划包括项目内部及周边的配套设施，如道路交通、公共绿地、教育设施、医疗设施和商业服务设施等。合理的设施规划能够提升项目的整体价值和吸引力，满足居民的生活需求，增强项目的市场竞争力。

3. 绿色建筑与可持续发展考虑

绿色建筑与可持续发展是现代房地产开发的重要趋势。开发商需在设计和建设中融入绿色建筑理念，采用节能环保的建筑材料和技术，降低能源消耗和环境影响。同时，开发商需关注项目的可持续发展，制定长远的发展规划，确保项目在经济、社会和环境三个方面的协调发展。

综上所述，项目可行性分析、风险评估与管理以及初步设计与规划是房地产开发项目立项过程中必须重点考虑的关键因素。通过深入分析和科学决策，开发商可以提高项目的成功率，确保项目的可持续发展和经济效益。

四、项目团队搭建

（一）项目团队与合作伙伴

1. 项目管理团队构建

项目管理团队是房地产开发项目的核心，负责日常管理和决策。构建一个有效的项目管理团队首先需要明确团队的结构和各成员的角色。通常，一个完整的项目管理团队包括项目经理、财务经理、工程经理、市场与销售经理等关键岗位。

（1）项目经理负责整个项目的统筹规划和进度控制，是连接开发商与其他团队成员的桥梁。

（2）财务经理处理项目的财务规划、成本控制和资金流管理。

（3）工程经理确保所有建设活动符合技术标准和时间表。

（4）市场与销售经理负责市场分析、产品定位和销售策略的制定。

选取团队成员时，应考虑其专业技能、项目经验以及团队协作能力，确保每个成员都能为项目成功贡献力量。

2. 选择承包商与供应商

选择合适的承包商和供应商对于保证项目质量和进度至关重要。在选择过程中，开发商应当进行详细的背景调查，评估其历史项目表现、财务稳定性、市场声誉及技术能力。此外，还需要考虑承包商和供应商的供货能力和售后服务。

（1）合同条款的制定也非常关键，应明确项目的具体要求、交付时间、质量标准和价格条款。

（2）为降低风险，建议与承包商和供应商建立长期合作关系，以便在项目过程中获得更稳定的服务和支持。

3. 合作伙伴的角色与责任

在房地产项目中，合作伙伴可能包括投资者、设计师、法律顾问、政府机构等。每个合作伙伴的角色和责任应当在项目开始前明确：

（1）投资者提供必要的资金支持，并对项目的财务回报有期望。

（2）设计师负责提出创新的设计方案，满足功能和审美需求。

（3）法律顾问确保项目遵守相关法律法规，处理法律事务和潜在的法律风险。

（4）政府机构可能作为监管者或合作方，其批准和支持对项目的顺利进行至关重要。

明确这些角色和责任可以帮助项目管理团队更有效地协调资源，处理项目中的各种问题，从而保证项目按期按质完成。

五、立项审批流程

在房地产开发项目中，通过立项审批是启动项目的重要步骤。此过程确保项目符合所有相关法规、安全标准和政府政策。以下是详细的立项审批流程：

（一）立项申请文件准备

立项申请的准备是一个详细且复杂的过程，需要开发商提供全面的项目信息和相关文档以支持申请。

（1）项目概述：包括项目的目的、规模、预计投资、设计初步方案以及预期的经济和社会效益。

（2）市场分析报告：证明项目的市场需求和可行性。

（3）环境影响评估：分析项目对环境的潜在影响，并提出缓解措施。

（4）建筑和工程图纸：详细的建筑设计图纸和工程规划，包括基础设施布局。

（5）财务计划：详细的资金来源和使用计划，包括预算和现金流预测。

（6）合法性文件：土地使用权证明、业主权利文件等。

这些文件必须详尽无误，以便审批机构能够全面评估项目的各个方面。

（二）相关部门审批流程

房地产项目通常需要多个政府部门的批准，这些部门可能包括城市规划、环保、交通、消防、税务等。

（1）提交申请：将完整的立项申请文件提交给主管的地方政府部门。

（2）初步审核：相关部门对提交的文件进行初步审核，确认文件的完整性和符合性。

（3）详细评估：进行更深入的技术和合规性评估。此阶段可能需要与开发商进行多次沟通，以解决可能的问题或提出的疑问。

（4）公众听证会：对于一些大型或可能影响公共利益的项目，可能需要举行公众听证会，听取公众意见。

（5）审批决定：最终，相关部门会根据所有收集的信息和公众反馈作出决定。

（二）获得必要的许可与批准

一旦所有相关部门完成审查并同意立项：

（1）颁发许可证：政府部门将正式发放建设许可证和其他必要的批准文件。

（2）监督与合规：在建设过程中，开发商必须确保遵守所有批准文档中的条件和规定，政府部门将进行定期的现场检查以监督合规情况。

（3）后续批准：对于某些项目特定阶段或改动，可能需要进一步的批准。

通过这一审批流程，确保项目从法律和技术角度都符合国家和地方的规定，为项目的顺利进行和成功奠定基础。

六、立项后的步骤

在房地产开发项目通过立项阶段后，进入实际操作和管理阶段。此阶段涉及项目启动、资金筹措与金融安排，以及项目监管与质量控制等关键步骤。每一步都至关重要，确保项目按照计划顺利推进并达到预期目标。

（一）项目启动计划

1. 详细计划制定

在立项通过后，开发商需要制定详细的项目启动计划。这个计划应包括项目的总体时间表、各个阶段的具体任务和目标、资源配置方案以及项目团队的组建。项目启动计划的制定需要综合考虑项目的规模、复杂性和外部环境，确保计划的可执行性和科学性。

2. 团队组建与职责分工

项目启动计划中非常重要的一环是组建项目团队并明确各成员的职责和任务。开发商需要选拔具备专业知识和实践经验的人员组成团队，涵盖项目管理、工程技术、财务管理、市场营销和法务等各个领域。同时，明确每个团队成员的具体职责，确保各项工作有条不紊地进行。

3. 启动会议与动员

项目启动计划完成后，开发商应召开项目启动会议，进行全面的项目动员。这次会议的目的是确保所有团队成员了解项目的总体目标、计划安排和各自的职责，建立清晰的沟通渠道，促进团队协作。

（二）资金筹措与金融安排

1. 多渠道融资

房地产开发项目通常需要大量的资金支持，开发商应制定多渠道的融资策略。除了自有资金外，常见的融资渠道包括银行贷款、发行债券、引入战略投资者以及设立地产基金等。每种融资方式都有其优缺点，开发商应根据项目的具体情况选择合适的融资组合。

2. 银行贷款

银行贷款是房地产开发项目最常用的融资方式之一。开发商需要准备详细的项目可行性报告和财务计划，与银行进行洽谈，争取贷款支持。银行贷款的优势在于资金规模大，利率相对稳定，但同时也需要提供相应的抵押物和信用担保。

3. 战略投资者

引入战略投资者不仅可以解决资金问题，还能引进先进的管理经验和市场资源。开发商应选择与项目目标一致、具有协同效应的战略投资者，通过合作协议明确双方的权利和义务，实现互利共赢。

4. 地产基金

设立地产基金是一种创新的融资方式，通过发行基金份额吸引社会资本投资项目。地产基金的优势在于融资灵活、风险分散，适合大型综合性开发项目。

5. 财务管理与预算控制

在资金到位后，开发商需建立严格的财务管理和预算控制体系，确保资金使用的透明性和有效性。财务管理包括资金调度、成本控制、财务报表编制和资金使用监督等环节，旨在提高资金使用效率，降低财务风险。

(三) 项目监管与质量控制

1. 项目进度管理

项目进度管理是确保项目按时完成的重要环节。开发商需制定详细的项目进度计划，建立进度监控体系，定期检查和评估各项工作的进展情况，及时发现和解决进度偏差，确保项目按计划推进。

2. 质量控制体系

项目质量控制是确保建筑工程符合设计标准和质量要求的关键。开发商应建立全面的质量控制体系，包括施工质量管理、材料质量检测、工艺流程控制和质量验收标准等。通过严格的质量控制，确保项目的施工质量和使用寿命。

3. 安全管理

安全管理是房地产开发项目的重中之重。开发商需制定安全管理制度，落实安全责任制，定期开展安全培训和安全检查，及时消除安全隐患，确保施工过程中的人员和设备安全。

4. 合同管理

合同管理是项目监管的重要内容。开发商需与各参与方（如设计单位、施工单位、供应商等）签订明确的合同，明确双方的权利和义务。通过严格的合同管理，保障各方按合同约定履行义务，避免合同纠纷。

5. 信息沟通与协调

有效的信息沟通与协调是项目成功的保障。开发商需建立畅通的沟通渠道，定期召开项目协调会议，及时传达项目信息，解决项目过程中遇到的问题和矛盾，确保各方协同合作。

综上所述，立项后的步骤涵盖项目启动计划、资金筹措与金融安排、项目监管与质量控制等关键环节。通过科学合理的计划、有效的资金管理和严格的质量控制，开发商可以确保项目按计划顺利实施，实现预期的经济效益和社会效益。

第二节 办理规划许可证

规划许可证是指在进行建设项目开发前，由有关规划部门依据国家和地方的城乡规划法律法规，对项目的选址、用地性质、建筑设计等方面进行审查，并颁发的法律文书。其核心目的是确保建设项目的规划设计符合国家和地方的城乡规划要求，从而保证城市的科学、合理和可持续发展。

规划许可证的重要性不言而喻。首先，它是房地产开发项目合法合规的前提条件。任何建设项目必须在取得规划许可证后方可动工，否则将被视为违法建设，可能面临停工、罚款甚至强制拆除的处罚。其次，规划许可证的审查过程有助于提高项目的设计质量和使用功能，确保建筑布局合理、资源利用高效、环境影响最小化。此外，规划许可证还起到了保护公共利益的作用，避免开发过程中对公共设施、自然环境和居民生活造成不利影响。

一、办理规划许可证的前置条件

（一）土地使用权的确认

在开始任何建设活动之前，首先需要确认项目用地的土地使用权。这一步骤涉及确认土地的法律状态，确保开发商拥有或获得了土地使用权，且该用地符合规划用途。这通常需要从地方土地管理局获取土地使用证，该证书详细记录了土地的位置、面积、使用年限以及允许的用途。无土地使用证的项目不得进行后续的开发步骤，因为这关系到项目的合法性和可行性。

（二）环境影响评估报告

环境影响评估（EIA）报告是办理规划许可证的另一个关键前置条件。EIA 的目的是评估预计开发活动对当地环境可能产生的影响，包括对空气质量、水资源、生态系统、交通以及当地社区的影响。开发商需要委托资质合格的环境咨询公司来完成这项评估，并根据评估结果制定缓解环境影响的措施。完成的 EIA 报告需提交给环保局或相应的政府部门审核，只有在获得环境批准后，项目才能进一步申请规划许可证。

（三）初步设计方案的审批

初步设计方案的审批也是办理规划许可证的重要前置条件。这一阶段包括建筑设计、场地布局和基础设施配置等方面的初步规划。设计方案需符合城市规划和建筑标准，通常包括确保建筑高度、密度和用途符合当地法规。设计方案必须由具有相应资质的建筑师或设计机构准备，并提交给城市规划部门进行技术和审美的审核。只有获得设计方案审批，项目才能申请规划许可证，进而开始建设。

　　总体而言，这些前置条件确保了房地产开发项目在法律、环境和技术层面的可行性和可持续性。通过严格的审核和批准流程，可以有效避免未来的法律和环境问题，保护投资者和社区的利益。

二、规划许可证的申请流程

（一）提交申请的必备文件清单

　　申请规划许可证需要准备一系列详尽的文件，以确保项目符合所有相关规划和建设要求。以下是提交申请时必须包含的关键文件：

　　（1）项目申请书：详细描述项目概况、目的、预期结果及其对周围环境的影响。

　　（2）用地规划许可证明：显示地块的合法用途和土地使用权。

　　（3）详细规划图纸：包括平面图、立面图、剖面图等，展示建筑设计与周边环境的协调。

　　（4）环境影响评估报告：评估项目可能对环境造成的影响及其缓解措施。

　　（5）交通影响评估：分析项目对周围交通系统的影响及其改善方案。

　　（6）基础设施配套文件：证明项目的水电、排水、通信等基础设施规划符合地方标准。

　　（7）产权或土地租赁文件：证明申请人对项目用地拥有合法权益。

（二）审查流程概述

　　规划许可证的审查流程是一个分阶段的过程，涉及多个审批阶段和技术评估：

1. 行政审批

　　（1）初步审查：相关部门对提交的文件进行全面审查，确保所有文件齐全且格式正确。

　　（2）合规性评估：评估项目是否符合当前的城市规划和土地使用政策。

　　（3）公众咨询：对于可能对公共利益产生重大影响的项目，进行公众咨询，收集社区意见。

2. 技术审查

（1）建筑设计审查：专家评估项目的建筑设计是否安全、实用且美观。

（2）基础设施和环境影响：专业团队评估项目的基础设施规划和环境影响，确保符合环保标准。

（3）最终技术批准：技术审查完成后，项目将接受最终审批，确保所有技术要求得到满足。

（三）审批机关及其职责

规划许可证的审批通常由城市规划局或地方建设局负责，具体职责包括：

（1）确保合法性：审批机关负责确保所有房地产项目符合法律、规章和规划标准。

（2）维护公共利益：确保项目的实施不会对公共安全、环境保护和社会福利造成不利影响。

（3）促进发展：通过审批过程，推动城市发展和建设，使之与城市总体规划保持一致。

通过这些步骤，规划许可证的申请流程不仅确保了项目的合规性，还帮助城市规划和房地产开发保持协调一致，为城市的有序发展做出贡献。

三、规划许可证的种类和特点

（一）建设用地规划许可证

1. 定义和特点

建设用地规划许可证是指在进行土地开发前，由规划部门对土地使用性质、位置、范围等进行审查，并颁发的法律文书。其目的是确保土地使用符合城乡规划要求，为后续的建设活动奠定基础。

建设用地规划许可证的特点主要有：

（1）土地使用性质明确：许可证明确了土地的使用性质（如住宅、商业、工业等），确保土地用途符合规划要求。

（2）用地范围和位置确定：许可证规定了具体的用地范围和位置，避免了土地使用的随意性，保障了规划的一致性和严肃性。

（3）前置审批条件：建设用地规划许可证是进行土地征用、出让和转让的前置条件，必须在取得该许可证后，方可进行土地的进一步开发和使用。

2. 办理流程

（1）申请材料准备：包括土地使用申请表、土地使用权证明、项目可行性研究报告等。

（2）提交申请：向所在地规划部门提交申请材料。

（3）审核和公示：规划部门对申请材料进行审核，并在必要时进行公示，征求公众意见。

（4）颁发许可证：审核通过后，颁发建设用地规划许可证。

（二）建设工程规划许可证

1. 定义和特点

建设工程规划许可证是指在建筑工程正式开工前，由规划部门对工程设计方案、建筑布局、技术标准等进行审查，并颁发的法律文书。其目的是确保建筑工程的规划设计符合相关法律法规和技术标准。

建设工程规划许可证的特点主要有：

（1）建筑设计方案审查：许可证对建筑设计方案进行详细审查，确保建筑布局、功能分区、容积率等指标符合规划要求。

（2）技术标准和规范：许可证要求建筑工程必须符合国家和地方的建筑技术标准和规范，确保工程质量和安全。

（3）工程实施依据：建设工程规划许可证是工程施工的重要依据，工程必须严格按照许可证的内容进行施工，任何变更都需重新申请和审批。

2. 办理流程

（1）申请材料准备：包括工程设计方案、用地规划许可证、项目批准文件等。

（2）提交申请：向规划部门提交申请材料。

（3）审核和公示：规划部门对设计方案和技术标准进行审核，并在必要时进行公示。

（4）颁发许可证：审核通过后，颁发建设工程规划许可证。

（四）特定项目规划许可证

1. 定义和特点

特定项目规划许可证是指对一些特殊性质的建设项目（如历史保护建筑、商业综合体等）进行特别审查，并颁发的法律文书。其目的是确保这些特殊项目在开发过程中符合特定的法律法规和规划要求。

2. 特点

（1）特殊要求和标准：特定项目规划许可证针对项目的特殊性质，制定了更严格的要求和标准。例如，历史保护建筑的修缮和改建必须符合文物保护的相关规定。

（2）多部门联合审批：由于特定项目涉及的范围和影响较广，通常需要多个部门联合审批，确保各方面要求得到充分考虑。

（3）公众参与和监督：特定项目往往具有较大的社会影响，许可证的审批过程通常需要广泛征求公众意见，并接受公众监督。

3. 常见特定项目

（1）历史保护建筑：涉及文物保护和修缮，需符合文物保护法律法规，保证历史建筑的原貌和文化价值。

（2）商业综合体：包括购物中心、娱乐设施等，需要考虑交通组织、环境影响和公共服务设施的配套。

（3）大型基础设施：如机场、港口等，涉及复杂的技术标准和安全规范。

4. 办理流程

（1）申请材料准备：包括项目设计方案、环境影响报告、相关部门审批意见等。

（2）提交申请：向规划部门和相关部门提交申请材料。

（3）联合审核和公示：多个部门联合对申请材料进行审核，并进行公示，征求公众意见。

（4）颁发许可证：审核通过后，颁发特定项目规划许可证。

综上所述，规划许可证在房地产开发过程中具有多种类型和特点，分别针对不同阶段和特定要求进行审批。开发商在项目开发过程中，必须根据项目的具体情况，申请相应的规划许可证，确保项目的合法性和合规性，为项目的顺利实施奠定基础。

第三节　办理国有土地使用证

国有土地使用证是由政府土地管理部门颁发的一种法律文书，证明土地使用权的合法性和权利归属。该证书详细记录了土地使用者的权利范围、土地位置、面积、用途以及使用期限等信息。国有土地使用证的颁发和管理遵循《中华人民共和国土地管理法》《中华人民共和国城市房地产管理法》等法律法规。

国有土地使用证的法律地位非常重要。它不仅是土地使用者合法使用土地的凭证，也是保护土地使用者权益的法律保障。通过颁发国有土地使用证，政府可以有效地管理土地资源，确保土地的合理开发和利用，同时保护土地使用者的合法权益，避免土地纠纷和不合法使用。

一、办理条件

（一）土地使用权类型

获取国有土地使用权是房地产开发和城市规划中的一个关键环节，涉及到土地出让和划拨两种主要的获取方式。每种方式都受到一定的法律框架和程序的约束，具体如下：

1. 土地出让

土地出让是一种市场化的土地使用权分配方式，通过公开竞拍、招标、挂牌等透明的市场操作进行。这种方法使得土地使用权的分配既公开透明又具有竞争性，能够最大限度地提升土地使用的效率和公平性。出让的土地通常用于商业、住宅及工业用地的开发，并根据不同的用途设定不同的使用年限，如商业用地可能是 40 年，住宅用地为 70 年，工业用地则可能是 50 年。进行土地出让时，开发商或使用者需要通过竞争性的方式出价获得使用权，这通常涉及到较高的资金成本，但相应地提供了长期的土地使用保障。

2. 土地划拨

与土地出让不同，土地划拨通常不涉及金钱交易，是国家根据特定的社会或公共需求，直接指定特定的单位或个人使用某块土地的做法。这种方式多用于公共设施建设，如学校、医院、政府机构等，以及特定的社会组织。土地划拨的过程中，受让方通常不需要支付土地价款，但会面临更严格的用途限制和政策审查，确保土地的使用严格符合公共利益和政策规定。例如，一块划拨的土地可能只允许用于教育设施建设，并伴随着严格的建设和运营规范。

3. 办理土地使用证

无论是通过土地出让还是划拨方式获取土地使用权，办理正式的土地使用证都是必要步骤。土地使用证是一份法律文件，记录了土地的位置、面积、用途、所有权等关键信息，是土地使用权合法性的官方确认。拥有土地使用证，土地使用者可以依法开展建设和经营活动，同时这也是将来转让土地使用权或作为贷款抵押的法律依据。

总体而言，了解这两种土地使用权获取方式及其法律要求对于参与土地开发和管理的个人和组织至关重要。它们不仅决定了项目的可行性和合规性，也直接影响到项目的成本结构和长期可持续性。

（二）申请主体

在申请国有土地使用证的过程中，不论是法人还是自然人，都需要满足特定的资格要求，以确保他们具备合法的权利和能力去持有和使用土地。

1. 法人

法人作为申请国有土地使用证的主体，通常指的是各种公司或企业。这些实体必须符合以下几个关键条件：

（1）合法注册与运营：申请单位必须在相关政府机构注册，获得合法的营业执照和其他相关的经营许可证。这确保了企业的合法性和正规性，是申请土地使用权的基本前提。

（2）相关业务范围：企业的业务范围必须与申请的土地使用目的直接相关。例如，一个房地产开发公司申请土地用于开发住宅项目，其业务范围应明确包括房地产开发等活动。

（3）法人治理结构：企业应有清晰的法人治理结构，包括有效的决策机构（如董事会），以及透明的管理和运营体系。这有助于确保企业运营的规范性，以及在土地使用过程中遵守相关法律法规。

（4）财务状况：企业必须展示健全的财务记录和良好的财务状况，包括足够的流动资金和稳定的收入来源，以支持土地使用后的开发或经营活动。财务健康的企业更有可能有效管理和开发土地，减少因资金问题导致的项目失败风险。

2. 自然人

自然人申请国有土地使用证通常在住宅用地等私人用途方面。相比法人，自然人申请者需满足以下条件：

（1）完全民事行为能力：申请人必须具备完全的民事行为能力，通常指年满18岁以上的成年人，能够独立承担法律责任。

（2）居住地要求：在某些情况下，自然人申请住宅用地可能需要满足特定的居住地要求，例如在申请地区有一定年限的居住历史或户籍条件。

（3）财务证明：虽然自然人可能不需要像法人那样提供详尽的财务报告，但在申请过程中可能需要证明其有足够的经济能力来开发和维护该土地，尤其是在土地用途涉及较大投资时。

总结来说，无论是法人还是自然人，申请国有土地使用证都必须严格遵守相关法律和政策要求，确保他们在获取土地使用权后能够合法、高效地利用资源。

3. 申请前提

在申请国有土地使用证之前，必须完成以下前提条件：

（1）完成土地出让合同或划拨决定书：申请者必须提供完成的土地出让合同或经政府批准的划拨决定书。这些文档是申请土地使用证的法律依据，证明申请者拥有对应土地的使用权。

（2）完成土地征收及补偿安置：如果涉及到土地征收，申请者需要完成所有相关的法律程序和补偿安置。这包括与被征收土地的原居民或使用者达成补偿协议，并确保相关程序符合国家和地方的法律规定。

办理国有土地使用证是一个复杂且关键的步骤，涉及多个法律程序和要求。申请者需严格按照相关法律规定办理，以确保土地使用的合法性和项目的顺利进行。

二、办理流程

办理土地使用权相关手续是一个详细且规范的过程，涉及多个步骤，从申请准备到最终领取土地使用证。以下是详细的办理流程，包括所需材料的准备、申请的提交、审核与公示、登记以及领取证书的过程。

（一）申请准备

在准备申请国有土地使用权之前，申请人需仔细准备并核对一系列关键材料，确保申请流程的顺利进行。首先，申请人必须填写一份详细的申请表，该表格中应包含申请人的基本信息、拟用土地的具体用途、位置及面积等关键数据。此外，无论是法人还是自然人，都需提供有效的身份证明文件，如身份证或营业执照，以证明其合法的申请资格。最后，必须附上与地方政府或相应部门签订的土地出让合同，该合同中应明确列出土地的使用条件和申请人的权利。这些材料的准确和完整性是确保申请顺利通过审批的关键，任何疏漏或错误都可能导致申请进程的延误或甚至被拒绝。因此，申请人应投入适当的时间和精力来准备这些文档，必要时可以寻求专业的法律或咨询服务以确保所有文件符合申请要求。

（二）提交申请

在完成所有必需文件的准备之后，申请人应按照规定将这些材料提交至国土资源管理部门以启动申请过程。这个步骤通常包括在官方指定的工作时间内，亲自或通过授权代理将完整的申请文件包括申请表、身份证明、土地出让合同等，递交至相关部门的指定办公地点。在提交材料时，申请人还会获得一份材料递交收据，这份收据是后续跟踪申请状态的重要依据，也是官方确认已接收申请文件的记录。确保获得并妥善保管这份收据对于解决可能出现的任何文件遗失或处理延误问题至关重要。

（三）审核与公示

提交国有土地使用权申请后，申请材料将经历严格的审核与公示过程，确保每一步的透明度和公正性。国土资源管理部门的专业工作人员首先对所有提交的文件进行详尽的审核，这包括验证申请表的详细信息、身份证明的真实性及土地出让合同的准确性和合规性。一旦确认申请材料无误且符合所有法定要求，申请信息随后将被上传至指定的公共平台进行公示。这一公示阶段通常持续 30 天，旨在提高申请过程的透明度，并允许公众提出异议或支持，确保所有利益相关者都能对申请过程进行监督。通过这样的措施，可以有效防止不当利益的介入，确保土地分配过程的公正性和正当性。

（四）办理登记

一旦申请材料通过了细致的审核并且公示期满未引起任何异议，下一步则是进行土地使用权的正式登记。在这一阶段，申请人需要前往国土资源管理部门完成相关的登记手续，这通常涉及在土地管理系统中更新并确认土地的使用状态和所有权信息。登记过程中，相关工作人员会生成土地使用权的正式记录，这些记录是土地使用权合法性的关键证据，为今后任何法律交易或权利行使提供依据。确保这些记录的准确无误是至关重要的，因为它们直接关系到土地使用权的法律保障和权益维护。此外，完成这一步骤后，申请人将获得土地使用证书，这是正式承认其对特定土地拥有使用权的法律文件。

（五）领取证书

在完成了所有必要的申请和审批流程后，最终步骤是领取国有土地使用权证书。申请人将从国土资源管理部门收到正式的领证通知，这通知将指明领取土地使用证书的具体时间和地点。随后，申请人需要携带有效的身份证件及此通知书，前往指定的地点领取土地使用证书。领取这一证书标志着申请人正式获得了国有土地的使用权，这不仅为未来的土地开发和使用提供了法律基础，而且确保了整个申请过程的透明度和合法性。领取土地使用证书是一个重要的法律行为，它正式确立了申请人对特定土地的法定权利，对于保护土地所有者的权益和规避未来的法律风险至关重要。

三、所需材料

（一）基本材料

在申请国有土地使用权时，申请人需要提交一系列基本材料，以证明其合法资格并明确土地的使用条件。这些材料分为两大类：身份证明和土地使用权相关文件。

1. 身份证明

身份证明对于验证申请人的身份及其合法性至关重要。

（1）对于个人申请者，必须提供有效的居民身份证。如果是多人共同申请，例如夫妻或合伙人，则需要提供所有共有人或代表人的身份证明文件，以确保每位涉及者的身份得到确认。

（2）对于企业或法人单位申请者，需提交有效期内的营业执照副本，并确保该营业执照已通过最近一年的工商年检。这一步骤证实了企业的营运状态和合法性，是企业申请土地使用权的前提条件。

2. 土地使用权出让合同或划拨决定书

这部分文档详细说明了土地的使用条件和申请人的权利。

（1）土地使用权出让合同：对于通过公开市场购得土地使用权的申请者，需要提供与地方政府或其授权的土地管理部门签订的土地使用权出让合同。该合同详述了土地的具体使用条件、使用期限以及任何相关的责任和义务。

（2）划拨决定书：对于那些土地使用权是通过政府划拨获得的个人或机构，则必须提供政府部门出具的划拨决定书。此文档清楚地标明了土地的用途、划拨的条件及任何必须遵守的规定，是办理土地使用证的法律基础。

准备这些材料时，申请人应确保所有文件的真实性、有效性及完整性，以免在申请过程中出现不必要的延误或法律问题。每份材料都应当按照规定格式和要求仔细填写和提交，这对于顺利完成土地使用权申请流程至关重要。

（二）补充材料

1. 规划许可证

规划许可证是土地开发和建设活动中至关重要的法律文书，它确保了相关建设项目符合城市和乡村规划的法律要求，从而维护规范的城市建设和土地使用秩序。这类许可证主要包括两种：

（1）建设用地规划许可证：此证件是开发项目在土地开发前必须获得的，由城乡规划部门核发。它主要验证项目用地是否符合城乡规划的各项要求，包括土地的使用性质（如住宅、商业或工业用途）、用地的具体范围以及准确位置等。获取建设用地规划许可证是确保土地开发项目合法进行的前提条件，也是后续申请建设工程许可的基础。

（2）建设工程规划许可证：这种许可证是在建筑工程正式开工前必须由规划部门核发的，确保所有建筑工程的设计方案和建筑布局符合国家及地方的相关法律、法规和技术规范。该证书详细说明了建筑物的结构、高度、占地面积和安全距离等技术指标，是施工前审查建筑设计的重要法律依据。

这两种规划许可证共同构成了建设项目在法律上的合规性保障，确保了项目的开发和建设活动不仅符合规划目标，也符合安全和环境保护的标准。在实际操作中，开发商需要在项目筹备阶段就密切关注这些许可证的申请和获取，以免影响项目的进度和合法性。通过严格的规划审批流程，可以有效预防非法建设和乱象发生，从而促进城市有序发展。

2. 建设工程竣工验收报告

建设工程竣工验收报告是建筑工程项目完成阶段的关键文档，它标志着工程项目从施工阶段正式过渡到使用阶段。这份报告由建设单位牵头，联合设计、监理、施工以及相关政府部门和专家团队共同完成。竣工验收报告的内容丰富详细，涵盖了从项目启动到完成的全过程。

（1）竣工验收报告的核心内容：报告中不仅包括对工程建设的全面描述，还有关于施工质量的综合评价，包括对建筑材料、结构安全、电气安装、消防系统等方面的检查结果。此外，报告还会详细记录任何在建设过程中出现的工程变更，包括变更的原因、实施情况及其对项目的影响。

（2）验收流程：竣工验收过程是一个严格的质量控制过程，需要各方专业团队的密切合作。首先，建设单位需提前准备好所有相关的工程资料和自检报告，然后组织一个由设计师、工程师和质量监督人员组成的验收团队对工程进行实地检查。检查内容通常包括结构完整性、安全系统功能、环境影响和建筑的实际使用功能等。

（3）验收标准与结果：所有的检查和评估都严格依照国家和地方的建设标准及规范执行。一旦工程通过这一系列的检测和评估，验收团队便会出具竣工验收报告，正式确认工程符合所有设计要求和法定标准，随后建设单位可以依此报告申请相关的使用许可和运营批准。

总之，竣工验收报告不仅是工程质量和安全的保证，也是建设单位履行法律责任、转移项目风险的法律依据。通过这份报告的详细记录和官方认可，确保了建筑工程的质量与安全，为其后续的使用和维护提供了坚实基础。

综上所述，办理国有土地使用证需要提交一系列基本材料和补充材料。申请者在准备材料时，需确保材料的完整性、合法性和真实性，严格按照相关法律法规和地方政府的要求进行提交。只有在材料齐全且符合规定的情况下，申请才能顺利通过审核，取得国有土地使用证。

四、常见问题与解决方案

在办理规划许可证过程中，申请人可能会面临各种问题，这些问题如果不妥善处理，可能会导致项目延误或额外成本。以下正文将探讨这些常见问题及其解决方案，帮助申请人有效应对。

（一）资料不全

在申请规划许可证的过程中，提交不完整的资料是一个常见但严重的问题，它不仅会延缓整个申请进程，还可能导致申请的失败。为了避免这种情况，申请者应该采取以下步骤来确保提交所有必需的文件：首先，务必在准备申请材料之前，详细查阅申请指南和官方提供的文件清单，确保对所有要求有清晰的理解。特别注意核对每一项文件是否符合规定的规范和格式要求，对于缺失的文件，应立即与相关部门联系，明确缺失文件的具体要求。对于那些需要专业知识准备的文件，如环境影响评估报告或建筑设计方案，考虑雇佣专业的机构或顾问来确保文件的专业性和准确性。准备完毕后，及时将所有文件提交给相关部门，并主动跟进审批进度，以便在发现任何问题时能快速响应，这样做将显著提高申请的效率和成功率。通过这些细致入微的准备和主动的沟通协调，可以最大限度地减少因资料不全导致的延误或申请不成功的风险。

（二）审核未通过

审核未通过的问题对项目的进度和成本都有潜在的负面影响，因此迅速理解失败的原因并采取相应的解决措施至关重要。一般而言，审核失败可能因为多种原因，包括提交的文件不完整、设计方案不符合当地建设规范、或未遵守特定的法规标准。首先，申请者需要仔细阅读并分析规划部门提供的反馈意见，以确定具体的问题所在。对于设计或技术上的缺陷，应考虑重新评估并调整设计方案，必要时可聘请行业专家进行技术审查和修改。如果问题涉及对法规的遵守，那么必须根据反馈调整项目的规划或建设流程，确保所有操作完全符合相关法律法规的要求。在所有问题得到妥善解决后，申请者应重新整理和提交所有必要的文件，并继续与审批机构保持密切和积极的沟通，以便顺利推进项目进度。这种系统性的问题解决方法不仅有助于避免未来的审批延误，还能提高项目的整体质量和合规性。

（三）时限拖延

办理规划许可证的过程可能因多种原因遭遇拖延，这类延误不仅可能阻碍项目按计划进展，还可能导致成本的增加，甚至影响项目的总体财务表现。为了有效应对和减少这种情况，建议采取一系列策略以保证审批过程的顺畅。首先，申请人应该定期跟进项目的审批进度，与审批部门保持密切和持续的沟通。了解审批的当前状态和可能的延误原因对于及时应对至关重要。如果存在内部审批效率低下的问题，尝试安排面对面会议或增加与审批部门的沟通频率，以便更直接地解决问题。此外，利用法律或行政资源，如提交进度查询请求或利用在线政务服务，可以有效推动审批流程。确保提交的所有文件和资料准确无误，按照规定格式完成，也是避免审批过程中不必要延误的关键。通过这些措施，不仅可以减少由于审批拖延带来的成本，还可以加速项目的整体进度，确保按时完成。

五、法律责任

（一）申请人责任

在提交任何形式的申请，尤其是涉及国土资源管理的申请时，申请人所承担的法律责任是极其严重的，这主要体现在必须保证提交材料的真实性和完整性上。申请人有义务确保所有提供给国土资源管理部门的资料都是真实和准确的，没有任何的篡改或误导性信息。若申请人故意提供虚假材料或有意隐瞒关键信息，他们将面临严厉的法律后果。这些后果不仅包括取消其申请资格和撤销已授予的土地使用权，还可能包括刑事责任，具体情况下可能导致罚款或监禁。此外，一旦被发现提供虚假材料，申请人在未来申请政府批准的其他项目时也可能面临信用损失和进一步的申请限制。这种严格的法律规制旨在保护国家资源的合法分配和使用，确保所有申请和批准过程的透明度和公正性。因此，申请人在准备和提交材料时必须格外小心，遵守所有相关法律和规定，以避免可能的法律风险和责任。

（二）审核部门责任

审核部门在土地使用权审批流程中担负着至关重要的法律责任，其工作的公正性和效率直接关系到整个审批流程的合法性和公信力。这些部门必须严格遵守法定程序，确保所有的审批活动都公正无私且高效完成。如果在处理申请的过程中出现审核不当、忽视关键证据或无故拖延，审核部门及其工作人员将面临严重的法律后果。这些后果可能包括内部审查以确定责任、职务调整以纠正失职行为，或在更严重的情况下，实施行政处罚或对责任人进行法律追责。此类行为不仅损害申请人的合法权益，还可能严重影响部门的公信力和整体工作效率。因此，确保审核活动的公正性和及时性不仅是审核部门的法律责任，更是其职能的核心，关系到政府机关的整体形象和公众对其工作的信任度。

在土地使用权的申请和审核过程中，各方的法律责任不仅维护了法律的严肃性，也保证了整个流程的透明度和公正性。通过确保所有参与者遵守这些责任，可以有效预防和减少违法行为，促进土地管理系统的健康运行。

第四节　办理施工许可证

施工许可证是一种由地方政府或相关监管部门发放的法律文书，它授权企业或个人在特定地点进行建筑或其他形式的建设活动。这种许可证基于项目的详细审查，包括设计方案、安全措施、环境影响和项目管理计划的符合性评估。持有有效的施工许可证是开展任何建设工作的法律前提，其法律地位确保了施工活动遵循当地建筑法规和安全标准。

施工许可证的重要性体现在多个方面。首先，它是开始任何建设项目的法律基础，无许可证施工将被视为非法建设，可能导致工程被强制停工、罚款或其他法律后果。其次，施工许可证在施工过程监管中起到关键作用，确保所有建设活动都在政府的监督之下进行，从而提高建设质量和安全性。此外，许可证流程还涉及到环境保护和社区利益的考量，确保建设项目不会对周围环境和社区造成不利影响。通过这样的制度，施工许可证不仅保护了投资者和建筑公司的利益，也保障了公众的安全和福祉。

一、办理条件

（一）项目审批

任何建设项目在开工前都必须获得适当的审批或备案，这是确保项目合法性和可行性的关键步骤。项目立项审批是一种严格的评审过程，它考察项目的社会、经济和环境影响。这一步骤确保所有新项目符合国家或地方政策，并得到政府部门的正式批准。备案则是对项目的正式记录，虽不如审批严格，但同样重要，确保项目的所有关键信息都得到官方记录和承认。

（二）规划许可

规划许可是建设项目能够顺利进行的法律保障，涉及土地使用和建设规划的批准。取得建设用地规划许可证和建设工程规划许可证。建设用地规划许可证是对土地使用性质和用途的法定批准，确保建设项目符合城市规划要求。建设工程规划许可证则涉及建筑设计与规划，确保建设活动符合安全、环保等标准。

（三）资金落实

确保有足够的资金支持是项目顺利进行的基础。项目发起者必须在项目开始前确保所有必要的建设资金已经到位。这包括但不限于项目投资、融资计划以及预算审批，确保资金的稳定性和可靠性，以支持整个建设期间的费用需求。

（四）施工合同

合规的合同签订是进行建设活动的前提。与有资质的施工单位签订总承包合同是启动实际建设工作的法律基础。合同中应详细规定施工的范围、标准、质量要求、时间表及费用安排，确保施工过程的法律和质量保障。

（五）其他前置条件

除了基本的项目审批和规划许可，还需获得其他相关的前置批准。环保审批确保项目在环境上的可持续性，消防审批保障建设和将来使用的安全，而合适的安全生产措施则是保障工地安全、防止事故的重要条件。这些审批和措施共同构成了项目能够顺利进行的必要条件。

满足这些办理条件不仅是法律的要求，也是确保项目顺利进行、及时完成的保障。每个条件都必须严格对待，确保项目从开始到结束都在可控和安全的环境中进行。

二、办理流程

（一）申请准备

在办理施工许可证之前，申请人需要准备一系列必要的材料，这些材料确保项目在法律和技术层面上符合法规要求，并为主管部门的审核提供充分依据。具体材料包括但不限于：施工许可证申请表，需由申请人详细填写项目的基本信息和申请人的相关资料；身份证明，个人申请需提供身份证复印件，企业申请需提供营业执照副本及法人代表身份证明；规划许可证，包括建设用地规划许可证和建设工程规划许可证，以确保项目用地和建筑设计符合城乡规划要求；土地使用权证明，如国有土地使用证，证明申请人对土地的合法使用权；施工图设计文件，包括详细的施工图纸和设计说明，需经过相关部门的审查批准；其他必要材料，如环保审批文件、消防设计审核意见、安全生产措施文件等，这些材料需根据项目的具体情况和地方要求准备，以确保项目的全面合规性和安全性。

（二）向住房和城乡建设主管部门提交申请材料

准备好所需材料后，申请人需要将这些材料提交至当地的住房和城乡建设主管部门，以便启动施工许可证的审核程序。具体步骤如下：首先，申请人需按照要求将所有申请材料整理成册，确保材料齐全、准确，并按规定格式进行归类和排列，确保每一项材料都有明确标识和易于查找；其次，申请人需根据地方规定，缴纳相应的申请受理费用，这些费用通常包括办理手续费和相关行政收费，缴费后会收到缴费凭证，作为后续办理过程中的重要凭据。确保所有材料和费用提交到位后，申请人可以等待主管部门的受理和审核通知。

（三）审核与公示

1. 住房和城乡建设主管部门对申请材料进行审核

主管部门会对申请人提交的材料进行严格审核，包括对施工图设计文件、环保和消防等审批文件的合法性、完整性和合规性进行全面检查。具体审核内容包括技术审核和合规性审核。技术审核由专业技术人员进行，确保施工图设计文件符合国家和地方的建筑技术标准，保证建筑工程的安全性和科学性；合规性审核则检查项目是否符合土地使用、规划设计和环保等相关法律法规的要求，确保项目的各项规划和设计依法依规。

2. 公示申请情况，接受社会监督

在审核过程中，住房和城乡建设主管部门通常会对项目的基本情况进行公示，以接受社会各界的监督意见。公示方式包括通过政府网站、公告栏等途径公开项目详情，公示期一般为 7~15 天。在此期间，社会公众可以提出意见和建议，主管部门将认真受理并对合理的反馈意见进行处理和答复，确保项目的透明性和公共参与度。通过公示和社会监督，进一步保障项目的合法合规性和公共利益。

（四）办理登记

如果申请材料和项目情况均符合要求，审核通过后，主管部门将为申请人办理施工许可证登记。具体步骤包括：申请人需亲自或委托代理人到主管部门办理相关登记手续，确认项目的施工许可登记信息，这一步骤确保所有登记信息准确无误且合法合规；接着，申请人需签署施工许可登记表及其他相关文件，以正式确认项目的施工许可状态，这些文件将作为未来施工过程中的法律依据和监管基础。完成这些手续后，施工许可证即正式生效，申请人便可以按照相关规定和施工计划合法开展建筑工程。

（五）领取施工许可证

完成所有审核和登记手续后，申请人即可领取施工许可证。具体步骤如下：主管部门会通知申请人领取施工许可证的具体时间和地点，通常通过电话、邮件或短信等方式进行通知，确保申请人及时收到信息。申请人在接到通知后，需携带相关身份证明文件，如个人身份证或企业营业执照等，前往指定地点领取施工许可证。此举不仅验证申请人的身份，确保施工许可证的真实性和合法性，同时也为主管部门记录领取情况提供依据。领取施工许可证后，申请人应仔细核对证书内容，确认所有信息准确无误，从而保障项目后续施工活动的顺利进行。

综上所述，办理施工许可证的流程包括申请准备、提交申请、审核与公示、办理登记

以及领取证书等步骤。每一步都需要申请人严格按照法律法规和主管部门的要求进行，确保项目的合法性和合规性，为顺利施工和后续验收提供保障。

三、所需材料

（一）基本材料

成功申请施工许可证首先需要准备一系列基本材料，这些材料是评估和批准项目启动的基础：

（1）身份证明：个人申请者需要提供有效的身份证，以证明其合法身份，确保申请的合法性和真实性。对于企业或法人单位，需要提供有效的营业执照，这不仅表明该实体具有法律上进行相关建设活动的资质，还证明其合法存在和经营范围。

（2）建设工程规划许可证：这是证明项目已经通过初步规划审批的重要文件，显示项目符合城市规划和土地用途规定。该证书确保项目在设计和布局上符合当地的法律法规和规划标准，是项目进入建设阶段的重要前提。

（3）土地使用权证：证明申请者拥有或合法租赁了建设项目土地的法律文件，是施工前必须具备的条件之一。此证书明确了申请者对土地的使用权利，确保土地用途合法合规，为项目的合法建设奠定基础。

（4）施工图设计文件：包括详细的建筑设计图和工程规范，这些文件必须由有资质的设计机构准备，确保建设活动能按照批准的设计方案执行。这些文件详尽地描述了建筑物的结构、材料、施工方法等，确保项目在施工过程中符合安全标准和质量要求，并最终实现预期的功能和效果。

（二）补充材料

除了基本必需的文件外，还需要准备一些补充材料，以满足特定的法规要求和安全标准：

（1）环保审批意见：这是环境保护部门针对项目可能产生的环境影响给出的正式审查意见，确保项目执行过程中符合环保法规。环保审批意见通常包括对施工过程中可能产生的污染、废弃物处理、噪音控制等方面的评估和要求，以确保项目建设对环境的负面影响降至最低。

（2）消防设计审核意见：由消防部门提供的关于建筑消防安全设计的审核意见，这是确保建设项目在消防安全方面符合国家标准的关键文件。消防设计审核意见详细审查了建筑物的消防通道、灭火系统、疏散设施等设计，确保在发生火灾等紧急情况时，建筑物内的人员能够迅速、安全地撤离，最大限度地保障生命和财产安全。

（3）安全生产措施文件：详细描述项目施工过程中将采取的安全生产措施和策略，以预防和控制施工期间可能发生的安全事故。该文件应包括施工现场安全管理制度、应急预案、安全培训计划和安全防护措施等内容，确保施工过程中的每一个环节都具备良好的安全保障，降低事故发生的概率，保护施工人员的安全和健康。这些措施和策略是施工许可证审批中的重要考量因素之一，确保项目能在安全、规范的条件下顺利进行。

准备这些材料时，建议详细核查每一项文件的有效性和完整性，以避免在施工许可证申请过程中出现不必要的延误。确保所有文件都符合当地建筑、环保、消防和安全生产的法律法规，不仅有助于顺利获得施工许可证，也保障了建设项目的顺利进行和最终的质量安全。

四、办理时限

办理时限在任何建设项目的规划和执行阶段都是一个关键考虑因素。合理的时间安排可以有效保证项目的顺利进行和按时完成。以下是详细解释法定时限和实际操作中可能遇到的时间差异。

（一）法定时限

法定时限是根据相关法律法规明确规定的，旨在保证建设项目的办理过程不受不必要的延误，同时给予申请人足够的预见性和准确性。例如，在土地使用权申请过程中，法律可能规定从提交完整申请材料到得到初步回应的最长期限为 30 天。此外，如环保审批可能规定 60 天内完成审批，而建设用地规划许可证可能规定自提交申请之日起不超过 45天。这些法定时限有助于推动相关部门提高工作效率，减少行政拖延。

（二）实际操作

尽管有明确的法定时限，实际操作中的办理时间可能会根据地区、项目复杂性及具体情况有所不同。在实际操作中，办理时间可能会受到多种因素的影响。例如，一些地区可能由于行政效率高，资源充足，而能够在法定时限内或更短时间内完成审批。而在资源较为紧张或行政效率不高的地区，办理时间可能会延长，有时甚至超出法定时限。此外，项目的规模和复杂度也是影响审批时间的重要因素。大型或复杂的项目可能需要更多的时间来完成所有必要的审批，因为它们需要更详细的审核来确保所有标准得到满足。

了解法定时限及其在实际操作中的应用对项目管理者是非常重要的，这有助于他们合理安排项目时间表，预见和解决可能的延误问题，确保项目能够顺利按计划进行。为了避免不必要的延误，建议项目管理者在项目启动初期就与相关部门建立良好的沟通，明确时间安排，并密切关注进度以适应可能的变化。

五、常见问题与解决方案

（一）资料不全

资料不全是申请施工许可证时最常见的问题之一。为了顺利办理施工许可证，申请人应确保提交的材料完整、准确。如果发现资料不全，应按以下步骤及时补齐所需材料：

首先，申请人需要认真核对施工许可证申请材料清单，确保所有必须的文件都在准备范围内，并了解每个文件的具体要求和格式标准。

其次，补充遗漏材料。提供有效的身份证复印件，确保个人身份信息准确无误；企业申请则需提供营业执照副本，证明其合法经营资质。确保提供完整的建设用地规划许可证和建设工程规划许可证，这些文件是项目合法合规的重要依据。补充和完善施工图纸及设计说明，确保图纸详尽且符合建筑规范，由有资质的设计机构出具并盖章。根据项目的具体要求，补充环保审批文件、消防设计审核意见、安全生产措施文件等，确保所有相关部门的审批意见齐全且有效。

在补齐所有所需材料后，申请人应重新将完整的申请材料提交给住房和城乡建设主管部门，并确保所有材料的完整性和准确性。此过程中，建议申请人再次核对每份文件的内容和格式，确保无遗漏或错误，以提高审核通过的可能性。通过这些步骤，申请人可以有效补齐所需材料，顺利推进施工许可证的申请流程。

（二）审核未通过

审核未通过可能是由于多种原因造成的，申请人应针对具体原因采取相应的解决措施：

1. 材料不符合要求

材料内容不符合规范，或格式不正确。这通常是因为申请人在准备材料时未严格按照主管部门的规定进行，导致材料的内容、格式、或信息不完整或错误。

根据主管部门的反馈意见，仔细核对并修改不符合要求的材料，或重新准备符合要求的材料。确保材料内容准确、格式正确，所有信息齐全，符合相关规定。

2. 技术问题

施工图设计文件存在技术问题，如设计不符合建筑规范、标准等。这类问题可能包括结构设计不合理、使用的建筑材料不符合标准、或未能满足安全要求。

与设计单位沟通，按照技术审核意见对施工图纸进行修改和完善。确保所有设计细节符合国家和地方的技术标准，必要时可以邀请第三方专业机构进行审查和优化，确保设计的科学性和安全性。

3. 合规性问题

项目不符合土地使用、规划设计或环保等法律法规的要求。这可能是由于项目选址、用地性质、建筑高度、容积率等不符合相关规定，或未能通过环保评估。

根据反馈意见，调整项目规划设计，确保项目符合相关法律法规的要求；必要时，重新办理相关审批文件。如需调整用地性质或重新进行环保评估，申请人应积极与相关部门沟通，确保项目调整后能够符合规定。

4. 补充说明

申请材料中缺乏必要的说明或文件，这可能是由于申请人未能全面了解或提供项目的特殊情况或具体细节。

根据主管部门的要求，补充提交必要的说明文件或补充材料，详细解释清楚项目的具体情况和特殊要求。申请人应确保提供的补充说明全面、详尽，并附上相关证明文件，以便主管部门全面了解项目情况。

通过以上解决方法，申请人可以有效处理审核未通过的问题，确保材料符合要求，设计技术标准达标，项目合规合法，从而顺利获得施工许可证，推进项目建设。

（三）时限拖延

1. 主动沟通

申请人应主动与住房和城乡建设主管部门联系，了解办理进度和具体原因。通过电话、邮件或亲自拜访等方式，询问相关工作人员当前的审核状态和是否存在需要补充的材料或信息。

通过及时的沟通，可以掌握最新的办理情况，明确是否存在材料缺失或审核中的问题，避免因信息不对称导致的时限拖延。主动沟通还可以表现出申请人的积极态度，有助于推动主管部门加快办理进度。

2. 查找原因

申请人应核实是否存在材料不全、技术问题或其他审核未通过的原因，并及时采取补救措施。详细检查已提交的所有文件，确认其完整性和准确性；如发现问题，应立即补充或修正。

针对具体问题，采取有效措施进行补救，可以避免因问题未解决导致的办理时限超期。通过仔细核查和及时纠正错误，可以确保所有材料符合主管部门的要求，减少不必要的延误。

3. 加急申请

如果项目时间紧迫，申请人可以向主管部门申请加急办理。需提供项目紧急性的相关证明文件，如项目合同、紧急施工计划或其他具有法律效力的文件，证明项目的时间敏感性和紧迫性。

通过加急申请，可以缩短办理时限，确保项目按计划进行。加急申请表明项目的紧急性，有助于引起主管部门的重视，加快审核和批复的速度。

4. 监督投诉

如果认为主管部门存在不作为或拖延行为，申请人可以通过相关渠道进行投诉或申请监督。可以向上级部门、纪检部门或通过政府公开的投诉渠道反映情况，要求对办理进度进行监督。

通过监督投诉，可以推动主管部门加快办理进度，保障申请人的合法权益。监督投诉不仅能引起主管部门的重视，促进其提高工作效率，还能确保申请过程的公开透明，减少因拖延导致的不利影响。

通过以上方法，申请人可以有效应对时限拖延的问题，确保施工许可证的办理过程顺利进行，避免因办理时限超期而影响项目进度和计划实施。

六、法律责任

在任何建设项目的审批和管理过程中，法律责任是一个至关重要的考虑因素。这些责任确保所有参与方维持高度的诚信和责任感，同时为行政程序提供法律支持和界定。以下是关于申请人和审核部门的法律责任的详细说明。

（一）申请人责任

申请人在提交任何类型的建设或用地申请时，承担着确保信息真实性和完整性的法律责任。申请人如果故意提供虚假材料或者故意隐瞒关键信息以误导审批过程，将面临严重的法律后果。这可能包括撤销已发放的许可证、禁止未来的申请资格，并可能面临罚款或其他法律制裁。在一些情况下，如果虚假信息导致了公共安全问题或财务损失，申请人还可能面临刑事责任。这些措施旨在维护审批流程的公正性和透明度，确保所有项目都基于准确和真实的信息进行审批。

（二）审核部门责任

审核部门在处理申请的过程中，负有确保审批公正性和效率的法律责任。当审核部门未能恪守其职责，如未能适时处理申请、审查不彻底或存在不当行为时，可能会对个人、社区或环境造成不利影响。在这些情况下，相关部门及其工作人员可能会面临行政处分，例如警告、罚款或职务调整。在更严重的案例中，如果因审核部门的失职导致了重大损失或危害，相关责任人可能会面临法律诉讼或刑事责任。这种责任制确保了审批部门必须以高度的专业性和公正性执行其职能。

通过这些法律责任的规定，确保了建设项目的审批流程不仅遵循法定程序，同时也符合道德和法律标准。这有助于建立一个负责任和可信赖的建设环境，从而促进社会和经济的健康发展。

第五节　办理预售许可证

预售许可证是由房地产主管部门颁发的一种许可文件，允许房地产开发商在项目建设未完成之前进行销售。该证书的颁发是为了规范房地产市场，保障购房者的权益，防止开发商在项目未完工前非法集资或虚假销售。预售许可证确保开发商已具备足够的开发资质和资金实力，项目规划和建设已达到一定阶段，具备相对的安全性和可行性。

一、预售许可证的申请条件

在申请预售许可证之前，房地产开发商必须满足一系列严格的条件，以确保项目的合法性和可行性。以下是预售许可证的主要申请条件：

（一）土地使用权证明

土地使用权证明是预售许可证申请的基本前提，开发商需要提供合法的土地使用权证书。这一文件证明开发商对项目用地具有合法的使用权，确保土地的使用符合国家和地方的土地管理法律法规。土地使用权证明的取得通常通过土地出让、划拨等方式，并需经政府有关部门的批准。拥有合法的土地使用权证明，开发商才能合法地进行项目规划和建设。

（二）工程规划许可证

工程规划许可证是开发项目符合城市总体规划和详细规划要求的重要证明文件。该许可证由城市规划管理部门核发，内容包括建设项目的总体布局、建筑风格、建筑密度、容积率等。工程规划许可证的取得表明项目的规划设计已经过主管部门的审查和批准，符合城市发展规划和建设要求。开发商需在取得工程规划许可证后，才能进一步进行施工准备和建设活动。

（三）施工许可证

施工许可证是建筑工程项目开工建设的合法凭证。该许可证由住房和城乡建设主管部门核发，表明项目已经完成了必要的前期准备工作，包括取得土地使用权证明、工程规划许可证、施工图设计文件等。施工许可证的颁发意味着项目可以正式进入施工阶段，确保建筑活动的合法性和合规性。开发商在取得施工许可证后，才能合法地进行建筑施工，并确保施工过程符合国家和地方的建筑安全标准。

（四）资本与财务条件（如资金监管账户）

资本与财务条件是确保项目资金充足和财务状况稳定的重要因素。开发商必须提供充足的资本证明，确保有足够的资金支持项目的建设和运营。通常要求开发商在指定的银行开设资金监管账户，将预售款项存入该账户进行专款专用，防止挪用资金。这一措施能够确保购房者的预付款项用于项目的建设，降低购房风险，保障购房者的合法权益。此外，开发商还需提供详细的财务报告，证明其具备良好的财务状况和资金运作能力，以确保项目的顺利推进。

综上所述，申请预售许可证需要开发商具备合法的土地使用权、符合规划要求的工程规划许可证、合法的施工许可证，以及充足的资金和稳定的财务状况。这些条件的设定旨在确保开发项目的合法性和可行性，维护购房者的合法权益，促进房地产市场的健康稳定发展。开发商只有在满足上述条件后，才能合法申请预售许可证，进行商品房预售活动。

在房地产开发中，获得预售许可证是至关重要的一步，它允许开发商在建设工程完成前向公众销售房产。以下是预售许可证申请流程的详细说明，包括所需的必备文件、行政审批流程以及审批机关的职责。

二、预售许可证的申请流程

（一）必备文件清单

申请预售许可证需要提交一系列详尽的文件，以确保项目的合法性和实施可行性。这些文件通常包括：

（1）项目的建设用地规划许可证；

（2）建设工程规划许可证；

（3）建筑工程施工许可证；

（4）土地使用权证；

（5）已完成的工程进度报告；

（6）项目的财务计划和资金证明；

（7）法人及开发商的资质证明文件。

这些材料必须在申请前准备齐全，以确保审批流程的顺畅进行。

（二）行政审批流程

在房地产开发中，获取预售许可证是一个详细且分阶段的审批过程，涉及多个层面的审核以确保项目的合规性和可行性。下面是对预售许可证申请流程各阶段的进一步扩展说明：

1. 初审

在初审阶段，审批机关首先对提交的所有文件进行全面的初步检查。这包括确认申请文件的完整性，如确保所有必要的文件和表格都已经递交且无遗漏。接着，审查团队会评估项目是否符合当地的发展规划和土地使用政策。此外，也会对开发商的资格进行验证，包括其在行业内的信誉、历史项目的表现以及法律合规性。这一步是整个审批过程的基础，目的是确保所有基本的合规要求得到满足，为后续更深入的技术和财务审查打下坚实基础。

2. 技术和财务审查

技术审查主要集中在评估项目的建筑设计和工程安全标准。在这一阶段，专业的审查团队会详细检查设计图纸和工程规格，确保建筑结构的安全性和可靠性符合国家或地方的建筑标准。同时，也会评估项目的环境影响，确保设计方案符合环保要求。

财务审查则涉及对项目资金的全面评估。审查团队会仔细审查资金的来源，确认资金的合法性和稳定性，同时评估资金的额度和使用计划是否合理。这一步骤是确保项目能够顺利完成而不会因资金问题导致停滞或失败，特别是在资金链条长、风险高的大型开发项目中尤为重要。

3. 最终批准

在完成了初审和技术及财务审查之后，如果项目没有发现任何问题，且符合所有法定要求和标准，审批机关将进入最终批准阶段。在这一阶段，审批机关会发放预售许可证，正式授权开发商可以开始向公众销售项目中的房产。这份许可证是开发商进行市场销售的法律依据，其发放标志着项目已全面通过政府的审查，可以进入实际销售阶段。

整个预售许可证的申请过程严格遵守法律法规，确保每一个开发项目都在合法合规的基础上进行，以保护消费者权益并维护房地产市场的健康发展。

（三）审批机关及其职责描述

预售许可证的审批通常由地方房地产管理局或城市规划局负责。审批机关的主要职责是确保所有房地产项目在开工前具备合法的资质和条件，保护购房者的利益，同时监督开发商的资金运作是否健康，以防发生项目资不抵债等风险事件。此外，这些机关还负责对开发商的日常运营进行监管，确保其遵守所有相关的法律法规。

通过这一系列详细的审查和批准流程，预售许可证的申请确保了房地产项目的合法性、安全性和财务健康，保护了消费者的权益，同时也维护了房地产市场的稳定。

三、预售许可证的有效期与管理

预售许可证是房地产开发中关键的法律文件，允许开发商在建设完成之前销售或预售其项目的单位。这种许可证的有效期限、续期和变更流程以及对其的监督和合规要求都是确保房地产市场稳定和消费者权益保护的重要方面。

（一）许可证的有效期限

预售许可证的有效期通常由发证机关根据具体项目的规模和性质来设定。预售许可证的有效期一般与项目的预计建设时间相匹配，确保在建设过程中保持其有效性。通常，这种许可证的有效期可能从发放之日起计算，直到建设项目的预计完成日期。有效期的具体长度可能因地区和具体法规而异，但常见的做法是将有效期限定为项目建设期加上一定的额外时间，以应对可能的延误。

（二）许可证的续期与变更流程

在建设过程中，可能由于多种原因需要对预售许可证进行续期或变更。

（1）续期流程：如果项目未能在原许可证有效期内完成，开发商必须申请续期。这通常需要提交最新的项目进度报告和计划，证明延期的合理性和必要性。

（2）变更流程：如果在建设过程中项目的设计、规模或其他关键参数发生变化，可能需要对预售许可证进行相应的调整。这要求开发商提交详细的变更请求，包括变更的具体内容、变更原因以及变更对项目和预售的影响分析。

（二）监督与合规要求

为了保护购房者的权益并确保房地产市场的稳定发展，监管机构对预售许可证的授予和管理实行了严格的监督和合规要求。这些措施旨在确保开发商在整个项目的建设和销售过程中遵循法律法规，以防止不正当的商业行为和可能对购房者产生的不利影响。

1. 监督机制

监管机构设立了全面的监督机制来确保在建项目的透明和合规运作。这包括：

（1）项目进度检查：监管部门将定期对在建项目进行实地检查，以监测项目的建设进度是否符合预先批准的时间表和质量标准。这有助于及时发现并纠正项目进展中的任何偏差或不符合规定的行为。

（2）合同执行情况监督：除了监控建设进度外，监管机构还会检查开发商是否严格遵守与购房者签订的预售合同。这涉及确保开发商履行合同中的所有条款，如交付时间、质量保证和款项支付等，并对违反合同行为采取相应的法律行动。

2. 合规要求

监管机构还制定了一系列合规要求，以确保开发商的预售活动完全符合法律和道德标准。这些要求包括：

（1）广告和宣传的真实性：要求开发商在所有的销售和营销材料中提供准确的信息，禁止发布误导性或虚假的广告，以避免对购房者造成误导。

（2）合同的公平性和透明度：确保所有预售合同都公平合理，明确列出买卖双方的权利和义务，合同条款应清晰易懂，避免使用可能导致理解偏差的复杂法律术语。

（3）预售资金的透明管理：特别关注开发商对购房者支付的预售款项的管理，要求开发商将这些资金放在监管账户中，并且只能按照法律和合同规定用于相关项目的建设和发展。

通过这些监督机制和合规要求的实施，监管机构能有效保护购房者的投资安全，防止市场中的不正当竞争，维护房地产市场的健康发展。这不仅有利于提升消费者信心，还有助于建立一个更加稳定和可持续的市场环境。

四、预售中的合同与消费者保护

（一）预售合同的法律要求

预售合同的法律要求是确保交易双方权益的重要保障。预售合同是开发商与购房者之间的法律文件，明确了双方的权利与义务。根据《中华人民共和国合同法》及相关房地产法律法规，预售合同应包含以下基本内容：

（1）合同主体：明确开发商和购房者的身份信息，包括姓名、地址、联系方式等。

（2）房屋基本信息：详细描述预售房屋的具体信息，如房屋位置、面积、用途、楼层、户型等。

（3）价格及支付方式：明确房屋总价、付款方式、付款时间和金额等细节，确保双方对交易金额和支付安排有清晰的认识。

（4）交付标准及时间：约定房屋的交付标准，包括装修标准、配套设施等，以及具体的交付时间和条件。

（5）违约责任：明确双方的违约责任及处理方式，包括延期交房、质量问题等情况的处理办法。

（6）争议解决：规定争议解决的方式和程序，如协商、仲裁或诉讼等。

（二）买方权利与保护措施

买方权利与保护措施旨在保障购房者在预售过程中及交房后的合法权益。以下是主要的买方权利及相应的保护措施：

（1）知情权：购房者有权了解项目的详细情况，包括开发商的资质、项目的审批文件、施工进度、预售许可证等信息。开发商应如实告知购房者相关信息，确保购房者的知情权。

（2）退房权：在特定条件下，购房者有权解除预售合同并要求退房。如开发商未按约定时间交房、房屋质量不合格、存在重大产权瑕疵等，购房者可依法申请退房，并要求开发商退还已支付的款项。

（3）房屋质量保障：开发商应按合同约定的标准建设和交付房屋，保证房屋的质量和安全。如发现房屋质量问题，购房者有权要求修复、赔偿或退房。

（4）交房验收权：购房者在收房时有权进行验收，如发现房屋与合同约定不符或存在质量问题，可以拒绝接收并要求开发商整改。

（三）预售资金的管理与使用

预售资金的管理与使用是保障购房者权益、防止开发商挪用资金的重要措施。根据《商品房预售管理办法》等相关法规，预售资金应严格管理和使用：

（1）资金监管账户：开发商在取得预售许可证后，应在指定银行开设资金监管账户，将预售款项存入该账户。该账户受银行和住房城乡建设部门的监督，确保资金专款专用。

（2）资金使用规定：预售资金应主要用于项目的建设和相关费用的支付，不得挪作他用。开发商使用预售资金需按工程进度申请，由银行审核后拨付，确保资金使用的透明和合理。

（3）资金监管：住房城乡建设部门和银行对预售资金的使用进行全程监管，确保资金流向符合规定，保障购房者的权益。购房者也可以通过查询资金监管账户的使用情况，了解资金的使用进度和项目的建设进展。

综上所述，预售合同的法律要求、买方权利与保护措施以及预售资金的管理与使用是保障房地产预售过程合法性和透明度的重要环节。通过严格的合同规定、全面的买方保护措施和有效的资金监管，能够有效维护购房者的合法权益，促进房地产市场的健康发展。开发商在进行预售活动时，应严格遵守相关法律法规，确保预售过程的规范和透明。

五、预售风险管理

（一）开发商的风险与责任

开发商在预售过程中承担着重大的风险和责任，这些主要包括财务风险、建设延误和市场风险。财务风险可能源于资金链断裂，尤其是当依赖预售资金来完成项目建设时。建设延误风险涉及到项目不能按计划时间完成，可能因为行政审批延误、供应链问题或施工困难等因素。市场风险则包括房地市场需求减弱，可能导致销售速度放缓或必须降价销售。为了管理这些风险，开发商需要确保充足的资金流，合理的项目时间表和持续的市场评估。同时，遵守所有法律法规是他们的法定责任，以保护购房者权益和避免法律诉讼。

（二）买家的风险识别与防范

买家在预售房屋时面临的主要风险包括项目不完成、开发商破产或房产不符合预期等。为了防范这些风险，买家应进行尽职调查，包括验证开发商的信誉、审查项目的法律文件如土地使用权证和建设用地规划许可证等。此外，买家应仔细阅读并理解购房合同中的条款，特别注意任何关于延迟交付赔偿的条款。购买预售房产前咨询法律顾问，对合同进行专业评估也是推荐的做法。

（三）法律纠纷的常见类型与解决策略

预售过程中常见的法律纠纷包括合同违约、质量争议和交付延迟。解决这些纠纷的策略通常涉及法律途径，如通过调解、仲裁或法院诉讼来解决。开发商和买家应保留所有购房文件和通信记录作为潜在的法律文件。开发商应通过确保建设质量和透明的客户沟通来预防纠纷；而买家则应通过充分了解自己的法律权利和及时采取行动来维护自己的利益。

总之，预售房地产虽然为开发商提供了重要的资金流，为买家提供了购房机会，但双方都必须认识到其中的风险，并采取相应的风险管理措施来保护自身利益。通过理解和实施有效的风险管理策略，双方可以在享受预售带来的利益的同时，最大程度地减少潜在的负面影响。

第六章　房地产交易法律制度

　　房地产交易不仅涉及庞大的资本流动，还伴随着复杂的法律问题。因此，建立一个全面且有效的房地产交易法律制度至关重要。该制度不仅保障交易双方的权益，还确保交易过程的透明度和公正性，从而维护市场秩序和促进房地产市场的健康发展。房地产交易法律制度包括多个层面，从基本的契税和转让手续到复杂的融资和税务规划。交易过程中涉及的法律文件，如买卖合同、租赁协议和抵押合同，需要严格符合法律规定，并应对可能出现的法律纠纷提供预防措施。这些合同和协议是房地产交易中不可或缺的部分，其内容和形式的合法性直接影响交易的有效性和安全性。

第一节　房地产交易法律概述

一、房地产交易的概念

　　房地产交易是指以房地产为商品进行的转让、租赁、抵押等各种经营活动的总称。根据标的物的性质，房地产交易可分为地产交易和房产交易两类。

　　首先是地产交易。地产交易在我国主要限于城镇国有土地使用权的出让、转让和抵押等形式。我国《宪法》明确规定，城市土地归国家所有，非城市土地归国家或集体所有，任何组织或个人不得侵占、买卖或者以其他形式非法转让土地。国家实行土地所有权与使用权分离制度，土地使用权可以依照法律规定转让。国家通过国有土地有偿出让和行政划拨两种方式向房地产市场提供国有土地使用权。集体所有的土地不得擅自出让、出租、转让或抵押，只有在征收转为国有土地之后才能进行出让。城镇国有土地使用权的流通形式主要包括出让、转让、出租和抵押。

　　其次是房产交易。房产交易的形式主要包括房产买卖、租赁、抵押、交换、典当和信托等方式，涵盖了房产使用权和所有权的转让。房地产转让、抵押与租赁由《城市房地产管理法》作出明文规定。《城市房地产管理法》第2条第4款规定："本法所称房地产交易，包括房地产转让、房地产抵押和房屋租赁。"虽然房产交易和地产交易各自有独立的标的和交易形式，但由于二者在实际使用中的不可分离性，房产交易和地产交易在很多情况下是结合在一起进行的。

二、房地产交易的特征

房地产交易，在其核心，是平等主体之间的民事法律行为，这与普通商品交易有许多相似之处，其中包括必须遵循的一些基本原则：平等、自愿和公平。这些原则确保所有参与方在交易中的权益得到尊重和保护，无论是买方还是卖方。

然而，房地产交易还具有其特有的复杂性。与其他类型的商品交易不同的是，房地产交易涉及的是不动产，即房产和地产，这些资产具有无形权利的特性。这意味着房地产交易不仅仅是购买物理建筑物，还包括与之相关联的土地使用权。

房产和地产在自然和法律上的关系尤为密切，使得它们在交易过程中不能分开考虑。例如，土地不仅是建筑物的立足之地，其本身的价值也会因其上所建建筑物的性质和用途而有所增加。这种增值反映了地产在房地产交易中的核心地位。因此，任何房产的交易实际上也涉及了对应土地使用权的转移。

根据我国相关法律法规，房产的买卖或转让必须伴随相应土地使用权的转让。这一规定确保了交易的法律一致性，避免了可能出现的法律纠纷，如土地使用权与建筑所有权不一致导致的使用或开发受限问题。通过要求房产和土地使用权必须同时转让，法律旨在保障交易双方的权益，确保交易的完整性和合法性。

这种独特的交易结构不仅保护了买卖双方的合法权益，也维护了房地产市场的健康发展，确保了交易活动在公平、透明的环境下进行。因此，了解并严格遵守这些法律规定，对于任何涉及房地产的交易者来说都是必不可少的。

房地产交易通常涉及巨额投资和高昂成本，这种特性使得交易方式具有多样性。常见的支付方式包括一次性全额付款，这通常适用于资金充裕的买家；分期付款，这为那些初次购房或资金相对紧张的买家提供了灵活性；以及通过银行贷款，这在现代房地产市场中尤为常见，允许买家借助贷款购买房产，而将支付分散到几年甚至几十年的时间里。

房地产的价格波动不是孤立发生的，它们与地区经济的健康状况密切相关，受到市场需求的强烈影响，并受到政府政策如税收优惠、土地供应控制等多种因素的调节。此外，房地产价格在不同地区的差异也很明显，这种差异可能由多种因素造成，包括地理位置、地区内的经济活动、交通便利程度、教育资源以及当地的生活设施等。

近年来，随着人口增长、城市化进程加快及中产阶级扩大，房地产市场持续升温，特别是在大城市和经济发展较快的区域，需求持续增大。尽管这导致了房价的普遍上涨，但地区间的价格差异依然显著。例如，一线城市如北京、上海的房价远高于内陆小城市和乡村地区，这反映了不同地区经济条件和生活品质的巨大差异。

这种价格差异不仅影响了买房者的选择，也对房地产开发商的项目位置和开发策略产生了重要影响。开发商通常会根据各地区的市场需求和预期回报来决定在哪里购地和开发新项目。同时，政府在努力通过调控措施，如限购、限贷政策等来平衡各地区的房地产市场，尽量减少市场波动并控制房价飙升，确保房地产市场的健康稳定发展。

房地产交易在法律层面受到严格规范，是一种正式的法律行为。每项交易都必须依法进行，涉及多个法律文件和程序。交易双方须签订详尽的合同，如购房合同明确了交易的条款、价格和交付的期限，房地产抵押合同规定了抵押的条件和权利，而租赁合同则涵盖了租期、租金及双方的权利与义务等内容。所有这些合同均需在房地产交易管理部门进行登记和审核，确保所有交易都符合国家法律和地方条例。

房地产不仅是一种投资渠道，同时也是消费品，具有显著的增值和保值能力，这使得它在经济发展中扮演着重要角色。房地产市场的扩张能显著推动相关产业链的发展，如建筑业、家具业和家电业等，从而带动经济增长。然而，房地产市场的过热也可能引起价格泡沫和经济不稳定，因此需要谨慎管理。

为了保证房地产市场的稳定和公正，国家实施了一系列管理措施。这包括及时登记原则，要求所有房地产权利转移在发生时立即登记，以确保权利变更的透明度和有效性；房地一体转让和抵押原则，确保房产和相应土地使用权的同步转移或抵押，防止法律上的分割导致权利冲突；以及对房地产交易价格的严格监管，包括设定价格上限和执行房地产评估制度，确保交易的公正性和市场的健康发展。

这些措施的根本目的是维护国家和土地使用者的权益，保障房地产市场的长期健康，避免市场操纵和价格操控。通过确保市场的合理开发利用，这些政策有助于形成一个稳定、健康的房地产环境，从而支持更广泛的经济稳定和增长。

三、房地产交易的形式

（一）房地产转让

房地产转让涉及房地产权利人通过出售、赠予或其他合法手段将其房地产权利转移给他人。这一行为是在平等主体间进行的财产权利让渡，属于典型的民事法律行为。房地产转让不仅仅是物理财产的转移，更包括相关的法律权益和责任的转移。

在房地产市场蓬勃发展的背景下，商品房买卖已成为市场中的主流交易方式。商品房买卖可以根据房屋建成的状态分为现房销售和期房销售两种类型。现房销售指的是已经建成的房屋的销售，而期房销售则涉及尚未完工的房产。在我国，由于大多数房地产企业资金链紧张，且融资需求量大，因此，期房销售（即商品房预售）方式被广泛采用，尤其是自 20 世纪 90 年代以来，从深圳等沿海地区开始，此方式迅速扩散到全国，成为商品房的主要销售方式。

商品房预售具有其独特的筹资优势，为房地产企业提供了前期资金，帮助其完成更多的开发项目。然而，预售模式也意味着买房人在购买时只获得对未来房产的期待权。买房人需承担较高的风险，包括项目是否能够按计划建成，建成后的房屋是否能按时交付，以及是否能顺利获得房屋的产权等问题。这些不确定性因素要求买房人在决定购买前，必须仔细评估开发商的信誉和项目的可行性。

房地产交易的复杂性和风险性要求交易双方和相关部门在合同签订、房屋预售许可和项目监管等方面采取严格的措施。此外，政府部门也需加强监管，确保开发商具备合适的资质，项目能够合规进行，从而保护消费者的权益，维护房地产市场的健康发展。

（二）房地产抵押

房地产抵押是一个涉及财产权和债务履行的法律过程，其中抵押人将其合法拥有的房地产以非转移占有的方式提供给抵押权人，作为债务履行的保证。这意味着虽然房产作为抵押，但抵押人依然保留房产的占有权和使用权，直到债务关系触发抵押权的实现。

根据《物权法》第 179 条第 1 款的规定，如果债务人未能按期履行债务，或者发生双方事先约定的实现抵押权的特定情况，抵押权人便有权通过法律程序，如拍卖抵押房地产，以获得的价款优先受偿。这条法律基础为抵押权人提供了明确的权利保障，确保他们在债务人违约时，可以通过出售抵押财产来回收债务。

房地产作为抵押物具有高价值和易于变现的特点，是债权人偏好的抵押财产类型之一。在我国的法律框架中，包括《物权法》在内的多项法律，如《城市房地产管理法》和《城市房地产抵押管理办法》等，都为房地产抵押事宜提供了详尽的规定和管理办法。这些法律和办法规定了抵押房地产的登记程序、抵押权的实现流程以及抵押权消灭的条件等，从而为抵押交易的各方提供了操作的明确指南和法律保护。

这种法律制度的设立旨在平衡债权人和债务人的利益，保证债权人在债务人未能履行债务时，能够通过法定程序优先受偿，同时也保护债务人免受不必要的财产损失。房地产抵押的法律规定不仅为金融借贷市场的稳定运作提供了基础，也维护了房地产市场的法律秩序和信用体系。通过这种方式，房地产抵押成为了连接个人和机构资金需求与房地产市场价值的重要桥梁。

（三）房屋租赁

《城市房屋租赁管理办法》的第 3 条为房屋租赁活动提供了明确的法律框架，规定房屋所有权人可以将房屋出租给承租人居住或提供给他人从事经营活动，且这种租赁活动应当遵守相关法律办法。这表明，房屋租赁不仅是合法的房地产交易形式，也是被国家法律所允许和规范的市场活动。

房屋租赁涉及房屋所有人（出租人）将其房屋出租给承租人，而承租人则需要按照约定向出租人支付租金。这种关系的建立，使得房屋所有人将其对房屋的占有、使用和收益权转让给承租人，承租人则提供相应的对价，即租金。租赁关系的这种权利与义务的转移，旨在实现资源的有效配置和经济利益的合理交换。

在我国，关于房屋租赁的法律体系相当完善，涵盖了从合同签订到权利义务的具体细则。《民法通则》《合同法》《城市私人房屋管理条例》以及《城市房屋租赁管理办法》等，均对房屋租赁进行了详尽的规定。这些法律和规章不仅定义了租赁双方的基本权利和义务，还规定了房屋租赁的过程中可能出现的各种情况的法律后果，如租金的支付方式、租期的约定、维修责任的归属以及租赁合同的解除条件等。

例如，《合同法》中详细规定了租赁合同的成立、履行以及违约责任，确保双方在平等、自愿的基础上达成协议，并且在合同执行过程中的权利和义务得到法律的保护。《城市房屋租赁管理办法》则进一步明确了房屋租赁市场的管理规则，包括租赁合同的必备条款、租赁双方的法律责任以及政府在房屋租赁市场中的监管职责。

这些法律和规定的存在，为房屋租赁市场的健康发展提供了坚实的法律基础，保障了出租人和承租人的合法权益，同时也促进了房地产市场的稳定和秩序。通过这种方式，房屋租赁不仅成为了解决居住和商业空间需求的有效途径，也为房地产市场的流动性和活跃度做出了贡献。

第二节　房地产转让

一、房地产转让的概念和特征

（一）房地产转让的概念

房地产转让指的是房地产权利人通过买卖、赠与或其他合法途径将房地产权利转移给他人的行为。这一概念可以从以下几个方面理解：

首先，房地产转让的主体必须是房地产权利人，这包括房地产所有权人和土地使用权人。非房地产权利人不具备成为房地产转让法律关系的转让方的资格。

其次，房地产转让的客体包括城市中被转让房屋的所有权和该房屋占用范围内的土地使用权，以及单独的土地使用权转让。通常情况下，由于房屋和土地的不可分离特性，房屋所有权与相应的土地使用权需要同时转让。

房地产转让的形式多样，主要包括买卖、赠与和其他合法方式。这些其他合法方式包括房地产交换、房屋继承，或将房地产作为出资入股、与他人合资或合作开发经营房地产等。这些形式既可能是有偿的，也可能是无偿的。

房地产转让的法律后果是房地产权利的转移，即该行为的实施必然导致房地产权利主体的变更。这些后果在《城市房地产管理法》第37条和《城市房地产转让管理规定》第3条第2款中得到具体阐述，后者详细界定了包括以房地产作价入股、房地产合作开发经营以及因企业并购或合并导致的房地产权属变更等"其他合法方式"。

（二）房地产转让的特征

房地产转让是指以房屋所有权和土地使用权为交易对象的民事法律行为，它是房地产交易的一种重要形式。以下详细介绍了房地产转让的几个关键法律特征：

首先，房地产转让的标的必须是合法的。这意味着被转让的房屋及其占用范围内的土地使用权，以及单独的土地使用权，都必须符合我国相关法律和法规的规定。确保房地产权属无争议且属于转让方有权处分的资产是非常关键的；如果仅以土地使用权为转让标的，那么这种土地使用权必须是通过出让方式取得的，并且必须满足法定的投资及开发要求。

其次，国家作为土地出让方的法律地位始终不变。在房地产转让过程中，原土地使用者在土地使用权出让合同中的权利和义务会随之转移给新的受让方。这意味着合同中明确的各种权利和义务将由受让方继承并履行。这种安排确保了国家与土地使用者的关系不会因为房地产权利的多次转移而受到影响。这一法律特征在香港特别行政区的法律制度中，被称为"认地不认人"，即无论土地使用权如何转移，国家作为土地所有者都能直接与任何土地使用者建立契约关系，保证土地使用权按照合同和城市规划要求被开发利用和经营。

此外，房地产转让坚持效益不可损原则。无论转让的是土地使用权、地上建筑物还是其他附着物，都不得损害土地及其地上建筑物的经济效益。特别是在分割转让时，更需强调这一原则，注意保持房地产的完整性和可利用性。如果房地产转让价格低于国家规定的最低标准，政府则享有优先购买权。

最后，房地产转让属于要式法律行为。这要求当事人双方必须签订书面合同，并依法在有关管理机关进行权属变更登记，换领房地产权利证书。这一程序是确保交易合法性和权属清晰的关键步骤，有助于防止法律纠纷和保护双方的权益。

二、房地产转让的条件

房地产转让是指房地产权利人将其房地产权利转移给他人的行为，它是房地产交易中最核心的环节之一。若此环节的法规设计不完善，容易引发市场中的投机行为和过度牟利现象。为此，《城市房地产管理法》和《城市房地产转让管理规定》等相关法律、法规及规章对房地产转让进行了严格规定，这些规定主要从允许条件和禁止条件两个方面来界定和管理房地产转让行为，以确保房地产市场的健康和有序发展。

（一）允许房地产转让的条件

房地产转让是一种涉及房屋所有权和土地使用权的重要民事法律行为，对个人的生产与生活资料具有极其重要的影响。因其重要性，国家对于房地产转让，特别是土地使用权的转让，设定了特别的法律规定。

根据《城市房地产管理法》第 39 条规定，获得土地使用权通过出让方式的房地产转让，必须满足特定条件：首先，必须依据出让合同已全额支付土地使用权出让金，并且已经取得土地使用权证书。其次，根据出让合同约定，土地需经过相应的投资开发，具体为：若涉及房屋建设工程，需完成开发投资总额的 25% 以上；若为成片开发土地，则必须依据规划进行开发建设，完成基础设施建设，并达到工业用地或其他建设用地条件。只有在房屋已建成的情况下，转让方还需持有房屋所有权证书。

这些规定旨在解决房地产转让中出现的"炒地皮"和投机牟利行为，参考了国内外的相关法规，例如日本的《土地基本法》第 4 条，明确禁止将土地用作投机交易的对象。

对于以划拨方式取得土地使用权的房地产转让，虽然原则上不允许其进入房地产市场，因为这类土地权利通常是无偿获得或仅缴纳了象征性费用。然而，实际操作中这类土地权利的转让在市场上大量存在。《城市房地产管理法》《城镇国有土地使用权出让和转让暂行条例》和《城市房地产转让管理规定》对此作出了明确规定，以确保土地的有效利用和经济价值最大化。

根据《城镇国有土地使用权出让和转让暂行条例》第 45 条规定，满足特定条件的划拨土地可以通过转让、出租或抵押进行市场交易，条件包括：土地使用者须为企业或个人，持有国有土地使用证，并具有合法产权证明的建筑物。转让过程中，需与当地政府签订土地使用权出让合同，并补交相应的土地使用权出让金。

《城市房地产转让管理规定》进一步细分了处理方式，将划拨土地的转让分为办理出让手续并缴纳土地使用权出让金的情况，以及不办理出让手续但将土地收益上缴国家或作其他处理的情况。这些规定有助于维护市场秩序，防止滥用土地资源，并确保国家利益不受损害。

（二）房地产转让的禁止条件

《城市房地产管理法》第38条明确规定了哪些房地产不得进行转让：

（1）未满足法定条件的房地产：如果以出让方式取得的土地使用权未达到《城市房地产管理法》第39条所规定的条件，如未全额支付土地使用权出让金或未按合同对土地进行规定的开发投资，该房地产禁止转让。

（2）受法律限制的房地产：司法或行政机关依法对房地产进行了查封、决定或其他形式的限制措施，此类房地产在限制期内不能进行转让。

（3）收回的土地使用权相关的房地产：这包括土地使用权到期未续期、国家为公共利益提前收回、或因逾期未开发被无偿收回的情况。一旦土地使用权被依法收回，原权利持有者失去了土地使用权，也就无权进行该土地的转让。

（4）共有房地产未获共有人同意的情况：如果房地产是由两人或以上共同持有，不论是按份共有还是共同共有，转让时必须获得其他共有人的书面同意。未经同意的转让侵犯了其他共有人的权利。

（5）权属有争议的房地产：权属不明确的房地产存在权利瑕疵，法律禁止这类房地产的转让，以避免交易中的法律纠纷。

（6）未依法登记领取权属证书的房地产：未正式通过法定程序登记并领取房地产权属证书的房产，不能证明其法律权属，因此不允许转让。

（7）法律或行政法规明确禁止转让的其他情况：这一条款是一种保留条款，包括现行及未来可能新增的法律或行政法规中的规定，旨在应对新出现的情况。这不包括部门规章、地方性法规和地方规章，这些地方或部门的规定不能超出上述六种情况的规定范围。

三、房地产转让的程序

根据《城市房地产转让管理规定》第7条的规定，房地产转让的程序如下：

（1）签约：房地产转让当事人需签订书面的转让合同，明确双方的权利义务关系，以确保交易的合法性和规范性。

（2）转让申请并申报成交价格：在合同签订后90日内，房地产转让当事人需持有房地产权属证书、合法证明文件、转让合同等相关文件，向房地产所在地的房地产管理部门提出转让申请，并申报成交价格。

（3）审查及受理：房地产管理部门对提交的相关文件进行审查，并在7日内作出是否受理申请的书面答复；若7日内未作书面答复，则视为同意受理申请。

（4）查勘和评估：房地产管理部门核实申报的成交价格，并根据需要对转让的房地产进行现场查勘和评估，以确保转让价格的合理性和公平性。

（5）缴纳相关税费：房地产转让当事人按照规定缴纳相关税费，包括契税、增值税等，以完成交易的税务手续。

（6）核发房地产权属证书：房地产管理部门办理房屋权属登记手续，并核发新的房地产权属证书，正式确认权属变更。

通过上述程序，房地产转让过程得以合法化和规范化，确保交易的合法性和双方权益的保障。

四、房地产转让合同

（一）房地产转让合同的订立

根据《城市房地产管理法》第41条，房地产转让需通过签订书面合同来完成。这份转让合同是房地产转让人与受让人，或原受让人与新受让人之间达成的关于转让房地产的正式协议。

房地产转让合同的形成过程包括要约和承诺两个阶段。要约阶段，即一方当事人向另一方表达愿意签订转让（买卖）房地产合同的意愿，这一意愿必须以书面形式明确表达，并包含房产的数量、质量、位置、价格、交付方式及期限等关键信息。此外，要约中还应包含一个要求对方在特定期限内回复的条款，并确保此要约能送达至受要约人。

承诺阶段是对方对于提出的要约或反要约表示完全同意的意思表示。这一承诺必须明确表达同意要约人的所有条款，并接受合同中提出的所有内容。

一旦双方通过要约和承诺的步骤，并签署了书面合同，合同便正式成立并生效。在我国，根据"强制登记原则"，成立的合同还需要经过进一步的法律程序才能完成权利转移。这包括到不动产登记机关办理房地产权变更登记，并领取产权证书，以确保房地产权利的正式转移。这些步骤确保了交易的合法性和房地产权利的准确转让。

（二）房地产转让合同的主要条款

确定房地产转让合同的主要条款有助于明确双方的权利、义务和责任，确保合同的履行并减少纠纷发生的可能性。如果出现纠纷，也能根据明确的合同条款有效解决。房地产转让合同应包含以下主要内容：

（1）双方当事人的姓名或名称及住所。

（2）房地产权属证书的名称和编号。

（3）房地产的具体位置、面积和四至界限。

（4）土地宗地号、土地使用权取得方式及年限。

（5）房地产的用途或使用性质。

（6）成交价格及支付方式。

（7）房地产交付使用的时间。

（8）违约责任。

（9）双方约定的其他事项。

通过明确这些主要条款，可以确保合同的合法性和有效性，保障双方的合法权益，并为解决潜在的纠纷提供依据。

（三）房地严转让合同与土地使用权出让合同的关系

房地产转让合同的有效成立基于土地使用权出让合同。在房地产转让过程中，房屋所有权及相关土地使用权通常同时转让，这就涉及到国家与原土地受让人之间以及原土地受让人与新受让人之间的法律关系。因此，房地产转让合同中规定的权利和义务必须随土地使用权一并转移，确保无论土地使用权经过多少次转让，或转移到何人手中，国家与土地使用者之间的法律关系保持不变。土地使用者在签署转让合同后获得土地的使用权，并继续承担原土地使用权出让合同中规定的义务。

此外，房地产转让合同的当事人可以在土地使用权出让合同的基础上添加新的条款。这意味着，除了必须承担原合同中的权利和义务外，双方还可以协商确定一些新的条款，例如转让价格、支付方式、违约责任等。

关于土地使用权的使用年限，房地产转让合同中约定的期限不得超过原土地使用权出让合同所约定的剩余使用年限。根据《城市房地产管理法》第43条的规定，以出让方式取得的土地使用权，在房地产转让后，其使用年限应为原土地使用权出让合同所规定的总使用年限减去原土地使用者已使用的年限。这样的规定确保了土地使用权的持续性和法律的连续性，防止超期使用导致的法律问题。

第三节　商品房预售

商品房预售对于卖方可以加速资金周转、降低资金成本；对买方而言，同样可以显著减轻支付压力。因此，商品房预售成为房地产开发企业的常用策略，并广受普通购房者的欢迎，已经成为我国商品房市场的主流购房方式。从商品房预售的交易过程来看，长期的合同履行期使得此类交易本质上存在较高的风险和不确定性：经济实力等方面的巨大差异使得购房者在交易中往往处于弱势，其权益容易受到开发商的侵害；另外，从外部环境来看，相关立法的滞后和监管机构的监督不足可能进一步助长了侵害购房者权益的不法行为。鉴于商品房预售中存在的问题，完善并改进当前的商品房预售制度，在我国现行法律体系下具有重要的现实意义。

一、商品房预售的概念和特征

（一）商品房预售的概念

期房，又称楼花，是指正在建造中的商品房或虽然已经建成但尚不具备交付使用和产权转移条件的商品房。所谓商品房预售，是指房地产开发企业（卖方或预售人）将正在建设中的商品房，即期房，预先出售给买受人（预购人），由买受人支付定金或房款的行为。

商品房预售制度起源于我国香港地区。1953 年，香港地区面临严重的住房短缺，时年30 岁的霍英东成立了立信置业有限公司，创新性地提出了"预售楼花"的概念，并倡导分期付款。这一举措迅速被其他房地产开发商效仿，成为香港房地产市场的一大经营特色。从 1955 年到 1965 年的十年间，香港房地产业蓬勃发展。房屋在施工阶段便被分期、分批出售给广大购房者，因其销售方式如同花朵纷纷飘落，故而得名"卖楼花"。这种预售制度后来通过经济特区和沿海开放城市传入内地，现在已在我国内地广泛使用。

商品房预售制度具有积极的作用。一方面，当前我国许多房地产开发企业资金不足，通过预售制度，开发商能够提前获得工程建设款，便于及时推进开发项目；另一方面，购房者可以通过分期付款的方式支付房款，减轻了一次性付款的压力，促进了居民的购房消费，扩大了房地产市场需求。目前，商品房预售与银行按揭贷款相伴随，已成为我国房地产销售市场中的主要交易模式之一。

我国《城市房地产管理法》《城市商品房预售管理办法》《城市房地产开发经营管理条例》以及一些地方性法规都对商品房预售作了详细的规定。这些法规的存在不仅规范了商品房预售行为，还为保障购房者的权益提供了法律依据。

（二）商品房预售的特征

商品房预售对于开发商来说，能够加速资金周转和降低资金成本；对于购房者来说，则有助于减轻支付压力。因此，商品房预售已成为我国房地产市场中的一种主流交易方式。然而，商品房预售合同在签订时，并不涉及实际的房屋所有权转移，买受人所获得的是对将来商品房的期待权，即一种要求开发商将来交付房屋并转移所有权的合同债权。

商品房预售的交付和所有权转移并不发生在预售合同签订之时，而是在未来约定的具体日期，这时开发商才真正将房产交付给购房者，并协助其获得所有权。这种延迟交付的模式意味着高风险，因为从开发商获得土地使用权到房屋建成并交付通常需要一到两年，有时更长。在这长期的履行过程中，可能因各种原因导致房屋无法按时建成或交付，或房屋存在质量或权利上的缺陷，导致购房者最终无法获得确切的所有权。

此外，由于预售商品房价格受市场波动影响较大，容易诱发开发商的投机行为，从而引发纠纷。经济学原则指出，较长的时间跨度往往伴随较高的风险，因此，无论是对开发商还是购房者而言，商品房预售都带来了较一般房屋买卖更大的风险。

鉴于此，国家对商品房预售行为施加了严格的法律限制。根据《城市房地产管理法》第68条规定，开发商若在不具备预售条件下进行房屋预售，将面临行政处罚，包括停止预售活动、没收违法所得及罚款等。

此外，商品房预售合同通过正规登记后具有法律公示作用，可以对抗第三方权利主张。根据《城市房地产管理法》第45条规定，开发商需将预售合同在县级以上的房产管理部门和土地管理部门登记备案。《物权法》第20条进一步明确，预告登记后，未经预告登记的权利人同意，不得处分不动产。这些法规确保了通过登记的预售合同在发生权利冲突时能保护购房者的权益。

二、商品房预售的条件

我国政府对商品房预售持谨慎监管的态度，采取了多种法律措施调控预售交易，表现出较强的国家干预性。为了保障购房者利益并稳定房地产市场，现行法律严格规定了商品房预售的前提条件，不满足这些条件的商品房不得在市场上销售。根据《城市房地产管理法》第45条的规定，商品房预售必须满足以下几个条件：

第一，开发商必须已经支付了全部土地使用权出让金并获得土地使用权证书。这是商品房预售的基本前提和条件，没有合法的土地使用权证书，房屋无法合法交易，开发商也无法进行后续的建设和销售活动。

第二，必须持有建设工程规划许可证和施工许可证。这些证件是确保建设项目符合城市规划要求的法定凭证，确保任何建设项目都在城市总体规划的框架内进行。开发商只有在项目符合规划且获得相应许可之后，才能开始施工。

第三，预售的商品房投入的开发建设资金需达到工程建设总投资的25%以上，并已明确施工进度和预计竣工交付日期。这一规定旨在防止土地炒卖和开发商的投机牟利行为，确保项目的顺利进行和交房的可预见性。

第四，开发商必须向县级以上人民政府房产管理部门办理预售登记，并取得商品房预售许可证。这一步骤增加了交易的公示性，主要目的是保护购房者的利益，避免因开发商未履行合法程序而造成的购房者权益受损。

此外，实践中一些开发商在未获得商品房预售许可证的情况下，通过发放各种卡片或收取名为定金、订金的费用等方式变相预售商品房。根据 2006 年 7 月 10 日国家相关部门发出的规定，这种行为被明确禁止。开发企业在申请办理商品房预售许可证时，必须提交一系列证件和资料，包括预售许可申请表、营业执照、资质证书、土地使用权证、规划许可证、施工许可证等，确保预售活动的合法性和透明度。这些措施共同构成了我国对商品房预售行为的严格监管框架，旨在规范市场、保护消费者权益。

三、商品房预售的程序和形式

（一）商品房预售的程序

商品房预售的流程涉及几个关键步骤，以确保交易的透明性和法律合规性：

1. 开发商申领预售许可证

房地产开发企业在准备预售商品房时，必须向所在地的房地产管理部门提交相关材料申请办理预售许可证。房地产管理部门在收到申请后，必须在 10 天内发放预售许可证或者做出不批准的决定，并通知申请人。

2. 签订商品房预售合同

获取预售许可证后，开发商可以发布预售广告并与买受人签订商品房预售合同。在实际操作中，通常在签订预售合同之前，开发商会要求购房者签订认购协议，如商品房认购书，包括订购、认购等内容，这是对买卖双方关于预售商品房交易事宜的初步确认。

3. 预售合同登记备案和预告登记

合同签订后，预售方需将预售合同提交给县级以上的房地产管理部门和土地管理部门进行登记备案。根据《物权法》和《房屋登记办法》，当事人还可以选择办理预告登记，这是一种保护债权和物权优先权的提前登记手段，起源于德国中世纪民法，后被日本、瑞士及我国台湾地区法律采纳。预告登记旨在限制预售方未经预告登记权利人同意下再次出售或抵押已售商品房。通过预告登记，合同当事人可以对抗其他未经登记的合同当事人的权利，增强法律对购房者的保护。

4. 交付建成的商品房并移转产权

一旦预售的商品房建成，开发商将通知购房者签署"房屋交接书"，并将房屋交付给购房者使用。之后，双方按合同约定时间办理产权过户手续，完成权利转移。

（二）商品房预售的形式

商品房预售的付款方式主要分为两种基本类型，每种方式都有其特定的支付安排和优惠条件。

1. 全款预售

全款预售指的是在项目尚未完工交付前，开发商就预收购房者的全部房款。这种方式通常可以分为两种情况：

第一种情况是在项目动工前就已经收取了全部房款。采用这种方式的开发商通常会在预收款上提供大约5%的优惠。这种方式常见于建设中的公寓、别墅、写字楼以及外商投资的成片开发项目。全款预收对开发商而言，意味着可以一次性获得全部建设资金及其带来的临时存款利息，而这部分利息通常以优惠条件回馈给购房者。

第二种情况是分阶段支付，即在开工前支付一部分款项，其余款项在建设过程中分批支付。这种付款方式与房地产开发的进度和资金投入的时间阶段相匹配，能够在一定程度上保障资金供应。首期付款通常约为30%左右，首期付款比例越高，通常条件越优惠。为了加速销售，有些企业可能在开工前只收取10%的首期款。此外，这种方式通常将付款期分为几个阶段，如首期、中期和末期，有利于客户筹集资金。

2. 预收部分房款

预收部分房款是指在房屋建成之前，只收取部分房款，余下部分在房屋交付使用时或之后的一定期限内付清。按照我国的规定，预售商品房的预收款在建成销售前不得超过全部建设工程资金的70%；其中，在开发建设时预收不得超过40%，待房屋建设工作完成一半时，可再预收30%，房价的余下部分则通常在商品房交付使用时或之后2个月内全部付清。

这两种预售付款方式各有利弊，全款预售有助于开发商快速回笼资金，而分期付款则更加灵活，可以减轻购房者的经济压力。

四、商品房预售款的监管

根据《城市房地产管理法》第45条第3款和《城市商品房预售管理办法》第11条的规定，商品房预售所得的款项必须专门用于相关的工程建设。这些规定要求开发商在工程完工前，将预售款项严格用于工程建设，禁止挪用这些资金用于其他用途，以确保有充足的资金完成工程建设并按时竣工。

在我国，各地方性法规也对预售款的管理提出了具体规定，多个城市已实施商品房预售款监管制度，部分由政府主管部门直接监管。尽管如此，实际的预售款监管情况常常不尽如人意。为了更好地保护购房者的权益，购房者在签订预售合同前，有权主动要求开发商提供预售款的监管协议。

此外，通过立法强化政府管理部门对预售款的监管是非常必要的。如果监管机构未能履行其职责，导致买受人遭受损失，那么这些机构应与开发商一同承担连带赔偿责任。这种做法旨在强化开发商和监管部门的责任感，确保购房者投入的资金安全，有效推进项目的顺利完成。

五、商品房预售合同的主要条款

商品房预售流程中，预售方与购买方应签订书面合同。商品房预售合同是预售方与预购方双方约定的协议，其中预售方承诺在指定时间内完成建设并将商品房所有权转移给预购方，预购方则承诺向预售方支付定金或部分房款，并按时接收预售商品房。

（1）双方当事人信息：包括名称或姓名和住址，法人组织还必须有法定代表人签名或盖章。

（2）预售商品房基本信息：包括商品房位置、土地使用权证号、建设工程规划许可证号、预售许可证号、建筑面积、结构、装修标准等。此外，也需详细约定房屋朝向、日照时间、采光程度等自然条件。

（3）价格、支付方式及期限：明确房价及其支付办法和时间安排。

（4）房屋交付日期：具体说明何时交付房屋。

（5）面积差异处理方式：如何处理实际面积与合同约定面积的差异。

（6）产权登记相关事宜：明确办理产权转移的手续和责任。

（7）违约责任与免责条件：特别注意在房价上涨时预售方可能故意违约的情况，应按《合同法》规定，违约方需赔偿由此给对方带来的全部损失，包括合同机会丧失所造成的损失。

（8）其他约定条款：双方可根据需要约定其他相关事宜。

在签订预售合同之前，开发商通常要求购房人签订商品房认购书，包括购房人基本信息、房屋详细情况、价格计算方式、签约时间限制及定金条款等。根据最高人民法院的解释，如果认购、预购、预订等协议已包含预售商品房买卖合同的主要内容，并且开发商已按约收受购房款，则该协议可被视为正式的买卖合同。这意味着一旦认购协议内容满足商品房买卖合同法定要求并且购房款已支付，购房人可以直接要求履行合同并要求开发商完成相应的履行义务。

六、预售商品房的再转让

预售商品房的再转让，通常被称为"炒楼花"，涉及预售合同签订后，预购人将尚未竣工的预售房屋及其未来所有权转移给第三方的行为。这种操作通常目的是在低价购入后以更高价格卖出，从中赚取利润。实质上，这涉及到尚未完全形成的商品房的再次销售。

关于预售商品房合同是否可以再转让，我国《城市房地产管理法》并未给出明确规定。然而，《城市房地产管理法》第46条提到，关于预售商品房再转让的问题，由国务院来规定。在2005年5月之前，国务院尚未对此问题有具体规定。各地方政府对此的处理也不一致，一些地方允许再转让，而另一些地方则禁止或未明确规定，导致预售商品房再转让在我国房地产市场中相对普遍。

香港房地产市场中出现的楼市泡沫现象表明，预售商品房再转让具有一定的投机性，可能导致房价上涨，这类市场活动的大量存在可能会扰乱正常的房地产交易秩序。为规范市场行为，2005年5月9日，国务院办公厅发布了《转发建设部等部门关于做好稳定住房价格工作意见的通知》，明确整顿和规范市场秩序，严处违法违规销售行为。该通知中规定，禁止预售商品房的预购人将尚未竣工的房屋再次转让。在预售商品房竣工交付并且预购人取得房屋所有权证之前，房地产主管部门不得办理转让等手续；如果房屋所有权申请人与登记备案的预购人不一致，房屋权属登记机关不得办理房屋权属登记手续。此外，实行实名制购房，推行商品房预销售合同网上即时备案，防止私下交易行为。

总之，随着国家对房地产市场调控力度的加强，预售商品房的再转让已被明确禁止，以确保市场秩序和购房者的权益。

第四节　房屋租赁

一、房屋租赁的概念

租赁是一种法律关系，其中出租人将租赁物交付给承租人以供使用和收益，而承租人则支付租金。租赁关系具有以下法律特征：承租人不获得租赁物的所有权，而仅获得使用和占有权；租赁物的所有权仍归出租人所有；租赁的标的物通常是具体的、非消耗品；租赁期满时，承租人应将租赁物归还给出租人。

根据《中华人民共和国城市房地产管理法》第五十三条，房屋租赁指的是房屋所有权人作为出租人将房屋出租给承租人，并由承租人支付租金。住宅房屋租赁应遵循政府规定的租赁政策。如果房屋用于生产或经营活动，租金和其他租赁条件由租赁双方协商确定。如房屋所有权人出租的房屋位于以划拨方式取得使用权的国有土地上，租金中包含的土地收益需上缴国家。

房屋租赁与房屋买卖的主要区别包括：

（1）房屋买卖涉及房屋所有权的转移，买方通过交易获得房屋所有权；而房屋租赁不涉及所有权转移，出租人保留所有权，承租人仅获得使用权和收益权。

（2）房屋买卖在我国需要办理所有权转移手续，房地产管理部门对此进行严格管理；而房屋租赁只需在房地产管理部门进行备案。

（3）在房屋买卖中，买方获得所有权后可以自由处置房屋；在房屋租赁中，承租人没有处置权，只能按照租赁合同规定合理使用房屋，并在租期结束后返回给出租人。

二、房屋租赁合同

（一）房屋租赁合同的概念及内容

房屋租赁合同是一种将房屋作为租赁对象的法律协议。根据《中华人民共和国民法典》第七百三条的规定，租赁合同涉及出租人将租赁物交付给承租人使用和收益，而承租人则负责支付租金。

具体到房屋租赁合同，它涉及房屋出租方将使用权交给承租方，承租方根据约定的期限和金额支付租金。此外，合同还会明确双方的权利和义务，并规定在合同结束或期限到期时，承租人需将房屋以原状退还给出租方。这种由双方协商确定的权利与义务关系，一旦以书面形式确立，便构成房屋租赁合同。

房屋租赁合同的内容通常包括以下要素：租赁房屋的具体位置、建筑结构、楼层位置、房间数量、装修情况、面积大小、附带设施、预定用途、租赁期限、每月租金金额、租金的缴付时间和方式，以及其他双方约定的条款和违约责任等。这些细节有助于确保合同双方的权益得到清晰规范和保护。

（二）制定合同的原则

1. 符合国家法律和政策

房屋租赁合同既是经济活动也是法律活动。作为经济活动，其目的是通过支付房租实现价值转换；作为法律活动，则涉及到具有法律后果的有意识行为。签订租赁合同会在租赁双方间产生权利和义务关系，这种关系受到法律的保护和约束。如果合同内容违反国家法律或政策，或与公共利益相冲突，该合同将被视为无效。合法的合同能防止任何单位或个人违约，维护租赁市场的秩序，保障国家和社会利益不受侵害。政府和政策机构将对合同关系实施行政管理和法律监督，以确保国家对经济活动的指导和监控。

2. 商品经营、等价有偿原则

房屋租赁应当体现商品货币关系，形成市场经济中的有机联系。房屋的建设和运营需要材料、人工和设备等投入，出租房屋时需收回投资并获得适当的利润。房屋租赁业务应遵循市场价值规律，实现商品经营和等价有偿的原则。

3. 平等互利、协商一致原则

合同是一种法定的法律制度，要求当事双方在法律的框架内通过协商达成一致。在协商过程中，双方享有平等的法律地位，应在互利的基础上进行充分协商，任何一方都不能将自己的意志强加于对方，同时任何组织和个人也不得非法干预。如果当事人不能自由地表达自己的意志或未能达成一致，合同可能无法成立或被判定为无效。这一原则保障了双方权利和义务的平等，反映了国家对经济活动中各方民事权利的保护，以满足生产、经营和生活的需求。

（三）租赁合同的建立和终止

租赁合同的建立和终止是房屋租赁过程中的两个关键环节，具体操作如下：

1. 建立租赁合同

房屋租赁合同的制定需要遵循标准化的格式，并严格按照相关规定填写，确保合同内容的完整性和合法性。合同中如有特别约定（例如保留部分租金、共用厨房和卫生间等），应在合同的附加栏明确写出，避免日后发生纠纷。当承租人入住前，出租人应与承租人一同检查房屋及其装修和设施，确保所有条目都符合合同规定，然后双方填写"装修设备保障单"。此单据应根据装修设备登记的具体要求填写，对承租人后来自行安装的设备不予记录。

房屋租赁合同应至少制作两份，出租人和承租人各持一份，双方在合同上签字盖章后，合同即视为生效。若有需要补充的事宜，双方可签订补充协议；如双方认为必要，还可以选择进行公证，以增强合同的法律效力。

2. 终止租赁合同

租赁合同的终止通常由承租人提出，特别是在承租人因迁移他地或其他个人原因需终止租赁时。在此情况下，承租人应至少提前七天通知出租人，以便双方准备。出租人在接到通知后，需要检查承租人是否有未缴清的租金。如果存在欠租，承租人必须偿还所有欠款，直至欠款清偿完毕才能办理退租手续。

承租人搬出时，出租人应派员工到现场进行房屋及其装修设备的清点，检查是否有损坏或丢失。任何损坏或丢失应由承租人依据合同条款进行修复或赔偿。所有相关手续完成后，承租人和出租人方可正式解除租赁关系。

这种严谨的租赁合同流程可以确保租赁双方的权益受到保护，同时减少租赁期间可能出现的纠纷。

第五节　房地产抵押与按揭法律制度

房地产抵押涉及抵押人将自己合法拥有的房地产作为担保，而不转移物理占有，提供给抵押权人以确保债务履行的一种安排。如果债务人未能履行债务，抵押权人则有权通过法律途径将抵押的房地产进行拍卖，优先使用拍卖所得的款项来满足债权。

一、房地产抵押的形态

（一）土地上定着物的土地使用权抵押

1. 建设用地使用权抵押

建设用地使用权的抵押分为两种类型：出让建设用地使用权和划拨建设用地使用权。根据《担保法》和《物权法》，出让建设用地使用权可以设定抵押，而法律对此没有特殊限制。只需抵押人与抵押权人签订书面抵押合同并办理抵押登记，就可以设立抵押权。然而，划拨建设用地使用权通常不允许抵押，除非符合法律的特别规定。根据《城镇国有土地使用权出让和转让暂行条例》和《划拨土地使用权管理实施办法》，划拨建设用地使用权在以下条件满足时可以设为抵押：

（1）使用权人为公司、企业、其他经济组织或个人；

（2）持有建设用地使用权证；

（3）拥有地上建筑物或其他附属物的合法产权证明；

（4）签订了用地使用权出让合同，向当地市、县人民政府补交了建设用地使用权出让金，或用抵押收益抵交出让金；

（5）经市、县人民政府国土资源管理部门和房产管理部门批准。

只有在划拨建设用地使用权转变为出让建设用地使用权之后，才能用于抵押。

2. 土地承包经营权抵押

依据《物权法》第180条的规定，通过招标、拍卖、公开协商等方式取得的荒地等土地承包经营权可以设为抵押。《农村土地承包法》第49条也提到，通过这些方式承包的农村土地，若依法登记并取得土地承包经营权证或林权证，那么这些土地承包经营权可以通过转让、出租、入股、抵押或其他方式进行流转。

（二）房屋与建设用地使用权一并抵押

房屋与建设用地使用权的一并抵押是房产与地产不可分割原则的具体体现，这种做法确保了房地产的整体性在法律和金融交易中得到维护。该原则适用于国有土地和集体土地上的房屋抵押，均确保了房屋及其占用的土地使用权在抵押中不被分割。

对于国有土地，《担保法》第 36 条和《物权法》第 182 条均明确规定，如果在国有土地上的房屋被用作抵押，那么该房屋占用范围内的国有土地使用权也应同时被抵押。反之，如果是以国有土地使用权进行抵押，那么位于该土地上的所有建筑物也需要一并抵押。这项规定旨在防止将房屋和土地使用权分割抵押，从而避免在执行抵押权时发生权利冲突或价值评估的复杂性。

此外，如果抵押人未遵守上述规定将房屋和土地使用权一并抵押，根据法律，未被明确抵押的财产（无论是土地使用权还是房屋）将被视为已经包含在内，这强化了抵押权人的权利保护。

对于集体土地，情况稍有不同但原则相同。根据《担保法》第 36 条和《物权法》第 183 条的规定，乡镇或村企业的土地使用权不能单独用作抵押。如果乡镇、村企业的建筑物（如厂房）被用作抵押，那么该建筑物占用的建设用地使用权也必须一并进入抵押。这种规定主要是考虑到集体企业的土地使用权往往与其经营活动紧密相关，分割抵押可能会对企业的正常运营和土地的有效使用造成影响。

通过这些法律规定，我国的立法体系旨在确保房地产抵押活动的透明度和公正性，同时保护抵押权人和债权人的合法权益，维护整个房地产市场的稳定性。此外，这些规定也有助于防止债务人通过抵押不完整的资产来逃避债务责任。

二、房地产抵押的标的物

（一）可以抵押的房地产

根据《担保法》第 34 条和《物权法》第 180 条，可以设定抵押的房地产资产包括以下几类：

1. 建筑物/房屋

建筑物或房屋作为最常见的抵押资产类型，包括住宅、商业建筑、工业设施等。这些资产由于其高价值和实用性，通常被视为抵押贷款的优质担保。抵押房屋时，抵押人保留物理占有，但在法律上，抵押权人拥有在债务不履行时处置该资产的权利。

2. 建设用地使用权

建设用地使用权指的是经政府批准，企业或个人有权在特定土地上进行建设的权利。这种使用权可以独立于土地上的任何建筑物进行抵押。它对开发项目尤为重要，因为开发过程中往往需要大量前期资金，而土地使用权的抵押可以为此提供财务支持。

3. 土地承包经营权

这包括通过招标、拍卖、公开协商等方式取得的荒地及其他类型的土地承包经营权。这类权利允许持有者在一定期限内对指定土地进行农业生产或其他经营活动。由于其潜在的经济回报，土地承包经营权成为可以被用来保障贷款的有效资产。

4. 正在建造的建筑物

在建建筑物虽处于建设阶段，但也可作为抵押物。这类资产的抵押涉及高风险，因为其价值依赖于建设的完成度和未来的使用功能。抵押在建建筑通常需要详尽的风险评估，包括施工进度、预算符合情况以及预计完工时间。

将上述类型的房地产作为抵押物，可以为借款人和贷款机构提供多样化的金融解决方案，同时确保在债务违约时，抵押权人能够回收资金。为了确保这些交易的合法性和有效性，必须遵循相关法律规定，包括但不限于合适的评估、清晰的契约书写和官方的登记程序。这样做不仅保护了债权人的权益，也保障了抵押人在整个抵押过程中的合法权益。

（二）不得抵押的房地产

根据《城市房地产抵押管理办法》，存在一些房地产类型不允许设定为抵押，这包括：

（1）权属有争议的房地产：这类房产因权属不明确而不适合作为抵押物，以避免产生进一步的法律纠纷。

（2）用于公共福利事业的房地产：涉及教育、医疗、市政等用途的房产，因其服务于公共利益，不得用作抵押。

（3）受文物保护或具有重要纪念意义的建筑物：这些建筑因其文化和历史价值，受到特别法律保护，不允许抵押。

（4）法律公告指定拆迁范围内的房地产：已被规划为拆迁的房地产不适合作为抵押物，因其存在被拆除的可能。

（5）法律查封、扣押或以其他形式限制的房地产：这些房地产因受到法律行为的限制，不能自由交易或抵押。

（6）其他依法不得抵押的房地产：这包括《担保法》和《物权法》中规定的不得抵押的房产，如土地所有权、集体所有的耕地、宅基地、自留地和自留山等。

如果房地产被非法设定为抵押，那么根据法律，这种抵押行为将被认定为无效。这些规定确保了房地产抵押活动的合法性和秩序性，防止了可能对社会公共利益造成损害的行为。

（三）房地产抵押登记的效力

在我国房地产抵押权的确立上，采用的是登记生效主义。这意味着，抵押权的成立依赖于完成抵押登记。根据《物权法》第187条的规定，不论是建筑物、建设用地使用权、土地承包经营权，还是正在建造的建筑物的抵押，都必须进行抵押登记。只有完成了登记，抵押权才正式生效。这一法律规定确保了房地产抵押权的法律确认与保护，防止未登记的抵押权引起的法律纠纷。

三、房地产抵押权的效力

（一）房地产抵押权担保的债权范围

根据《担保法》第46条和《物权法》第173条的规定，在没有特殊约定的情况下，房地产抵押权担保的债权范围相对广泛。这一范围通常包括以下几个关键方面：

1. 主债权及利息

主债权是抵押设立时，债务人和债权人之间已经确定的债务额。利息则包括根据债务协议约定的利息，以及法定利息和迟延支付时应付的利息。这些利息反映了借贷资金的时间价值，以及延迟偿还可能带来的额外成本。

2. 违约金

违约金是在债务人未能按照合同条款履行债务时，根据法律或合同的规定，债务人需支付给债权人的款项。其目的是为了补偿债权人因债务人未履约而遭受的损失，同时起到一定的惩罚作用，防止债务人轻视合约责任。

3. 损害赔偿金

当债务人违反合同条款导致债权人受损时，债务人必须支付的赔偿金。这包括直接损失和可能的间接损失，确保债权人在经济上能够恢复到合同违反前的状态。

4. 实现抵押权的费用

为了实现抵押权而必须支出的各种费用，例如，抵押物的拍卖费、法律服务费、评估费、保管费等。这些费用是在执行抵押权过程中产生的，旨在确保抵押物可以被有效、合法地变现，以偿还债务。

这些规定为抵押权的实施提供了全面的法律保障，确保债权人在债务人违约时，可以通过法定程序最大程度地回收投资或贷款。抵押权的这种法律设计不仅保护了债权人的权益，也维护了金融市场的稳定和秩序。

（二）房地产抵押权效力所及的标的物范围

房地产抵押权的效力所及的标的物范围指的是，当抵押权依法被执行时，抵押权人可以变现的财产的范围。这意味着，一旦房地产抵押权成立，其效力不仅涵盖了用于设立抵押权的主要物体（即直接被抵押的房地产），还包括相关的附属物品、从属权利、附加物及其产出等。

在实践中，这包括但不限于房地产本身，也涉及与该房地产密切相关的所有可识别的物品和权利。例如，如果一个建筑物被抵押，那么与该建筑物相连的土地使用权、建筑内的固定装置和设备，甚至可能包括建筑产生的租金等收益都可能被包括在内。这种广泛的覆盖范围确保了抵押权人在债务人违约时，能够通过处置这些资产来回收债权。

（三）房地产抵押人的权利

根据《担保法》第 46 条和《物权法》第 173 条，房地产抵押权所担保的债权范围通常包括主债权及其附带的利息、违约金、损害赔偿金和实现抵押权的相关费用。这些元素详细说明如下：

1. 主债权

主债权是在房地产抵押设立时，债务人和债权人约定的主要债务。这是抵押担保的核心债务，抵押权的设置是为了确保此债务的履行。

2. 利息

包括约定利息和法定利息，还包括因债务人延迟支付债务而产生的迟延利息。这些利息反映了资金使用的时间价值，是债务的一部分。

3. 违约金

如果债务人未能按照合同条款履行债务，需支付给债权人的罚金。违约金的目的是补偿债权人因违约而遭受的损失，同时具有一定的威慑作用。

4. 损害赔偿金

当债务人违反合同条款造成债权人损失时，需向债权人支付的赔偿金。这种赔偿旨在恢复债权人因债务人的违约行为而受到的经济损失。

5. 实现抵押权的费用

指为了实现抵押权而必须支出的各项费用，如法律费用、拍卖费用、评估费用等。这些费用是在执行抵押权过程中为了将抵押物变现而产生的必要支出。

这些规定确保了抵押权的实施可以全面覆盖与债务相关的所有经济责任，提供了债权人一个广泛的保障范围，使得在债务人违约的情况下，债权人可以通过法律途径回收尽可能多的债权。

四、房地产抵押权人的权利

抵押权人的权利主要表现在抵押权对其的法律效力上。一旦房地产抵押权确立,抵押权人将享有以下关键权利:

(一)抵押权的保全权

抵押权的保全权涉及抵押权人在抵押物价值受到威胁时所拥有的权利。这包括当抵押物的价值可能因抵押人的行为而减少时,抵押权人有权要求抵押人停止这种行为。《物权法》第 193 条明确指出,如果抵押物的价值已经减少,抵押权人可以要求抵押物的价值恢复,或者要求提供相应价值的担保。如果抵押人既不恢复价值也不提供担保,抵押权人有权要求债务人提前偿还债务。这些规定确保了抵押权人能够保护其权益,防止由于抵押物价值的减少而影响债权的回收。

(二)抵押权的处分权

在房地产抵押权中,抵押权人拥有一些关键的处分权,具体包括:

1. 抵押权的放弃

抵押权属于抵押权人的权利,无须关联任何人身性质,因此,抵押权人可以自主放弃抵押权。放弃抵押权意味着抵押权人主动放弃其作为优先受偿权的担保利益。一旦放弃抵押权,相应的债权就会转变为无抵押担保的普通债权。在实际操作中,抵押权人应向抵押人表明其放弃的意向,并完成相关的注销登记。如果债务人已将其房地产设定为抵押,抵押权人放弃抵押权后,其他担保人在原抵押权人丧失的优先受偿权益范围内可能被解除担保责任,除非其他担保人继续承诺提供担保。

2. 抵押权的转让

抵押权的转让涉及抵押权人将其抵押权转移给另一方。由于抵押权具有从属性,因此抵押权不能脱离主债权单独转让。根据《担保法》第 50 条和《物权法》第 192 条的规定,抵押权不得与债权分离单独转让或作为其他债权的担保。当债权转让时,相应的抵押权也应一并转让,除非法律有其他规定或当事人另有约定。例如,《物权法》第 204 条允许在特定情况下,最高额抵押权在债权部分转让前不得转让,除非当事人有不同的约定。这种"当事人另有约定"可能涉及抵押权人与债权受让人的协议,仅转让债权而不转让抵押权;或是第三方为特定债权人设定的抵押,在没有其同意的情况下,债权的转让不会导致抵押权的转移。

3. 抵押权顺位的抛弃

抵押权的顺位，也称为抵押权的优先级，关系到当同一财产上设立多个抵押权时，各抵押权人获得偿付的先后顺序。因此，抵押权顺位的放弃指的是抵押权人主动放弃其在其他已存在抵押权之后的优先受偿位置。放弃抵押权顺位后，虽然抵押权人保留抵押权，但其在所有先前设立的抵押权之后排列。

具体来说，如果甲、乙、丙分别持有同一债务人的第一、第二和第三顺位的抵押权，甲放弃其顺位后，乙和丙的抵押权顺位相应提升至第一和第二，而甲的抵押权则降至第三。此后，如果在同一抵押物上新增丁的抵押权，丁的抵押权只能排在第四顺位，不能超越甲的更新顺位。

此外，如果债务人对自己的房地产设立抵押，并且抵押权人选择放弃其顺位，则在该抵押权人放弃优先受偿权的范围内，其他担保人可以被解除相应的担保责任，除非这些担保人仍然承诺继续提供担保。这一做法确保了财产抵押的灵活性和债权人权益的调整。

（三）优先受偿权

抵押权人的优先受偿权，定义为抵押权人在债务人未能履行债务时，依法优先从抵押物变卖所得中得到偿付的权利。这种权利是抵押权的核心效力，反映了抵押权基本功能。抵押权人的优先受偿权主要包括以下方面：

1. 债权优先级

抵押权人的债权在所有未担保债权之前得到优先偿付。即使多个债权人存在，抵押权人因其担保的特权，可以从抵押物变卖的收益中首先获得偿付。

2. 优先于执行权

根据《担保法解释》第55条的规定，抵押物即便遭受查封、扣押等措施，这不会影响抵押权的效力。即使在抵押物被强制执行时，抵押权人的受偿权仍然优先于其他债权人。

3. 破产别除权

当抵押人破产时，抵押财产不计入破产财产。抵押权人拥有别除权，可以优先于其他债权人从抵押物变卖中获偿，而非与其他债权人共同按比例分配。

4. 顺位优先权

当一个房地产上设立多个抵押权时，各抵押权的偿付顺序依据它们的登记顺序确定。先登记的抵押权在偿付时具有优先权，后续抵押权人只能从先顺位抵押权人受偿后的剩余部分中寻求偿付。如《物权法》第199条所述，同一房地产的多个抵押权，其顺位基于登记的先后顺序，若登记同时，则顺位相同。

《担保法解释》第78条进一步明确，如果后顺位的抵押权所担保的债权先到期，抵押权人的偿付仅限于超出先顺位抵押权所担保债权部分的抵押物价值。先顺位抵押权到期且抵押权已实现后，剩余价款应当提存，待后顺位抵押权的债权到期后用以清偿。

五、房地产抵押权的实现

（一）房地产抵押权的实现条件

实现房地产抵押权指的是在债务人未能按时履行债务或发生当事人约定的情形时，抵押权人依法处理抵押的房地产并优先从其变卖所得中获得债权偿还的法律行为。这一过程不仅保障了抵押权的目的达成，同时也标志着抵押权的终结。

根据《物权法》第195条的规定："债务人未履行到期债务或发生当事人约定的实现抵押权情形时，抵押权人可以同抵押人协商折价或通过拍卖、变卖抵押物从而优先获得偿付。"这一规定明确了房地产抵押权实现的两个条件：首先是债务人未能履行到期债务。只有在债务到期而债务人未履行时，抵押权人才能要求实现抵押权以保护其权益。其次是发生当事人约定的特定情形，这是《物权法》增加的规定，旨在提供给抵押权人在特定条件下实现其权益的法律依据。

（二）房地产抵押权的实现方式

根据《担保法》和《物权法》的规定，抵押权的实现方式包括折价、拍卖和变卖三种方式。

1. 折价

折价即将抵押财产作为债务清偿的手段，其中抵押财产的价值转化为偿还债务的款项，抵押权人因此取得抵押财产的所有权。如果折价金额超过债权额，超出的部分归还抵押人；若金额不足以覆盖债权，则剩余部分仍由债务人以普通债权的方式偿还。

折价方式主要涉及抵押权人和抵押人，外部债权人可能不知情，因此可能影响其他债权人的利益，尤其是后顺位的抵押权人和其他普通债权人。为此，折价清偿需满足以下条件：

（1）必须基于抵押权人和抵押人之间的有效协议，且不能单方面由其中一方决定。该协议应在债务到期且抵押权实现条件成立后签订。协议如果在抵押权实现条件未成立时订立，则为违法的"流押契约"，无法生效。

（2）折价过程不得损害其他债权人的利益。例如，如果抵押物以远低于市场价的价格转让给抵押权人，可能会侵害其他债权人的利益。

（3）如果抵押财产属于国有资产，应依据相关规定对资产进行评估，确保折价的公正性。

折价的法律后果是，债权人通过取得抵押财产的所有权来清偿债务，债务在折价金额内得以清偿。如果折价后债务仍未完全清偿，债务人需继续偿还剩余部分。如果折价金额超过了债务额，则超额部分应返还给抵押人。

根据《担保法》和《物权法》，房地产抵押权的实现方式之一是通过拍卖，这包括公开竞价将房地产财产权转让给出价最高的投标者。拍卖的公开和公正性以及法定程序的保护使其成为一种普遍的、能够最大化实现抵押财产价值的方式。

2. 拍卖

拍卖的种类多样，按照不同标准可以分为：

（1）自行拍卖与委托拍卖：自行拍卖是抵押权人自行组织的拍卖，而委托拍卖则是抵押权人委托专业拍卖机构进行的拍卖。特定情况下（例如国有资产的拍卖），法律或规章可能要求进行委托拍卖。

（2）法定拍卖与意定拍卖：法定拍卖是基于法律规定进行的拍卖，而意定拍卖是基于当事人之间的协议。

（3）强制拍卖与任意拍卖：强制拍卖通常在法院的监督下进行，是法院依法进行的民事执行过程的一部分；任意拍卖则是基于抵押权人与抵押人的协议进行。

（4）有底价拍卖与无底价拍卖：有底价拍卖要求设置一个最低的起拍价格，无底价拍卖则没有这样的限制。

（5）定向拍卖与非定向拍卖：定向拍卖是仅限特定买家参加的拍卖，非定向拍卖则向公众开放。

当抵押权通过诉讼方式实现，且抵押权的实现未经双方协商一致时，抵押权人可以请求法院确认抵押权并进行强制拍卖。如果抵押人继续违约，抵押权人可申请法院执行拍卖抵押财产。

拍卖抵押财产时，必须遵循的法律要求包括：

①拍卖应由有资质的拍卖机构执行。

②对于抵押财产进行评估，确定其市场价值。

③确保拍卖不侵犯他人（如租户或其他债权人）的法定权利。

④设置合适的保留价以避免财产价值的低估。

拍卖结束后，财产所有权转给最高出价者，债权在拍卖所得中得到满足。如果拍卖金额不足以覆盖债务，剩余债务仍需由债务人偿还。如果出现任何拍卖过程中的法律问题，相关责任应由相应方承担，包括可能的赔偿责任。

3. 变卖

变卖是一种直接销售抵押物以偿还债权的方式。与拍卖相比，变卖通常更为简便、迅速且成本较低，但因其缺少公开性，可能带来道德风险。因此，变卖抵押物在实践中应用时，需要受到严格限制以确保公平：

（1）市场价参照：变卖抵押物时，销售价格应当接近市场价格，避免低价处理影响债权的合理实现。

（2）保护债权人利益：在进行变卖时，必须确保不损害其他债权人的利益。例如，变卖价格设置不应显著低于市场价值，以防对其他债权人权益造成不利影响。

（3）法院监督和同意：在涉及多方权益的情况下，除非有当事人和相关权利人的同意，否则法院通常不应直接采用变卖方式处理抵押财产。

实施变卖后，若销售所得高于所担保的债权额，超额部分应归抵押人所有。如果销售所得未能覆盖债权全额，则剩余债务由债务人继续承担。这样的安排旨在确保所有相关方的权益得到合理平衡和保护。

（三）抵押权实现的特殊规定

1. 重复抵押情形下抵押权的实现

重复抵押，也称为一物多抵，是指抵押人将同一财产多次抵押给不同的债权人，且总担保债权额超过该抵押财产的价值。当拍卖或变卖抵押财产时，所得金额可能不足以偿还所有抵押权人的债权，因此需要明确资金的分配规则。

根据《担保法》第54条和《物权法》第199条，一财产对多个债权人抵押的情形下，抵押财产的拍卖或变卖所得款项应按以下顺序偿还：

（1）已登记的抵押权，按登记顺序偿还。

（2）登记顺序相同的，按各自债权比例偿还。

（3）登记的抵押权先于未登记的抵押权受偿。

（4）对未登记的抵押权，根据债权比例偿还。

《担保法解释》第77条和78条进一步补充，当一财产多次抵押，且先顺位的抵押权与财产所有权合一时，财产所有者可以用其抵押权对抗后顺位的抵押权。如果后顺位抵押权所担保的债权先到期，抵押权人只能从超出先顺位抵押权担保债权部分的价值中受偿。如果先顺位抵押权所担保的债权先到期，实现后的剩余价款应留待后顺位抵押权受偿。

这些规定确保了财产的价值公平分配，同时保护了各个抵押权人的法定利益。在先顺位抵押权消灭后，后顺位抵押权人可以主张剩余价值，如果债务先到期，他们也有权申请抵押财产的拍卖或变卖，但仅限于扣除先顺位抵押权担保债权后的部分。如果没有剩余，则他们无法从中受偿。

2. 土地承包经营权、乡镇建设用地使用权抵押后抵押权的实现

根据《物权法》第201条的规定，抵押包括按照该法第180条第一款第三项提及的土地承包经营权，或者依照第183条的规定，抵押包括乡镇、村企业的厂房及其所在建设用地使用权。实现抵押权后，除非遵循法定程序，否则不得改变土地的所有权性质或土地的使用目的。此规定专门针对农村"四荒"土地的承包经营权和乡镇、村企业的建设用地使用权，目的是为了保持农村土地权属和承包经营关系的稳定，支持乡镇集体经济的发展，保护农民基本权利。具体而言，"未经法定程序，不得改变土地所有权的性质"意指在抵押权实现后，未经法定的征收程序，不可将集体所有的土地转变为国有土地；而"不得改变土地用途"的规定意味着，抵押实现后，原本用于农业的"四荒"土地应继续用于农业生产，原乡镇、村企业的建设用地应保持工业用途，除非经过法定的审批程序，否则不得更改用途。

3. 划拨取得的建设用地使用权抵押后抵押权的实现

根据《担保法》第56条的规定，当通过拍卖方式处理以划拨方式取得的国有土地使用权时，所得价款首先要依法支付等同于该地块应缴的土地使用权出让金的金额给政府。只有在缴纳了这部分款项后，抵押权人才能对剩余的价款享有优先受偿权。此规定旨在确保国家土地所有权的利益，防止国有资产的非法流失，体现了立法对国有资产保护的重视。

六、房地产按揭

按揭起源于英国，源于英美法的"mortgage"，一种特定的担保制度，其中债权人接受担保物所有权的转移作为债务的担保。这个词"按揭"是"mortgage"在粤语中的音译，并从香港地区传到我国内地。房地产按揭是一种在国内外广泛进行的房地产业务，其中购房者通过银行贷款支付房款，并以购买的房屋作为贷款的担保。尽管按揭在内地的引入和实践中因适应不同的法律体系而经历了一些变化，并不完全与香港的做法相同，但基本原理相似。在内地，按揭常被称为"个人购房担保贷款"或"住房抵押贷款"，而这些术语在商业和法律文本中使用，以适应本地的法律框架。虽然按揭在法律上被视为一种抵押形式，但与传统房地产抵押在某些特定方面有所不同。

按揭和传统的房地产抵押在法律实践中的差异体现在多个方面，这些区别不仅有助于理解两者在法律上的特性，还有助于实际操作中更好地保护当事人的权益。下面进一步阐述这些差异：

（1）主体不同：按揭的参与方通常包括卖方（即房屋开发商或当前的房产所有者）、购房者以及授权进行按揭业务的商业银行。这种安排中，银行通常作为贷款方，购房者为贷款及抵押的接受方。相对地，在房地产抵押中，债权人可以是任何合法的贷款提供者，不限于银行，例如，可以是其他金融机构或私人债权人。此外，抵押人（即提供抵押物的一方）可以是债务人本人或第三方，这为房地产抵押提供了更广的适用范围和灵活性。

（2）合同性质不同：按揭的主合同通常是贷款合同，贷款用途特定为购房。这意味着按揭是房屋购买过程中的一个固定组成部分，其合同的法律效力与贷款的发放直接相关。而在房地产抵押中，主合同的性质可以多样化，包括但不限于贷款合同，还可能是商业交易如买卖合同，或是服务合同如建设工程合同等，这体现了房地产抵押在不同类型债务关系中的广泛应用。

（3）法律关系不同：按揭涉及的法律关系更为复杂。除了借贷关系和抵押担保关系，还可能涉及到开发商与银行之间的保证担保关系，使得法律关系层数更多，处理起来也更复杂。而传统房地产抵押通常直接关联债权人与债务人（或抵押人）之间的直接债务和担保关系。

（4）标的物范围不同：在按揭中，标的物可能是现有房产或与预售房屋相关的权益，包括尚未完成建设的房产的期待权。而在房地产抵押中，标的物通常是已经存在的、具体的不动产，如土地使用权和建筑物所有权。

（5）登记和设定方式不同：房地产抵押要求进行具体的抵押登记，这在房地产证书上明确记录，确保法律明确记录抵押权的设立。按揭的登记可能包括产权过户后的按揭登记，涉及更复杂的记录和管理流程，尤其是在涉及预售房屋的情况下，预售合同和按揭贷款合同需要备案登记以确保购房人的权益得到保障。

这些差异体现了按揭和房地产抵押在实践操作中需要考虑的不同法律要求和保护措施，确保所有相关方的利益在交易过程中得到适当的考虑和保护。

第七章 房地产价格管理研究

房地产价格管理是一个复杂且关键的经济和法律议题，直接影响到住房可负担性、市场稳定性以及经济健康发展。在多数国家，政府通过一系列的法律和政策工具对房地产价格进行干预和调控，以防止市场过热和价格泡沫的形成，同时也致力于促进公平和社会福利。房地产价格管理研究涉及多个方面，包括价格监管的法律框架、政府的调控机制以及相关政策对市场的实际影响。有效的价格管理不仅需要严格的法律规定和监管体系，还需要对市场动态有深入的理解和科学的预测。政府通常采用包括但不限于限制信贷、调整土地供应、实施购房限制等措施来控制房地产市场的价格。

第一节 房地产价格管理概述

房地产价格管理的必要性源于其对经济多个层面的深远影响。价格的过度波动可能导致房地产泡沫，进而引发金融危机，像 2008 年全球金融危机就是一个典型例子。此外，房价的快速上涨会加剧社会不公，使低收入群体难以承担住房成本，加剧社会分裂。因此，通过合理的政策和调控措施来管理和控制房地产价格，对于实现持续的经济增长、维护金融稳定和促进社会公平至关重要。通过这种管理，政府能够有效调节市场，防止过热和过冷现象，保护消费者利益，同时促进房地产市场的健康发展。

一、房地产价格形成机制

房地产价格形成机制是一个复杂的过程，涉及多种因素的相互作用。理解这些因素有助于更好地进行价格管理和政策制定。

（一）供求关系对房地产价格的影响

供求关系是决定房地产价格的最基本和直接的因素。具体来说，房地产市场的价格波动主要受以下几个方面的影响：

（1）人口增长与迁移：人口增长率和迁移模式直接影响住房需求。城市或区域的人口增加，特别是经济活跃地区的人口流入，通常会导致房地产需求的上升。例如，大城市和经济中心由于提供更多就业机会，常吸引大量外来务工人员和专业人士，从而增加对住房的需求。

（2）经济发展水平：经济增长提高了人们的收入水平，增强了购买力，从而可能推高房地产需求和价格。经济衰退期间，人们的购买力下降，房地产市场可能会经历需求减少和价格下跌。

（3）信贷条件：银行和金融机构的贷款政策也会影响房地产市场的供求关系。例如，低利率和较低的首付要求通常会促使更多人购买房屋，增加市场需求，推高房价。相反，高利率和严格的贷款标准可能会减少购房者的数量，导致房价下降。

（4）政府政策：政府的住房政策，如税收优惠、住房补贴等，也会影响房地产的供需状况。政府对于住房的补贴或者提供首次购房者优惠政策可能会增加市场上的房屋需求。

（5）建设成本与土地供应：建设成本的上升（如材料和劳动力成本增加）通常会导致新建房屋价格上涨。此外，土地供应的限制（如严格的土地使用规划和开发限制）也会限制新房供应，从而在供不应求的情况下推高价格。

通过了解这些因素，投资者和政策制定者可以更好地预测房地产市场的变动，并据此制定相应的策略。这种对供求关系的细致分析是理解房地产价格变动的关键，有助于实现市场的平稳运行和健康发展。

（二）成本因素

房地产价格的形成机制是一个复杂的过程，涉及多种经济因素，其中建设成本、土地成本和资金成本是最主要的影响因素之一。这些成本直接影响了房地产开发的总成本，进而影响最终的销售价格。

1. 建设成本

（1）材料费用：建筑材料的价格波动是影响建设成本的关键因素。例如，钢铁、水泥、木材和玻璃等材料价格的上升会直接增加项目成本。全球供应链的变动、国际贸易政策以及环保要求均可能导致材料成本的显著变化。

（2）劳动力成本：劳动力市场的供求关系显著影响劳动力成本。经济增长期间，劳动力需求增加，可能导致工资水平上升，从而推高建设成本。此外，工程的地理位置、工作的技术复杂性以及劳动法规也会影响劳动力成本。

（3）技术与服务：现代建筑依赖于先进的技术和专业服务，如建筑设计、工程管理和安全评估等。这些服务的费用随技术的进步和专业要求的提高而增加。

2. 土地成本

（1）土地价格的上升通常与城市化进程和经济活动的集中有关。在人口密集和商业活跃的地区，土地价格尤其高昂。

（2）政府的土地供应政策，如土地的划分和用途规定，以及通过拍卖方式释放土地，都会对土地成本产生直接影响。限制性的土地使用政策可能减少可用于开发的土地量，从而推高土地价格。

3. 资金成本

贷款利率是资金成本的主要组成部分，影响开发商的借贷成本。低利率环境下，开发商可以较低成本借入资金，可能导致房地产市场供应增加，反之亦然。银行和金融机构的信贷政策，如贷款条件和信贷额度，也会影响开发商和购房者的资金成本。严格的贷款条件可能限制购房者的购买能力，减少房地产市场的需求。

通过综合考量这些成本因素，开发商和投资者可以更精确地评估项目的可行性和盈利潜力，同时，政策制定者也能更好地理解和调控房地产市场的动态。

（二）政策因素

政策因素在房地产价格形成中的作用至关重要，涉及金融、税务和补贴等多个方面，这些因素通过不同的机制对房地产市场产生影响：

1. 利率政策

（1）基准利率的影响：中央银行设定的基准利率是决定商业银行房贷利率的主要因素。利率的降低通常会降低购房者的贷款成本，增加购房能力，从而可能提升房地产需求和推高房价。相反，利率的提高会增加贷款成本，抑制购房需求，可能导致房价下降。

（2）利率与投资回报：低利率环境下，房地产作为投资渠道的吸引力增强，投资者倾向于增加房地产投资，进一步推高房价。此外，利率变化还会影响房地产开发商的融资成本，间接影响新房供应量和价格设置。

2. 税收政策

（1）房产税与土地增值税：政府通过征收房产税、土地增值税等方式直接影响房地产的持有成本和交易成本。房产税的引入或增加会提高房产持有成本，可能抑制投机性购房，从而影响房价水平。土地增值税能够调节土地交易中的投机行为，减少市场的过热。

（2）税收优惠政策：政府可能提供税收减免或优惠政策以支持某些类型的房地产开发，如低收入住房项目，这些政策可以降低开发成本，增加供应，影响整体市场价格。

3. 政府补贴

（1）住房补贴政策：对经济适用房或首次购房者的补贴政策可以降低购房门槛，增加购房者的数量，推动房地产市场的需求增长。这类政策通常旨在改善住房可负担性，促进社会稳定。

（2）开发补贴：政府可能对特定地区或特定类型的房地产开发给予财政补贴或税收优惠，以刺激房地产市场的发展，增加市场供应，对价格形成机制产生影响。

综上所述，政策因素通过调控金融条件、税收政策和直接补贴等多种手段，对房地产市场的供需关系、投资回报和成本结构产生深远影响。政府的这些政策选择不仅影响房地产行业的健康发展，也对整体经济稳定和社会福祉起到关键作用。通过这些多层次的因素相互作用，形成了房地产价格。有效的价格管理策略需要综合考虑这些因素，通过政策调整实现市场平衡。

二、房地产价格管理的法律和政策框架

房地产价格管理依赖于一个健全的法律和政策框架，确保市场的稳定运行并促进房地产市场的健康发展。

（一）国家房地产法规概述

国家层面的房地产法规是维护市场秩序、稳定房价以及保护消费者利益的法律根基。这些法规全面覆盖了房地产开发、交易、转让和租赁的各个方面，目的是通过严格的法律框架确保房地产市场的运作透明与公正。通过明确的法律条文，规范开发商、中介、买家及卖家的行为，国家法规力图消除市场不公现象，抑制无序竞争，从而有效地控制房地产价格，防止市场泡沫，确保房地产市场的长期健康发展。此外，法规还包括对房地产广告的规定、预售制度的监管以及交易过程中的消费者权益保护措施，旨在通过法律手段维护市场正常秩序并保护投资者与消费者的合法权益。

（二）地方政府在房地产价格管理中的角色

地方政府在执行国家房地产政策的基础上，针对本地区的特定经济、社会和市场条件制定了适应性政策，以确保房地产市场的稳定和健康发展。这些政策通常包括制定地区内的房地产发展战略、控制土地供应以平衡市场需求、设定与地区经济相匹配的房地产税率，以及通过地方性法规精细化执行国家级政策。此外，地方政府还负责监管房地产市场，防止价格操纵和投机行为，确保房地产市场的公平和透明。地方政府的这些职能和措施对于调节当地的房地产价格走势、影响市场供求关系及整体经济环境起着至关重要的作用，其政策的适当性和有效性直接关系到地区房地产市场的稳定性和居民的居住福祉。

（二）关键法律条文解析

《城市房地产管理法》作为我国房地产市场的核心法规，为房地产交易的各个阶段设

定了严格的法律框架。该法律详细界定了房地产交易的条件、过程中的法律责任以及政府在市场监管中的具体职责。通过对房地产开发、销售和转让等关键环节的规范，确保了房地产市场的健康有序发展，同时为消费者权益提供坚实的法律保护。

《物权法》则更加详尽地规定了房地产作为不动产的权利归属、转让、登记和抵押等关键法律事项，为市场参与者提供了必须遵守的法律指导。该法律通过建立明确的物权归属和转让规则，增强了房地产市场的透明度和公正性，使得房地产交易更为清晰和规范。这些法律工具的有效结合，共同为我国房地产市场的稳定运行和长远发展提供了坚实的法律基础。

三、房地产价格控制措施

为了有效控制房地产市场价格，防止过度波动并促进市场健康稳定发展，采取了多种价格控制措施。这些措施旨在从不同角度入手，以确保房地产市场的长期稳定。

（一）价格限制

价格限制是政府对房地产市场进行干预的重要手段之一，特别是在房地产市场过热的城市或地区。通过实施限价令，政府可以直接设定新房和二手房的最高售价，从而有效控制房价过快上涨的现象，维持市场的稳定性。这种措施不仅有助于防止市场过度投机，还能保护消费者免受过高房价的影响。此外，政府还采取了预售价格审批机制，要求开发商在项目开发前向相关部门提交销售价格进行审批。这一过程确保了房价的合理性，防止了因无序竞争或投机行为导致的价格波动，保障了房地产市场的公平与健康发展。通过这些价格控制措施，政府能够更有效地监管和引导房地产市场，避免价格泡沫和市场混乱。

（二）融资限制

通过调整首付比例和贷款利率，政府可以有效地控制房地产市场的购买需求和投机行为。首付比例的调整是一种重要的市场调控手段，通过提高购房首付比例，可以直接提高购房门槛，减少市场上的投机性购买，从而有助于稳定房价并抑制市场过热。同时，贷款利率的调整也起到关键作用，作为影响购房成本的直接因素，利率的提高可以减少购房者的借贷意愿，降低市场需求，而利率的降低则可能刺激需求，推高房价。这两种措施相结合，使得政府能够更灵活地应对房地产市场的波动，维护经济稳定，并确保房地产市场的健康发展。

（三）土地供应管理

政府通过控制土地供应量和调整土地使用规划，有效地管理了房地产市场的供给端，从而间接调控房价。具体来说，通过限制某些高需求区域的土地供应，政府能够减缓那些地区房价的过快上涨，避免市场泡沫的形成。此外，调整土地使用规划，如将一些商业用地改划为住宅用地，不仅增加了住房的供应量，满足了居民的住房需求，也帮助稳定或降低了房价。这种策略的实施有助于平衡区域发展，促进市场稳定，同时支持城市的持续健康发展，确保土地资源的最优化利用。

这些控制措施的实施需要精确的市场监控和时时的政策调整，确保它们能够适应市场发展的需要，达到预期的市场调控效果。

四、房地产价格监管机制

为了确保房地产市场的公平、透明和有序发展，建立有效的价格监管机制至关重要。这一机制包括监管机构的职能设定、价格监测系统的运作，以及对违规行为的法律责任追究。

（一）监管机构的设置和职能

房地产价格监管机构的设置与职能是为了确保房地产市场的健康运行和价格的合理性。在我国，这一职责通常由国家发展和改革委员会、住房和城乡建设部等关键政府部门担当。这些机构不仅负责制定与房地产价格相关的政策，还指导和监督地方政府在执行这些政策时的活动。监管机构的核心职能包括政策的制定、市场的监督、价格的审核以及执法的监察，确保所有市场参与者遵守法律法规，维护了房地产市场的公正和透明，防止价格操控和其他不正当行为，从而保护消费者利益和市场秩序。这样的监管框架有助于实现房地产市场的长期稳定发展。

（二）价格监测系统

价格监测系统是房地产市场管理中不可或缺的一部分，关键在于实现价格信息的透明公开和市场动态的持续分析。首先，通过建立一个开放透明的价格信息公开机制，确保消费者和投资者能够实时访问到各类房产的详尽价格信息。这种透明度能显著减少市场中的信息不对称，帮助买卖双方做出更为明智的决策。其次，监管机构需要利用先进的数据分析工具，对房地产市场的价格波动和趋势进行深入的实时监控和分析。这种连续的市场监测不仅有助于识别和预测市场发展趋势，还能为制定和调整房地产政策提供科学的数据支持。通过这样的系统，政府能够及时响应市场变化，实施有效的调控措施，维护市场稳定。

（三）法律责任

法律责任在房地产价格管理中起着关键作用，确保市场秩序和法规的严肃性。首先，监管机构对违反房地产价格管理规定的个体或企业会依法施加包括罚款、暂停业务、甚至吊销营业许可证等一系列严厉的处罚措施。这些措施旨在惩戒违规行为，防止市场操纵和价格欺诈等不正当竞争行为。其次，为了确保这些法律和政策得到有效执行，监管机构必须具备强大的执法能力和充足的资源。这包括配备专业的监察人员、使用高效的监控技术以及确保执法行动的透明和公正。通过增强执行力度，可以有效地保障法律与政策的权威，维护正常的房地产市场秩序，保护消费者权益。

通过这一系列的监管机制，可以有效地控制和调节房地产市场，防止价格操纵和市场泡沫，保护消费者权益，促进房地产市场的健康稳定发展。

第二节　房地产价格管理内容

房地产价格管理是一个复杂且多维的领域，它关系到经济稳定、社会公正和居民福利。这一部分将介绍房地产价格管理的基本定义和其核心目的，以及房地产价格对经济和社会的广泛影响。房地产价格管理主要目的包括维持房地产市场稳定，防止过度投机造成的价格泡沫，保障住房公平可达，以及通过调控避免对宏观经济造成冲击。房地产价格直接关系到普通民众的生活质量和居住条件。价格的持续上升可能加剧社会不平等，使得中低收入家庭难以负担住房，影响社会稳定和谐。

一、政府在房地产价格管理中的角色

（一）设定与执行价格政策

在房地产价格管理中，政府的设定与执行价格政策扮演着核心角色，旨在保持市场稳定并防止价格波动造成经济不稳。

首先，政府通过制定价格政策来直接干预房地产市场。这包括设定房地产交易的最高价和最低价限制，特别是在市场热点区域或在经济波动时期。例如，政府可能会对特定区域的房地产价格设定上限，以避免投机行为导致的价格过热。同样，政府也可能设定价格下限，以防止市场崩溃和过度的价格竞争，这有助于保护投资者和居民的利益，维持市场秩序。

其次，执行这些价格政策是确保政策效果的关键步骤。政府需要依靠强有力的监管机构来监督市场动态，确保市场参与者遵守设定的价格范围。监管机构需要具备足够的权力和资源来监测市场状况，检查是否有违规行为，并对那些试图规避政策的行为进行处罚。罚款、暂停业务或吊销许可证等处罚措施是常见的执行手段，这些措施对于防止市场操纵和维护价格政策的有效实施至关重要。

通过这种方式，政府不仅通过法规控制房地产市场的价格，还通过实际行动确保这些政策得到有效实施，从而达到预期的市场调控效果。

（二）税收政策与房地产价格

税收政策是政府调控房地产市场、平衡市场需求与供给的重要工具，直接影响房地产价格的波动和市场活力。

首先，在影响分析方面，政府通过调整房产税、土地增值税和契税等关键税种，直接影响房地产的交易成本和持有成本。例如，房产税是对房产持有者征收的税费，通过提高或降低房产税率，可以影响人们持有房产的意愿，从而调节房地产市场的供需状态。土地增值税针对房地产交易中的增值部分，调高税率可以抑制投机行为，稳定市场价格。契税则直接关系到房地产交易的成本，通过调整契税率，可以影响购房者的购买决策。

具体实施方面，政府可以采取差异化税收政策，针对不同类型的房地产市场和购房者群体实施不同的税率。例如，对于高价位或奢侈房地产，政府可以增加税负，以抑制市场的过热和投机购买，维护市场的健康发展。对于首次购房者或低收入家庭，政府可能减免部分税收，如减免首套房的契税，以提高这部分人群的购房能力，增加市场的可负担性。这样的税收调整不仅有助于稳定房地产市场，还能促进社会公平和居住正义。

通过这些税收措施，政府能够有效地调控房地产市场，平衡不同经济背景下人群的住房需求，从而在保证房地产市场稳定的同时，促进经济和社会的均衡发展。

（三）土地供应策略

土地供应策略在房地产价格管理中起着至关重要的作用，政府通过精确控制土地供应量和优化土地使用规划，有效调节房地产市场。

首先，调整土地供应量是政府影响房地产市场的直接手段。在面对房价上涨压力时，增加建设用地的供应能够增加房屋市场的供应量，帮助缓解价格上涨的趋势。相反，当市场出现供过于求的情况时，政府可以通过限制土地供应，减少新开发项目的数量，从而避免过度竞争和潜在的市场崩溃。

其次，土地使用规划是调控房地产市场结构的关键。政府通过制定和调整土地的使用性质和开发密度，例如将某些地块指定为住宅区、商业区或混合用途区，可以直接影响房地产的供应类型和数量。这种规划不仅关乎市场供应，还涉及到长远的城市发展，如何使城市空间更加合理，居住环境更加宜居。

这些策略的实施需要政府部门之间的密切合作与协调，确保土地供应和规划政策能够与市场需求相匹配，支持可持续发展目标，同时抑制不合理的价格波动，确保房地产市场的健康稳定发展。

（四）融资与信贷政策

融资与信贷政策在房地产价格控制中扮演着关键角色，通过调整银行贷款条件和加强金融市场监管，政府能够有效地影响房地产市场的供需动态和价格走向。

首先，调控信贷是通过银行贷款政策来实现的。政府可以通过调整房贷利率来影响购房者的借款成本。例如，降低利率可以刺激购房需求，支持市场活力，而提高利率则有助于冷却过热的房地产市场。此外，调整贷款首付比例也是一种常见的控制手段。提高首付要求可以减少市场上的投机购买，稳定房价；反之，降低首付比例可能会增加市场的活跃度，但也可能引起价格的过度波动。

其次，金融监管的加强对于确保市场稳定至关重要。政府和金融监管机构需严格监控房地产市场中的贷款行为，防止过度借贷和投机购房。这包括对银行和非银行金融机构在房地产贷款中的风险管理措施进行监督，确保它们不会因追求短期利益而放宽贷款标准。同时，通过对市场的持续监测，可以及时发现并干预可能导致市场不稳定的金融活动，比如过度的信贷扩张或不透明的金融产品创新。

这些政策措施，结合具体的市场状况和宏观经济目标，使政府能够在促进房地产市场健康发展的同时，防止因信贷政策过松而引发的市场泡沫，保证房地产市场长期的稳定与公平。

总体而言，政府通过这些措施确保房地产市场的健康发展，促进社会经济的稳定，并实现居住的公平。通过这些政策的协调和执行，政府可以有效地管理房地产价格，平衡市场供需，控制房地产市场的波动。

二、房地产价格监测与调控

为了维护房地产市场的健康发展并防止市场操纵，建立有效的价格监测与调控机制是至关重要的。以下部分详述了房地产价格监测与调控的关键方面：

（一）价格监测机制建立

为了维护房地产市场的健康稳定发展，政府部门和相关监管机构需要构建一个全面的房地产价格监测系统。这一系统的主要职能是定期收集和分析全国各地区的房价数据，覆盖新房和二手房市场。通过这种系统化的数据收集和分析，政府可以及时掌握房价的变动趋势，识别价格波动的模式，并监测市场中可能出现的异常行为，如价格操纵或投机泡沫。

此外，利用这些详尽的数据，监测系统还能为政府提供实时的数据支持，帮助政策制定者更精确地制定或调整房地产相关政策。这种数据驱动的方法能够提高政策的适应性和有效性，确保政府措施与市场实际情况紧密相连。通过构建这样的监测和预警机制，政府可以在房地产市场出现潜在风险时迅速作出反应，采取必要的干预措施，保持市场的稳定和健康发展，避免因市场波动过大对经济造成影响。

（二）市场异常行为监控

为维护房地产市场的公平性与透明度，政府需要建立一套有效的市场异常行为监控系统。这包括对市场中的不正当操作，如价格操控、内幕交易和投机炒作等行为进行严密监控。监控的对象包括房地产开发商、中介机构及投资者，确保这些市场参与者的行为符合法律法规，不会对市场公正性造成损害。

此外，政府部门需要与金融监管机构、税务机关以及司法部门紧密合作，形成一个跨部门的执法网络。这种合作确保可以从多角度监控、分析并处罚市场中的违规行为，从而有效打击和遏制市场操纵和投机行为，保障房地产市场的正常运作和稳定。通过这些措施，不仅保护了消费者的权益，也维护了房地产市场的健康发展，确保市场秩序不受破坏，支持经济的持续健康发展。

（三）价格信息透明化与公开

为确保房地产市场的透明度并保护消费者权益，政府需采取措施公开市场相关信息，增强市场的信息透明化。通过政府网站和其他公共平台的广泛使用，政府可以向公众提供全面的房地产交易数据，包括房屋交易量、价格变动、预测的市场供应情况以及其他关键经济指标。这样的做法不仅有助于提高市场透明度，还能使消费者更好地理解市场动态。

同时，通过教育和宣传活动，可以进一步提升消费者对房地产市场的认识。这包括对房地产投资的风险、市场趋势以及相关法律法规的教育，使消费者能够在充分了解市场情况的基础上，做出更加明智的购房决策。这种信息的公开和教育努力，将促进一个更加公平和效率高的房地产市场，减少信息不对称导致的问题，增强消费者信心，从而支持市场的健康发展。

通过这些监测与调控措施，政府能够有效地监控房地产市场，预防和减轻经济泡沫，保护消费者利益，促进房地产市场的长期稳定发展。

三、房地产价格管理的法律工具

（一）《城市房地产管理法》与《物权法》

《城市房地产管理法》和《物权法》是我国房地产法律体系中的两个核心法规，它们共同构建了房地产市场的法律基础和管理框架。《城市房地产管理法》主要针对房地产市场的开发、交易、转让和价格管理进行规定，目的在于规范房地产市场的各种经济活动，保护投资者和消费者的合法权益，同时维护市场的稳定性和透明度。该法律确立了开发商、购房者和政府之间的权责关系，强化了市场监管和价格控制措施，以防止市场操纵和投机行为，确保房地产市场健康有序地发展。

另一方面，《物权法》则着重规定了房地产所有权和使用权的具体配置，明确了物权的行使、转让、限制和消灭等方面的法律规定。该法律为房地产交易的法律关系提供了清晰的界定，包括所有权的确认、登记以及抵押权的设置和执行等，确保房地产交易的合法性和正当性。通过明确物权的法律地位和保护范围，《物权法》有助于解决交易中的权属争议，增强交易双方的法律安全感，推动房地产市场的稳定发展。

这两部法律的有效实施对于塑造公正有效的房地产市场环境至关重要，它们不仅有助于保障市场参与者的权益，也是维护房地产市场秩序和促进经济健康发展的重要法律工具。

（二）地方性法规与政策

地方政府在房地产市场管理中发挥着至关重要的作用，通过制定和执行与本地市场条件密切相关的法规和政策，确保房地产市场的健康和稳定发展。这些政策通常包括对房价的直接控制措施如限价令，以及通过调整土地出让条件和制定具体的房产税收政策来间接影响市场。例如，一些热点城市可能会实施更为严格的购房限制措施，以抑制投机性购买和过热的市场现象。

地方政府的政策制定通常考虑到本地的经济状况、人口增长趋势、城市化进程以及中央政府的房地产调控大纲。他们需要不断地监控市场变化，评估现有政策的效果，并在必要时进行调整或更新，以保持政策的时效性和有效性。这种动态的政策调整过程有助于地方政府灵活应对房地产市场的波动，从而更好地满足居民的住房需求，促进地区经济的平稳健康发展。通过这种方式，地方政府不仅实现了对房地产市场的有效管理，也为保障居民的住房权益和维护社会稳定做出了积极贡献。

（三）法律责任与违规处罚

在房地产市场中，法律责任与违规处罚的明确性对于维持市场秩序至关重要。法律对各种违规行为，如非法预售、价格操纵、未经批准的房产转让等设定了具体的法律后果。这些法律规定旨在确保所有市场参与者行为规范，对违法行为的处罚措施包括但不限于罚款、没收非法所得、暂停业务活动以及吊销业务许可证。这些措施不仅提供了对不当市场操作的立即制裁，还起到了威慑潜在违规者的作用。通过执行这些严格的法律责任和处罚，政府部门能够保护消费者权益，防止市场的非法和不正当操作，从而推动房地产市场的健康和持续发展。这种法律框架强化了规范市场行为的必要性，确保了所有参与者的利益得到公正处理，促进了整个房地产行业的透明度和信任度。

第八章　房地产税费

随着房地产市场的持续发展和变化，相关的政策与立法也需不断适应新的经济、社会和技术环境。本章旨在探讨当前房地产相关的政策动态，并预测未来可能的立法趋势，提供一个全面的视角来理解这些变化如何可能影响市场参与者、消费者、政策制定者以及社会整体。

第一节　房地产税

一、房地产税的定义和目的

房地产税是针对房地产所有者按其房产价值征收的一种税种，它是地方政府的重要收入来源之一。这种税收不仅反映了财产所有权的经济价值，而且是政府调控房地产市场、平衡财政收支的关键工具。

房地产税的征收目的多方面。首先，它是地方政府增加财政收入的重要手段，为公共服务和基础设施建设提供资金保障。其次，房地产税通过对高价值房产施加更高税率，有助于抑制房地产市场的投机行为，限制房价过快上涨，从而维持房地产市场的稳定。此外，房地产税还能通过调节税率鼓励或抑制特定区域的开发，影响城市规划和土地利用，促进社会公平和资源的合理分配。总之，房地产税不仅为地方政府提供了稳定的收入来源，也是实现市场调控和社会政策目标的有效手段。

二、房地产税的种类

（一）房产税

房产税是地方政府的重要收入来源之一，基于房产的市场评估价值进行征收。这种税制的目标在于实现财富的公平分配，通过对高价值资产征税来调控社会资源的分配更为均衡。此外，房产税的存在对于抑制房地产市场的投机行为具有重要作用，尤其是在房价高涨的市场环境中，通过对持有多套房产的高额征税，可以有效减轻市场泡沫。

（二）土地增值税

土地增值税专门针对房地产交易过程中土地价值的增长部分征税，尤其是那些由于城市规划和公共基础设施建设导致的地价上升。这种税收的设计旨在确保土地的增值收益能够部分回归社会，帮助政府获得资金来进一步改善和升级公共服务和设施。通过对增值部分征税，也能够有效遏制土地市场的投机炒作，推动土地资源的合理利用和城市的可持续发展。

（三）契税

契税是房地产买卖交易中不可或缺的一部分，通常按照房产的交易价值或评估价值的一定比例征收。契税的征收有助于规范房地产市场的交易行为，防止过度的投机炒作。它直接影响到买方的购买成本，因此在一定程度上能够调节购房需求。对于政府而言，契税是调控房地产市场和增加地方政府财政收入的重要工具。

些税种通过对房地产市场的直接经济干预，共同维护房地产市场的健康稳定，促进公共资源的有效分配和利用。这些税种各有其功能和目的，共同构成了房地产税收体系的基础，不仅为政府提供必要的财政支持，还通过税收政策影响房地产市场的健康发展。

三、房地产税的计算方法

房地产税的计算方法是一个关键环节，确保税收的公平性和透明性。房地产税的计算涉及税率的确定和税基的评估两个关键步骤，这两者共同决定了房产所有者最终需要缴纳的税额。

（一）税率的确定

房地产税的税率是由地方政府根据相关法律和地区经济状况设定的。这意味着不同地区的房地产税率可能存在差异，以适应各自的市场和政策需要。例如，为了鼓励投资或支持住房可负担性，某些地区可能对住宅物业设定较低的税率。反之，为了抑制房价过快上涨或限制投机购房，一些高房价区域可能会对豪华或非首次购房的房产征收更高的税率。这种灵活的税率设定有助于地方政府更有效地管理房地产市场，实现社会经济目标。

（二）税基的评估

确定房地产的税基是计算税额的基础，通常需要通过专业的房地产评估来完成。这个过程要求评估师全面考虑房产的各种属性，包括地理位置、物理状态、使用功能以及市场需求等因素。房产的评估通常需要定期进行，以保证税基的准确性和时效性。评估的方法多样，最常见的包括：

（1）比较法：通过比较近期类似房产的成交价格来估算房产价值。这种方法适用于市场活跃、交易频繁的房产。

（2）成本法：基于房产的重建成本（包括材料和劳务费用），扣除相应的折旧后得出房产价值。这适用于新建物业或独特物业，其中市场比较不充分。

（3）收益法：预测房产可通过租赁等方式产生的未来收益，然后用一定的贴现率将未来收益折现到现值。这种方法常用于商业地产评估。

通过这些方法，可以为房地产税的征收提供一个公平、合理的税基，确保税收的公正性和有效性。这不仅有助于地方政府增收，也保证了税负的公平分配，促进了房地产市场的健康发展。

四、房地产税的影响

（一）对市场的影响

1. 供需关系

房地产税通过增加房屋的持有成本，直接影响市场供给和需求。税负的增加可能促使一些房产持有者将房屋投放市场，希望通过出售来避免持续的税费支出。这种行为在短期内可能会导致市场上房屋供应的增加。另一方面，房地产税的增加也可能抑制潜在买家的购买意愿，尤其是对于投资性购房者，他们可能会因为高额的持续成本而重新考虑购买决定，从而导致需求的下降。这种供需的变化直接影响房地产市场的稳定性和房价水平。

2. 房价波动

政府可以通过调整房地产税率来对房价进行间接控制。例如，当房价上涨过快时，政府可能会提高房产税率以抑制房价继续上涨，从而冷却过热的房地产市场。相反，如果市场低迷，政府可能会通过降低房产税率来刺激市场活动，吸引更多的购房者和投资者，推动房价回升。这种税率的调整是政府管理房地产市场，保持房价稳定的重要手段。

3. 投资行为

房地产税的高低直接影响房地产作为投资渠道的吸引力。较高的房地产税不仅增加了投资成本，也减少了投资回报，可能会使投资者转向税负较低的地区或其他更具投资价值的领域。这样的税率变化可以减少市场中的投机性购买，促进资本流向更有生产性的行业。长期来看，这有助于防止房地产市场的过度投机，促进经济资源的合理配置和市场的健康发展。

综上所述，房地产税不仅是地方政府重要的财政收入来源，也是调控房地产市场、影响经济行为的关键工具。通过精细调整房地产税的相关政策，可以在一定程度上控制和引导房地产市场的健康发展。

（二）对经济的影响

1. 地方财政收入

房地产税为地方政府提供了稳定且可观的收入来源，这些收入至关重要，因为它们直接用于城市和社区的各种发展需求。例如，房地产税收入通常用于公共基础设施的建设和维护、教育设施的改善、公共安全和卫生服务等领域。通过这种方式，房地产税直接提高了居民的生活质量，促进了社区的整体繁荣和可持续发展。

2. 经济增长

房地产税通过为地方政府提供资金支持重要的公共服务和项目，间接刺激了就业和消费，进而促进经济增长。然而，税率的设置需谨慎考虑，以避免对房地产市场造成过度负担。若房地产税率过高，可能会导致房地产交易活动减缓，抑制房屋市场的自然增长和投资，这在长期内可能阻碍经济发展。因此，制定合理的税率是平衡税收目标和市场活力的关键。

3. 财富分配

房地产税在调节社会财富分配中扮演了重要角色。通过对高价值房产征收更高的税率，政府能够从经济较好的居民那里收集更多的税收，并将这些资金用于支持公共服务和福利计划，特别是那些针对低收入家庭的住房援助和社区发展项目。这样的政策不仅帮助减轻了低收入家庭的经济压力，也促进了社会的整体公平和谐。

综上所述，房地产税是一个多功能的财政工具，它不仅支持地方政府的财政需求，还通过影响经济活动和调整财富分配来影响广泛的社会经济领域。因此，设计和实施房地产税策略时必须权衡各种因素，以确保税收的公平性、有效性和市场的健康发展。

五、房地产税的实施挑战

（一）征收难度

1. 评估准确性

房地产税的有效征收极度依赖于对房产价值的准确评估。然而，评估准确性往往受到多种因素的影响，如市场波动、地区发展的不均衡以及评估方法之间的差异等。例如，在经济快速变动或房地产市场过热的地区，评估值可能迅速过时，不再反映当前市场条件。此外，不同评估师可能采用不同的方法和标准进行评估，也可能导致评估结果出现显著差异。这些因素都可能导致房地产税收的不公正和效率低下，因为税收基础的不准确直接影响到税款的计算和征收。

2. 税务避税和逃税问题

房地产税征收同样面对避税和逃税的挑战。房产持有者可能会采取各种策略来规避税务，如通过法律漏洞转移财产权、改变房产用途或使用复杂的金融工具来隐藏真实的所有权等。例如，一些房产所有者可能将住宅物业注册为商业用途，以便享受更低的税率。此外，现有的税收法规中可能存在漏洞，使得一些房产持有者可以通过合法途径减轻或完全逃避税负。这不仅降低了地方政府的税收收入，还增加了税务部门的管理成本，影响了税制的公平性和正义。

这些挑战要求政府和相关部门必须采取有效措施来提高房产评估的准确性和透明度，同时强化税收法规，堵塞法律漏洞，确保房地产税制的公正和有效实施。

（二）公平性问题

1. 税收政策的公平性

公平性是房地产税设计中至关重要的因素。为确保所有纳税人公平对待，税率和税基的设定必须兼顾公正性和经济实际。这意味着税制设计者需要考虑房地产的价值、位置和用途，确保税收不会因不合理的评估而导致某些群体过重的负担。例如，可以为首次购房者或低收入家庭提供税收减免或优惠政策，以帮助他们在经济上更为可持续。此外，可以实施差异化的税率，对于豪宅和奢侈地产征收更高的税率，以反映其市场价值并调控房地产市场。

2. 对低收入群体的影响

房地产税对低收入家庭的经济影响尤为显著。对这些家庭而言，即便是小幅的税率变动也可能导致其生活成本显著增加。因此，政府需要通过制定一系列支持措施来保护这部分人群，如实施渐进式税率，高价值房产相对于低价值房产应承担更高的税负。此外，可以提供税收抵免或直接的财政补贴，尤其是对那些住在高房价区域但收入较低的家庭。这样的政策不仅帮助他们缓解由房地产税引起的经济压力，也促进社会的整体公平与和谐。

通过这些措施，政府不仅可以确保房地产税收的有效性和公正性，还能通过税收政策来实现社会资源的合理分配和社会财富的再分配，进而促进社会的长期稳定和和谐发展。

房地产税的实施挑战需要通过提高税务系统的透明度、加强税务管理、合理设定税率和提供社会支持等措施来克服。这些努力将有助于实现税收的公平性和效率，确保房地产市场的健康发展。

第二节 涉房地产费

一、涉房地产费用的定义与分类

涉房地产费用涵盖了房地产交易、持有和开发过程中涉及的各种费用，这些费用对房地产市场的参与者有直接的经济影响。涉房地产费用指的是个人或企业在购买、持有或开发房地产过程中所需支付的所有相关费用。这些费用可能由政府规定或由市场行为决定，通常与房地产的购买、转让、持有和开发直接相关。具体来说房地产税费主要有以下几类：

（1）交易费用：交易费用是房地产买卖过程中买家和卖家必须承担的各类费用，这些费用确保交易的合法性和完整性。其中，律师费用用于处理所有法律文件和确保交易遵守当地法律；中介费是支付给房地产经纪人的费用，用于协助买卖双方达成交易；交易税费如契税是基于交易金额征收的，用于注册房产销售；登记费用则是向政府支付的，以确保新所有权的官方记录。这些费用因地区、房产价值和具体交易条件而异，是房地产交易成本的重要组成部分。

（2）持有费用：持有费用是房产所有者在拥有房产期间需要定期支付的费用，包括物业管理费、房产税和保险费等。物业管理费是支付给物业管理公司以维护和管理房产的费用，通常涵盖了安全、清洁和维修服务；房产税是根据房产评估值向地方政府支付的税费，是地方政府的主要财政收入来源之一；保险费则是为房产投保，以保护其免受火灾、自然灾害等意外损害的风险。这些费用直接关联到房产的地理位置、类型和市场价值。

（3）开发费用：开发费用是房地产开发中开发商需要前期投入的成本，关键影响了房地产项目的经济可行性和最终销售价格。这些费用包括购买土地使用权的费用、建筑材料和劳务的成本、建筑设计和规划的专业服务费以及获取必要的建设许可和批准的费用。这些成本高低取决于项目的规模、设计复杂性、地理位置以及当地的经济条件。开发费用的管理和优化是房地产开发成功的关键因素之一。

综上所述，涉房地产费用不仅影响个人和企业的财务决策，也影响房地产市场的整体运行效率和公平性。理解和管理这些费用是房地产交易和投资的重要组成部分。通过对涉房地产费用的理解，可以更好地评估房地产投资的总成本和潜在回报，同时也为政策制定者提供了调控房地产市场的一个工具。

二、主要涉房地产费用

涉房地产费用是房地产交易中不可忽视的经济因素，它们在房地产的买卖、持有和开发过程中起到了关键的作用。以下详细解释了常见的涉房地产费用及其作用：

（1）印花税：印花税是根据交易文件的法律重要性和金额征收的，用以确认文件的正式性和法律效力。这不仅是一种法定的财政收入来源，也是保证交易公正性和透明度的法律手段。印花税的高低通常取决于房地产交易的价值，对于防止房地产市场的非法交易和欺诈活动有一定的抑制作用。

（2）登记费：登记费是在房地产交易完成后为确保新的产权关系得到官方认证而支付的费用。通过物权变更登记，所有权转移得到了法律的承认和保护，确保交易双方的权益不受侵犯。这个过程强调了透明度和责任性，对维护稳定的房地产市场环境至关重要。

（3）评估费：评估费是房地产交易中决不可少的部分，专业评估师会根据当前市场条件、房产的位置、状况及预期用途来确定房产的市场价值。这一过程对于确保房贷的公正性、合理性至关重要，同时帮助买卖双方做出知情的决策。

（4）公证费：公证费用支付给具有法定资格的公证机关，以获取关于房地产交易或抵押文件的合法公证。公证行为提供了额外的法律安全保障，确保所有交易条款都是透明和公正的，减少了将来可能出现的法律纠纷。

（5）中介费：房地产中介费是为中介提供的买卖服务所支付的费用，包括市场信息提供、价格谈判及交易手续等服务。中介通过专业知识帮助客户节省时间并提供专业建议，这一费用通常与房产的销售价格成比例。

（6）维护费：维护费，特别是物业管理费，是房产持有者为确保物业设施的正常运作和环境维护而支付的费用。这包括了保安、清洁、设施维修等服务，直接影响了房产的居住或使用体验。

这些费用共同构成了房地产交易和持有的总成本，对房地产市场的流动性、投资回报率和参与者的财务规划均产生深远影响。理解这些费用的性质和用途对于房地产市场的所有参与者来说都是必要的。

三、涉房地产费用的计算方法

（一）具体费率

涉房地产费用的费率通常是由政府机构或市场行为决定的，反映出政策制定者的意图和市场的经济动态。例如，印花税，一个以交易文件为基础征收的税费，其费率通常由地方政府根据地区经济状况和政策目标设定，而且这一税率可能会根据房地产交易的类型如买卖或租赁进行调整。这种调整旨在通过税收政策影响市场行为，例如刺激或抑制某些类型的交易。另一方面，中介费的费率则通常由房地产中介机构根据市场竞争状况和服务的复杂度自主设定，通常是房价的一定百分比。这种费率设置反映了市场供需状况，中介机构在提供服务时需要根据市场竞争压力和客户需求灵活调整费率，以吸引客户同时保持服务质量。这些费用的设定不仅直接影响交易成本，也间接影响房地产市场的流动性和活跃度。

（二）费用基数

涉房地产费用的计算基础根据费种的不同而有所差异，反映了各种费用对交易过程的不同贡献和影响。例如，印花税的计算通常基于交易合同中声明的房产交易金额，这是一种直接关联交易额的税种，旨在根据交易规模征税，体现了交易的经济价值。登记费的收取可能是基于交易价值，或者可能是一个固定费率，具体取决于当地法律的规定，这有助于政府监管房地产权属转移。评估费则是基于房产的市场评估价值，评估机构将考虑房产的市场位置、物理特征和使用状态等因素，确保评估结果的公正性和准确性。公证费通常与所需完成的公证服务的复杂程度成正比，可能会根据所处理的文档数量和法律要求的严格程度来定价。中介费通常是基于房产的最终成交价计算的，按成交价的一定比例收取，反映了中介服务在房地产交易中的价值。而物业管理费或维护费一般按月或按年收取，通常基于房屋的面积（每平方米）来计算，这样的计费方式使得费用与房屋的使用和维护需求直接相关，确保物业服务的质量和持续性。这些不同的费用基数反映了房地产市场中多样化的财务交易方式和政府对市场的管理策略。

通过理解这些费用的计算方法，房地产买家和卖家可以更好地预算交易和持有成本，避免在房地产交易过程中出现意外的财务负担。这些计算方法的透明度也有助于市场参与者做出更加合理的投资决策。

四、涉房地产费用的法律规定

在房地产交易中，各种费用的征收都有严格的法律依据和政策支持，这些规定旨在确保交易的透明度和公正性，同时防止市场操纵和规避税费。以下是涉房地产费用的法律规定的详细说明：

（一）法律依据

涉房地产费用的设立和调整是基于一系列详尽的法律和政策框架，包括房地产法律、土地管理法和税法等。例如，印花税的征收是根据《印花税法》规定的，它要求在房地产交易文件上征收税费，以法律文档的形式确认交易的有效性。登记费的收取则依据《物权法》的相关规定，确保所有物权变更都被正式记录和公开，从而保护买卖双方的权益。评估费和公证费的征收则通常涉及专业服务，在房地产买卖和抵押过程中评估物业价值和验证交易文件的真实性。中介费的规定通常由行业标准和市场竞争状况决定，但也受到相关法律的间接规制，以防止中介行为的不正当竞争和价格操控。

这些费用的法律依据不仅为房地产交易的各个方面提供了规范，也确保了交易成本的公正分配。政府通过制定和执行这些法规来监管房地产市场，确保市场的公正性和透明度，同时通过法律手段减少欺诈行为，保护消费者和投资者的合法权益。这样的法律框架对于维持房地产市场的健康发展和稳定至关重要。

（二）法律责任

违反涉房地产费用的法规会招致一系列严格的法律后果，确保房地产市场的正规运作和消费者权益的保护。例如，个人或企业如果未能按照法定要求支付印花税，或者在物业交易中逃避登记费，不仅可能会面临高额罚款，还可能被追缴欠缴的税费，严重时甚至可能受到刑事责任的追究。同样，房地产中介和评估机构如果未能遵守法律规定，如过度收费或在服务中提供误导信息，也会受到相应的法律制裁，这可能包括但不限于罚款、业务许可的暂停或吊销。这些法律措施强化了行业规范，防止了不正当竞争和不道德行为，有助于建立一个更加公平和透明的房地产市场环境。

总体来说，这些法律规定和责任要求旨在加强房地产市场的规范管理，保护买卖双方的合法权益，同时促进房地产市场的健康发展。通过了解和遵守这些法律规定，市场参与者可以有效避免法律风险，确保交易的合法性和安全性。

五、涉房地产费用的经济影响

（一）对买卖双方的影响

涉房地产费用，如印花税、登记费和公证费，对买卖双方产生显著的经济影响，通常这些费用按房产价值的一定比例来计算，因此在高价值房产的交易中，它们可能占到交易总金额的一个重要部分。对于买家而言，这增加了总的购买成本，有时候这些额外的费用可能足以使得潜在买家推迟甚至取消购买计划，尤其是在房地产市场低迷的时期。对卖家来说，为了确保在扣除这些费用后仍能保持预期的利润，他们可能需要提高房产的挂牌价格，这样一来，整体市场的房价水平可能会因此受到影响。因此，这些交易成本不仅影响单个交易，还可能对整个房地产市场的价格水平和活动量产生波动影响。

（二）对开发商的影响

对房地产开发商而言，开发过程中的各种费用，包括评估费、中介费、维护费等，是项目财务计划的重要组成部分，直接关系到项目的成本和最终的利润空间。在准备项目预算时，开发商必须将这些费用考虑在内，这不仅可能影响到项目的规模和市场定位，还可能调整其市场推广策略来适应增加的成本压力。此外，如土地评估费和规划许可费等高额前期费用会显著增加项目启动阶段的资金需求，这种高成本门槛可能阻碍小型或新进入市场的开发商的参与，同时迫使开发商在定价策略上寻求更高的销售回报，以覆盖这些上涨的前期成本。因此，这些涉房地产的费用不仅影响了开发项目的经济结构，还可能对整个房地产市场的价格水平和供应情况产生深远影响。

总的来说，涉房地产费用对市场参与者，特别是买卖双方和开发商，有着直接且深远的经济影响。这些费用不仅影响个体的购买和销售决策，也影响整个房地产市场的供需关系和价格稳定性。政府和监管机构需要考虑这些费用的经济影响，以制定和调整相应的政策，确保房地产市场的健康发展。

六、改革与建议

在房地产市场中，持续的改革和政策优化对于平衡开发商、消费者的利益以及促进市场健康发展至关重要。以下是针对当前存在问题的改革建议及政策优化方向：

（一）改革建议

在房地产市场改革方面，以下建议可能对优化市场环境和促进公平交易具有重要意义：

首先，简化房地产交易流程是减少购房成本的关键步骤。通过消减行政程序，如简化物权转让和登记流程，并推广电子化处理，可以有效减少交易所需时间及相关成本，提高整体市场的效率。例如，减少纸质文件的使用，不仅降低了成本，还加快了处理速度，使买卖双方能够更快完成交易。

其次，对房地产税费结构进行调整同样至关重要。政府可以通过为中低价位住房提供税收优惠，直接减轻普通购房者的经济负担，同时对高价房产和投机性交易施加更高的税率，这样不仅可以抑制投机炒房，还能促进房地产市场的健康发展。

最后，增强房地产市场的透明度也是改革的一个重要方向。政府应当公开更多的市场信息，包括房地产开发项目的进度、价格变动情况以及土地供应计划等，以增强市场预测的准确性和消费者决策的明智性。通过提供详尽的市场数据，可以帮助消费者做出更加合理的购买选择，同时也为政府监管提供支持，确保市场的公正与健康。

通过这些改革措施，可以期待一个更加公平、透明且高效的房地产市场，从而满足更多人的居住需求，同时维护市场秩序和稳定房价。

（二）政策优化方向

为了实现房地产市场的健康和可持续发展，政策优化应当包括以下几个方向：

首先，政府需要优化土地供应策略，合理规划土地使用以确保住房供应与市场需求相匹配。这包括增加针对首次购房者和中低收入家庭的住房供应，通过政策支持和激励措施促进包容性住房项目的开发。例如，指定某些地区为低收入住房区域，或提供税收优惠和财政补贴来鼓励开发商建设经济适用房。

其次，调整融资和信贷政策是控制房地产市场的关键。政府应合理设定贷款利率和首付比例，以支持真实的住房需求并抑制过度的市场投机。对于首次购房者，可以提供更优惠的贷款条件，如降低利率和首付比例；而对于购买第二套及以上房产的购房者，则可以通过增加贷款成本来抑制投机购买行为。

最后，鼓励私人部门与公共部门的合作对于解决住房供应问题至关重要。通过建立合作机制，可以将私人部门的资金、技术和创新能力与公共部门的资源和政策支持结合起来，共同开发可负担的住房项目。这不仅能提高住房供应的效率，还能促进社会资源的合理配置和社区的综合发展。

第九章　房地产的相关政策与立法展望

　　房地产市场的健康发展是现代经济稳定与增长的关键因素之一，而相关的政策与立法则是塑造这一市场的主要工具。随着社会经济的不断变化和技术的进步，房地产相关政策与立法也需要不断适应新的挑战和机遇。本章将探讨当前房地产政策的实施效果，分析存在的问题，并展望未来的政策与立法方向，旨在提供对房地产市场可持续发展具有前瞻性的法律与政策建议。

第一节　居住权制度的确立与建构

一、居住权概念的引入

　　居住权，作为法律领域内的一个基本概念，指的是个体或团体在特定物业中合法居住的权利。这种权利通常通过法律条款进行规定，并根据不同的法律体系有着不同的实现形式和保护机制。在普通法体系中，居住权可能与"租赁权"或"占有权"紧密相关，而在大陆法系中，居住权更多地表现为一种"使用权"或"居住使用权"。

　　在历史的演进中，居住权的法律地位已从简单的使用或居住协议发展成为一个复杂的法律结构，其中包括了对于居住期限、使用条件和转让限制等的具体规定。例如，在罗马法中，居住权即 usufructus（用益权）的一部分，主要指定了物品的使用和收益权。而在现代，居住权的保护已经扩展到了对租户的保护，防止无理的驱逐和不公平的租赁条件。

　　从国际视角审视，居住权的法律框架及其特点在全球范围内展现出显著的差异。在欧洲，许多国家通过详尽的住房法和租赁法来保护居住者的权利，如法国和德国的租赁法均设有对租客权利的严格保护。在亚洲，如我国和日本，则通过不同的法律和政策保障居住权，例如通过住房保障项目和租赁市场的法律调控。

　　此外，国际组织如联合国通过《经济、社会及文化权利国际公约》等国际法律文档，为居住权的全球保护设定了框架。这些文档不仅强调居住权的基本性质，还提出了国家应当为居民提供适宜居住条件的义务，从而推动了全球范围内居住权保护的法律进步和社会认知的提高。

通过对不同国家和地区居住权的比较分析，我们可以观察到各种法律体系如何根据本国的社会、经济和文化背景制定相应的法律规定，以及这些规定如何影响居民的日常生活和社会整体的居住安全。这种比较不仅有助于我们理解居住权的多样化和复杂性，还有助于擘画出更加公正和有效的居住权保护策略。

二、居住权的法律依据

（一）物权法中的位置

居住权在物权法中占据了独特而重要的位置。物权法作为调整物与人的法律关系的一部分，定义了包括所有权、使用权、居住权等在内的多种权利。居住权通常被视为一种较为特殊的使用权，允许权利持有者在不拥有物品的情况下使用物品（如房屋或其他建筑）进行居住。在多数法律体系中，居住权具有明确的法律条款，规定了权利的起止、继承和转让等方面的法律规定。

在法律文献和判例中，居住权的法律条款通常涉及对居住期限的限定、居住权转让的限制以及在居住权终止时物品返还的条件。例如，德国的物权法中就明确了居住权不可转让和不可遗赠的特性，而居住权的终止通常伴随着租赁合同的终止或特定事件的发生。

（二）与使用权和所有权的关系

居住权与使用权和所有权的关系是物权法中的一个复杂问题。居住权与使用权相似，都允许个体对非自有物品进行使用。然而，居住权通常专门针对住宅等不动产，且其使用限制更为严格。居住权与使用权的主要区别在于居住权通常不包括对物品的经济利用（例如出租或抵押），而仅限于居住使用。

与所有权相比，居住权则明显具有更多限制。所有权是最完整的物权形式，包括使用、收益和处分物品的权利。而居住权仅涵盖使用的一部分——即居住，不包含物品的其他经济利用方式。此外，所有权是永久的，而居住权则可能是临时的，具体期限通常在居住权授予时就已经确定。

总的来说，居住权在物权法中的定位揭示了其作为一种限制性的物权的本质。这种权利通过确保个人的居住安全，而在法律上对使用权和所有权形成了补充和限定。通过对这些物权的比较分析，可以更好地理解居住权在整个物权体系中的角色及其对个人生活的影响。

三、居住权的种类与特性

（一）种类

居住权根据其性质和期限的不同，可以分为几种主要类型。首先是临时居住权，这种居住权通常在特定条件或期限内有效，如租赁合同所规定的期间。一旦超出这个期限，居住权即告终止。其次是永久居住权，这种类型的居住权允许个体在无固定期限内占有和使用物业。在某些国家，如对老年人的保障性住房项目中，可能会提供永久居住权以确保他们的居住安全。

除了上述两种基本类型外，居住权还可以根据其授予的方式和条件有所不同，如条件性居住权，这种居住权的有效性依赖于满足某些特定条件，例如，居住者必须属于特定的社会群体或达到某种社会状态。

（二）主要特性

居住权的主要特性包括其可转让性、可抵押性及期限性，这些特性决定了居住权的实际功能和法律地位。首先，可转让性指的是居住权是否可以由一方转让给另一方。大多数法律体系规定，特定类型的居住权（如临时居住权）通常不可转让，以防止滥用或对原有居住安排造成干扰。

其次，可抵押性涉及居住权是否可以作为债务履行的保证。通常，居住权由于其本质上的使用限制和期限性，很难用作抵押。然而，在某些特殊情况下，如涉及高价值商业地产的长期居住权，可能具备一定的抵押潜力。

最后，期限性是居住权的一个核心特性，它定义了居住权的持续时间。居住权可以是短暂的，如旅馆住宿，也可以是长期的，如终生居住权。期限性的明确规定有助于确保居住权的执行和终止按照法律和合同的约定进行，从而保护居住者和物权所有者的利益。

通过这些特性的详细探讨，我们可以更深入地理解居住权在法律上的复杂性及其在不同情境下的实际应用。这些特性不仅影响居住权的可操作性和保护程度，也反映了法律对于居住安全的重视。

四、居住权的设立与实施

（一）设立条件

设立居住权所需的法律条件和实践要求具有关键性的意义，以确保居住权的合法性及其有效实施。首先，居住权的设立通常要求明确的法律文件，这些文件需依据相关物权法规定制定。例如，在许多国家，设立居住权需要通过书面合同，并且必须满足特定的形式要求，如公证和登记。此外，设立居住权还可能要求证明居住权授予的合法性和目的，以及保证不侵犯其他高优先级权利，如已存在的抵押权。

在实践中，设立居住权还需考虑居住权持有者和物权所有者之间的权利与义务平衡。这通常涉及到确保居住权的设立不会对物业的市场价值造成不合理的影响，并且居住权的行使不会妨碍物权所有者的其他法定权益。

（二）实施流程

居住权的实施流程涵盖了从居住权设立到终止的各个阶段，包括登记、转让以及终止等关键步骤。首先，登记是实施居住权的首要步骤，这一步骤在多数法律体系中是必需的。通过将居住权在公共登记册上登记，可以公开居住权的存在和细节，确保法律的透明度和公众的知情权。登记过程通常需要提交居住权合同及所有必要的法律文档，并由相应的政府机构审核。

接下来是转让流程，尽管许多类型的居住权不允许转让，但在允许转让的情形下，这一步骤同样需要严格的法律程序和文档支持。转让过程包括但不限于确保新的居住权持有者满足原有的法律条件，以及更新登记册上的信息。

最后，居住权的终止通常发生在居住权期限届满或当居住权由于其他原因（如居住权持有者的死亡或合同规定的特定事件）失效时。终止居住权需要在相关的登记册上注销居住权，并处理与终止相关的所有法律事宜，如物权恢复与交付。

通过上述详细的流程，居住权的设立与实施在法律上的规范性和实际操作中的透明度得以确保，从而为居住权的持有者和物权所有者提供了明确的法律指导和保障。

五、居住权与房地产市场

（一）市场影响

居住权制度对房地产市场的影响广泛而深远，特别是在房价、租金和供需关系方面。首先，居住权的存在可能会对房价产生影响。例如，在某些情况下，长期居住权的设置可能会限制市场上可销售房产的数量，从而在供不应求的情况下推高房价。然而，在其他情况下，如政府通过居住权为低收入家庭提供住房保障，可能会通过增加供给来抑制房价上涨。

在租金方面，居住权制度可以通过规定租金上限或控制租金调整的频率来保护租户免受过快的租金增长，特别是在紧张的住房市场中。这种干预通常旨在提供更多的住房稳定性，但同时可能导致房东在低利润率下减少对租赁物业的维护和投资。

此外，居住权制度可能会改变房地产市场的供需关系。通过提供居住权，政府或社会组织可以直接干预市场，增加特定地区或特定类型住房的供应，以满足社会最急需的住房需求。

（二）社会经济影响

居住权对社会经济结构的影响尤为显著，特别是对低收入群体的居住保障。通过设立居住权，可以为经济弱势群体提供稳定的住房条件，从而在一定程度上减少社会不平等。居住权的保障可以帮助这些群体免受市场波动的影响，确保他们在经济压力下不会失去居住地。

此外，稳定的居住条件对于低收入家庭的社会和经济福祉具有长远的积极作用。例如，稳定的住址可以提高儿童的教育连续性和成果，降低家庭的整体压力，从而促进社会的整体健康和福祉。在宏观层面，居住权的普及有助于构建更加和谐的社会，减少因住房问题引起的社会动荡。

总之，居住权不仅直接影响房地产市场的运作，通过对房价和租金的直接和间接影响，也深刻影响社会经济结构，尤其是在为低收入群体提供必要的居住保障方面发挥着重要作用。通过这些机制，居住权既是一个经济工具，也是一个社会政策工具，用于促进公平和社会稳定。

六、居住权的法律争议与挑战

（一）争议案例

居住权实施过程中的法律争议通常涉及居住权的界定、执行和终止等方面。典型的案例包括居住权持有者与物业所有者之间的冲突，特别是在居住权转让或终止时的争议。例如，一种常见的争议发生在居住权持有者死亡后，其继承人与房产所有者之间关于居住权是否可继承的问题。在不同的法律体系中，这类问题的处理方式可能不同，裁判结果也各异。

另一个典型争议涉及居住权的经济利用，如居住权持有者尝试将居住权出租以获取收益，这可能违反了居住权的非转让条款。这种行为可能引起法律诉讼，需要法院对居住权的具体条款和居住权与其他物权关系的界定作出裁决。

（二）解决方案

解决居住权争议的法律途径包括但不限于法院诉讼、调解和仲裁。法院诉讼通常是解决居住权争议的最终手段，涉及到对相关法律条款的解释和适用。然而，由于法院诉讼成本高昂且耗时，越来越多的争议倾向于通过调解或仲裁等替代争议解决机制来处理。

在政策改进方向上，提高居住权的法律透明度和预测性是关键。政府和立法机关可以通过明确居住权的法律定义、界定其与其他物权的关系以及规定其转让和终止的具体条件，来减少法律上的歧义。此外，建立和完善房地产登记系统，确保所有居住权交易和变更都得到妥善记录和公开，也是减少争议的有效手段。

还可以通过政策制定，增加低成本法律服务的可获取性，特别是为低收入和弱势群体提供法律援助，以确保他们在居住权争议中的合法权益得到保护。通过这些措施，不仅可以解决当前的居住权争议，还可以为未来居住权的健康发展奠定坚实的法律和政策基础。

七、未来发展与政策建议

（一）改革方向

针对当前居住权制度存在的问题，进行系统的改革和优化是保障更广泛居民权益的关键。首先，改革建议应包括增强居住权制度的灵活性和适应性，以应对快速变化的社会和经济环境。例如，可以考虑引入更多层次和类型的居住权，如灵活的短期居住权，以满足临时工作或学习需求的群体。

此外，改革方案应着重提高居住权的可负担性和可获得性，特别是在高房价城市。政府可以通过财政补贴、税收优惠或提供公共住房，来支持低收入家庭和弱势群体的居住权。同时，改革还应包括强化对居住权持有者权利的保护，如通过法律明确禁止无故驱逐和不公平的租金上涨。

（二）政策预测

预测居住权法律制度的发展趋势，可以看到几个可能的方向。首先，随着城市化进程的加速，预计将有更多关注城市低收入居民的居住权政策出台，特别是针对租赁市场的稳定和控制。此外，居住权的法律框架可能会进一步与国际人权标准接轨，强调居住权作为基本人权的一部分，这将推动全球范围内居住权保护措施的统一和加强。

从技术角度来看，随着数字技术和大数据的应用，居住权的管理和执行可能会变得更加高效和透明。例如，使用区块链技术来记录和验证居住权交易，可以减少欺诈行为并提高交易的安全性。

最后，政策的发展可能会更加注重居住权与环境可持续性的结合。随着对气候变化和环境保护意识的增强，未来的居住权政策可能会包括绿色住房建设标准和能效要求，旨在促进环境友好型住宅的发展。

通过这些改革和预测，可以见到居住权制度在未来将更加人性化、合理化，同时也更能反映现代社会的需求和挑战。这些改革和调整不仅是法律和政策层面的需求，也反映了社会对公平和公正居住环境的期待。

第二节　廉租住房制度中的政府职责

一、廉租住房制度概述

（一）定义与目的

廉租住房，即为低收入家庭提供的租金低于市场水平的住房，旨在确保经济弱势群体也能获得安全、可负担的居住条件。此类住房政策主要目的包括减轻低收入家庭的住房负担、提升其生活质量、并通过政府补贴或低利率贷款等手段，改善整体住房条件。此外，廉租住房制度也有助于促进社会稳定和经济多元化，通过为所有社会成员提供基本的生活标准，减少社会不平等。

（二）国内外比较

在全球范围内，不同国家的廉租住房政策各有特色，反映了各国的经济状况、社会需求及政治意愿的差异。以我国、美国和英国为例，这三个国家的政策展现了不同的制度设计和实施策略。

在我国，廉租住房政策通常通过地方政府实施，侧重于为城市低收入居民提供住房保障。政府不仅提供土地和资金支持，还通过住房和城乡建设部门监管建设和分配过程。此外，我国的廉租住房政策还包括经济适用房和公租房，形成了一个多层次的住房保障体系。

相比之下，美国的廉租住房制度更加依赖于公私合作模式。美国联邦政府通过税收优惠和补贴支持，激励私人部门参与廉租住房的建设和管理。例如，低收入房屋税收抵免（LIHTC）项目是一种广泛应用的机制，通过提供税收优惠鼓励开发商建设和维护低收入住房。

在英国，廉租住房则主要由地方政府和非营利组织如住房协会负责提供。英国的政策着重于社会租赁住房，这种住房通常由地方政府或住房协会以低于市场价的价格出租给低收入家庭。英国还实施了广泛的福利改革和租赁补贴政策，如住房福利，以帮助低收入家庭支付租金。

通过这种国内外的比较，可以观察到各国在廉租住房政策的实施上存在的差异，这些差异不仅展示了不同的政策取向和执行效果，也反映了各国在社会保障方面的不同重点和发展阶段。

二、政府在廉租住房制度中的角色

（一）政策制定者

政府在廉租住房制度中扮演着至关重要的政策制定者角色。首先，政府负责制定影响廉租住房的整体政策框架，这包括资金分配、选址、建设标准和管理规定。在制定政策时，政府需考虑住房的可负担性、可达性以及环境的可持续性，确保政策既公平又有效。

例如，政府在资金分配上需要评估不同地区的住房需求，制定优先级，以确保资源得到最合理的使用。在地点选择方面，政府通常会选择交通便利且生活设施完善的区域，以提高居民的生活质量。同时，建设标准也需遵循严格的规定，确保建筑安全和环境适宜，以及长期的维护成本低。

（二）资金提供者

政府还担任廉租住房计划的主要资金提供者。这包括从中央到地方各级政府的财政资金筹措和分配。政府通常通过税收、公债和国内外贷款等方式筹集所需资金。在分配上，中央政府往往负责制定全国性的资金分配方案和补贴政策，而地方政府则根据中央的指导方针和本地的具体需求来实施项目。

例如，中央政府可能会提供专项资金支持地方建设廉租住房，而地方政府则需在此框架内制定具体的执行计划，包括选择合作的建设企业和管理机构。在实际操作中，地方政府还需要确保资金的透明使用和监管，防止贪污腐败现象的发生，确保资金真正用于低收入家庭的住房保障。

通过这种层级化的角色分配和职责界定，政府能够确保廉租住房政策的有效实施，同时调动和利用各级政府的资源和能力，实现社会住房保障的目标。这不仅体现了政府在资源分配和社会福利制定中的中心作用，也展示了政府对增进民生福祉和促进社会公正的承诺。

三、政府职责的具体内容

（一）住房供应

政府确保廉租住房的数量和质量，以满足低收入群体的需要，是其核心职责之一。这要求政府不仅要进行市场和社会需求的准确评估，还必须制定并实施相应的建设计划。为此，政府通常会设立专门的机构来负责住房项目的规划和执行，这些机构需确保建设活动符合国家和地方的规划政策，同时遵循环境保护和可持续发展的要求。

在保障住房质量方面，政府需制定严格的建设标准和质量检验流程。这包括确保所使用的建材和施工技术符合安全和环境标准，以及定期对住房进行质量评估，确保其长期适宜居住。

（二）申请与分配程序

政府设立的申请和房屋分配程序的公正与透明是确保所有符合条件的低收入家庭都能公平获取住房的关键。政府通常会通过公开的信息系统发布住房申请指南和条件，申请者需根据这些指南提交相关的申请材料。这一过程涉及严格的审核流程，以验证申请者的资格和住房需求。

为保证分配过程的公正，政府还会设立一个独立的审查和抽签系统，以随机或基于优先级的方式进行房屋分配。此外，整个申请和分配过程的记录通常会被妥善保留和公开，以供公众查询和监督，确保过程的透明度和公正性。

（三）监管与维护

政府的另一个重要职责是进行廉租住房的日常管理和维护，确保住房条件长期符合标准。这包括定期检查住房的结构安全、卫生条件和功能设施，确保住房环境的健康和居住的舒适性。政府还需制定有效的维护政策，包括对住房损坏的快速修复服务和对居住者的技术支持。

此外，政府还要对廉租住房项目的运营方进行监督，确保它们遵守合同规定和法律要求，及时响应居住者的需求和投诉。这种监管通常涉及跨部门合作，包括住房、城市规划、环境保护等多个政府部门的协同工作。

通过这些综合性的职责执行，政府能够确保廉租住房制度的效果和可持续性，同时为低收入群体提供稳定和质量可靠的居住环境。

四、政府与其他利益相关者的合作

（一）公私合作模式

在廉租住房的开发中，公私合作模式（Public-Private Partnership，PPP）已成为一种常见的策略，该模式允许政府与私营部门合作以提供更有效率和成本效益更高的住房解决方案。此合作通常涉及政府提供土地、税收优惠或直接的财政支持，而私营企业则负责建设和管理住房项目。这种模式的效果体现在几个方面：首先，它可以加快住房供应的速度，因为私营部门通常能够更快地动工和完成建设项目；其次，它有助于提高项目的质量和创新，因为私营企业在竞争和效率方面的驱动比传统的政府项目更强。

然而，公私合作模式也面临着监管和利益冲突的挑战。政府需要确保私营部门的利润动机不会牺牲住房的可负担性和质量，同时需要通过透明和公正的合同条款来管理这些合作关系。

（二）非政府组织的角色

非政府组织（NGOs）在提供廉租住房中也扮演着重要角色，特别是在服务边缘化社群和监督政府或私营部门项目方面。NGOs通常在社区层面上较为活跃，能够直接与低收入家庭交流，了解他们的具体需求，并为他们提供定制化的支持和服务。此外，这些组织往往在倡导和政策制定方面具有影响力，能够推动政府在住房政策上作出更为人性化和公平的调整。

政府与非政府组织的协作通常包括资金支持、政策对话和共同的项目执行。政府可以通过提供资金援助或政策优惠来支持NGOs的住房项目，同时，NGOs的实地经验和反馈可以帮助政府更好地设计和调整住房政策，确保这些政策能够有效解决目标群体的实际问题。

通过与私营部门和非政府组织的合作，政府不仅能够拓宽资源和知识的来源，还能增强政策的实施力度和影响范围。这种多方合作是实现社会住房目标、提供高质量和可负担住房的关键策略。

五、政府职责的挑战与对策

（一）资金限制

资金不足是影响廉租住房项目最常见也是最严重的挑战之一。在财政资源有限的情况下，政府面临着如何有效分配和使用资金以最大化社会福利的问题。资金不足可能导致项目延迟、建设标准下降以及维护不足，进而影响住房质量和居住者的生活条件。

为应对这一挑战，政府可以采取多种策略。首先，增加财政预算和优化现有资源的分配是基本的解决方案。此外，政府可以通过公私合作模式引入私营部门资金，利用私营部门的资源和效率来补充公共投资。还可以探索国际合作和外部资金来源，如国际金融机构的贷款或援助，来增强国内资金的充足性。

（二）政策执行难题

政策执行过程中，腐败和效率低下等问题往往是常见的挑战，这些问题不仅延缓了项目的进展，还可能导致资源的浪费和公众对政府项目的信任度下降。腐败问题通常与项目资金管理不当、监督不足或利益冲突有关。效率低下则可能源于制度繁琐、缺乏专业技能或技术落后。

对策方面，政府需要加强制度建设和监管机制，确保政策的透明性和公正性。这可以通过以下几个途径实现：首先，建立和完善项目的公开招标和审计系统，确保每一笔资金的使用都有据可查，减少腐败的空间。其次，提高公务员和项目管理人员的职业道德和专业能力，通过教育和培训提升他们对项目的管理效率。此外，引入现代化的信息技术，如电子政务平台，可以提高处理效率，减少手工操作的错误和延误。

通过这些对策，政府不仅能够有效应对执行过程中的挑战，还能提升公众对廉租住房政策的信任和满意度，从而更好地实现住房保障的社会目标。

六、政府职责的未来方向

（一）政策更新

随着社会经济条件的变化和住房需求的演变，政府在未来可能会采取新的政策或对现有政策进行改革，以更有效地支持廉租住房。这些更新可能包括制定更为灵活的住房补贴政策，例如，将固定的住房补贴转变为与收入变动相挂钩的动态补贴系统，以更精确地满足低收入家庭在不同生活阶段的需求。

此外，政策更新还可能涉及优化土地使用和加强城市规划的策略，例如，鼓励开发混合用途住宅区，其中包括廉租住房单元，以促进社会经济多样性和减少社区隔离。政府也可能引入更多激励措施，吸引私营部门参与廉租住房建设，同时确保这些住房项目符合可持续发展和高质量建设标准。

（二）技术与创新的应用

新技术的引入为提升廉租住房服务提供了新的可能性。例如，通过利用大数据和人工智能，政府能够更准确地预测住房需求，优化资源分配，甚至预防和解决住房市场的潜在问题。这些技术可以帮助政府更有效地管理住房库存，监测住房质量，并提高服务的透明度和公众的参与度。

区块链技术也可以在廉租住房领域发挥重要作用，例如，用于确保交易记录的不可篡改性和租赁合同的自动执行。此外，智能合同可以用于自动化租金支付和维修管理，减少管理成本并提高效率。

另外，物联网（IoT）技术可以用于智能住房管理，通过实时监控能源使用和维护需求，不仅提高了住房的能效，还提升了居住者的舒适度和安全性。

通过这些技术和创新的应用，政府不仅可以提升廉租住房项目的管理效率，还可以增强这些项目的可持续性和对居民的实际帮助。展望未来，这些技术的集成将是政府提供更有效住房支持的关键方向。

第三节　开征个人住房房产税立法展望

一、引言

（一）背景介绍

当前房地产市场的状况在许多国家都显示出了持续的价格波动与不稳定性，这种情况经常导致房价过快上涨，使得住房的可负担性成为普遍社会关注的问题。这种市场波动不仅影响到购房者，还对整体经济稳定构成潜在威胁。在此背景下，房产税立法的必要性日益突出，作为一种有效的财政工具，房产税不仅可以为地方政府提供稳定的收入来源，还可以通过调控房地产投机行为，帮助抑制无序的房价波动。

（二）立法意义

开征个人住房房产税具有深远的社会和经济意义。首先，从经济角度看，房产税有助于促进房地产市场的稳定。通过对持有大量不动产的个人或实体征税，可以减少投机购房的行为，从而帮助稳定市场价格。其次，房产税是一种进步的税种，能够按照财产的价值来征收，这有助于实现财富的再分配，增加社会公平。

此外，房产税的开征还可为政府提供必要的财政支持，这些资金可以用于基础设施建设、教育、公共服务等领域，从而提高公共服务的质量和效率。综合来看，个人住房房产税的实施不仅有助于缓解政府财政压力，还能推动社会经济的均衡发展，提升公民的生活质量。

二、国内外房产税立法现状

（一）国际经验

在国际范围内，房产税的征收模式和实施效果各有特点。以美国为例，房产税是地方政府的主要收入来源之一，其征收基于房产的市场价值评估。美国的房产税系统强调透明度和公平性，定期进行房产评估以反映市场变动，确保税收与房产的实际价值相匹配。此外，房产税的收入被直接用于资助地方服务，如教育、警察和消防等，这增强了公众对房产税制度的支持。

加拿大的房产税体系与美国类似，也是以地方政府为主体进行征收，且同样依据房产的市场价值来评估税额。加拿大的房产税有助于确保地方政府有稳定的财政收入，支持公共设施和服务的提供。这种依赖地方评估和征收的模式，有助于适应各地经济和市场的具体情况，提高税收的公平性和效率。

（二）我国现状

我国的房产税政策仍处于发展阶段，目前主要针对企业和商用房产征税，而对个人住宅的征税较为有限。我国房产税的征收基础主要是房产的原值和余值，而非市场价值，这在一定程度上限制了房产税对房地产市场调控的潜力。此外，由于缺乏全国统一的房产评估和税率标准，导致房产税收的地区差异显著，这不仅影响了税收的公平性，也影响了政策的整体效果。

我国政府近年来已开始试点房产税改革，旨在扩大房产税的征收范围，包括对个人住房的征税，并试图将房产税作为调控房地产市场、抑制投机性购房的工具。然而，这一改革面临的挑战包括如何建立公正有效的房产评估体系，以及如何平衡房产税的经济影响，特别是对中低收入家庭的影响。

总体来看，国内外的房产税立法现状显示，有效的房产税体系需要兼顾税收公平、透明和市场调控功能，而这对立法和实施均提出了较高的要求。我国在推进房产税改革的过程中，可以借鉴美国和加拿大等国的经验，逐步建立起更加公正和有效的房产税制度。

三、立法需求与目标

(一) 市场调控需求

房产税作为房地产市场调控的工具，其主要目的是抑制投机性购房和过热的房地产投资。通过对持有大量或高价值房产的个体或实体征税，房产税能够增加持有成本，从而减少短期投机行为，帮助稳定房价。例如，较高的房产税可以降低房地产作为投资商品的吸引力，推动市场从投资导向转向更多的自住和合理消费。此外，通过对不同类型的房产征收不同税率，政府可以有效引导房地产开发和消费的方向，例如鼓励开发更多经济适用房或租赁住房，以满足市场上的实际居住需求。

(二) 公平税制的构建

房产税还是构建公平税制、实现财富再分配的重要手段。作为一种基于资产价值征收的税种，房产税对于财富较多的个人或企业具有较高的税负，这有助于调整社会资源的分配，缩小贫富差距。通过合理设定房产税率和免税额，可以确保税收体系的进步性，即税负主要由那些能够承担更多的经济群体来承担。此外，房产税的收入可以被用来资助公共服务和基础设施建设，如公共教育、社会福利和城市维护等，这些投资反过来又能提升整个社会的生活标准和经济福利。

综合来看，房产税立法的需求和目标不仅仅是为了增加政府收入，更重要的是通过税制调节实现房地产市场的健康发展和社会经济的公平。因此，设计合理的房产税政策，需要深入分析市场动态，评估税收政策对不同群体的影响，并确保政策的持续性和公众的广泛接受。

四、立法中的关键考虑因素

(一) 税率设定

在房产税立法中，税率的合理设定是关键因素之一，它直接影响到税收的公平性和效率。合理的税率应考虑到经济发展水平、居民收入状况以及房地产市场的特点。税率设置过高可能抑制房地产市场的健康发展，增加居民的经济负担；而税率过低则可能导致政府财政收入不足，无法满足公共服务和基础设施的需求。因此，税率的确定通常需要通过经济模型进行预测分析，考量其对房地产投资、消费行为及整体经济活动的影响。

（二）免税额与抵扣

设定免税额是实现税收公平的一种方式，可以确保低价值房产或经济困难的房产所有者不受到额外的财务压力。免税额的设定应考虑居民的基本居住需求和地区经济状况，使得大多数住户能够负担得起房产税。此外，可能的税收抵扣项也是税法设计中的重要部分，如允许抵扣房屋维修和升级费用，可以激励居民维护和提升住房质量，同时促进地方建筑业的发展。

（三）征收对象与范围

确定哪些住房应纳税，特别是如何对待第一套房和高价值房产，是房产税立法中的另一个关键问题。通常，第一套住房因其满足基本居住需求，可能会设定较低的税率或给予免税。而对于非首套住房或高价值房产，由于其可能涉及投资或奢侈消费的属性，征收较高的税率可以有效调控房地产市场，防止房价过度泡沫化。确定这些分类和界定的标准需要综合考虑社会经济条件、市场情况及政策目标。

总之，房产税立法的关键考虑因素包括税率的科学设定、合理的免税额与抵扣政策，以及明确的征税对象和范围。这些因素的妥善处理是确保房产税制度公平、有效并获得广泛社会支持的基础。

五、立法挑战与解决策略

（一）估价问题

在房产税立法中，准确评估个人住房价值是确保税收公正性的一个主要挑战。房产价值的评估需要反映市场真实情况，避免过高或过低的估价导致税负不公。解决这一问题的策略包括建立一个透明且规范的房产评估体系，这个体系应该包括定期的房产评估，以及对评估方法和评估师资格的严格控制。

一种有效的方法是政府部门定期更新房产数据，利用市场交易数据来校准估价模型，确保估价接近市场交易价。同时，可以引入第三方评估机构进行评估工作，以增加评估的客观性和准确性。此外，引入技术手段，如使用大数据和人工智能技术，可以帮助更准确地分析房地产市场趋势，提高估价的科学性和合理性。

（二）执行难度

房产税征收的执行难度包括确保全面征税、避免逃税以及处理征收过程中的纠纷等。

为克服这些难题，首先需要建立一个全面且高效的房产登记系统，确保所有房产均能被纳入税收系统。这需要地方政府的密切合作，并确保有足够的资源来维护和更新房产记录。

其次，提高征税的透明度和公众的参与度也非常重要。政府可以通过公开征税信息、征税流程和税率标准，让纳税人明白他们的税款如何被计算和使用。这不仅可以增加纳税人的满意度，也有助于提高公众对房产税制度的接受度。

最后，设立有效的申诉和纠纷解决机制也是必要的。这包括为纳税人提供申诉途径，如评税委员会或法院，以及确保这些机构能够公正、高效地处理税务争议。通过这种方式，可以解决执行过程中的问题，确保税收的顺利进行。

总之，房产税的立法和执行面临多重挑战，但通过建立合理的评估机制、完善的房产登记系统、高透明度的征税流程以及有效的纠纷解决渠道，可以有效地应对这些挑战，提高房产税制度的公平性和效率。

六、立法预期影响

（一）对个人财务的影响

房产税的引入或调整对家庭财务的潜在影响是多方面的。首先，对于拥有高价值房产或多处房产的家庭来说，房产税可能会成为一个显著的财务负担，尤其是在税率较高或房产市值大幅上涨的情况下。这可能迫使一些家庭重新评估其财务状况和投资策略，甚至考虑出售部分资产以降低税负。

对于大多数普通家庭，尤其是那些财务状况较为紧张的家庭，房产税的影响取决于免税额设定、税率和房产的市场价值。合理的免税额和递进税率设计可以减轻中低收入家庭的税负，确保房产税不会对这些家庭构成过重负担。

（二）对房地产市场的影响

房产税对房地产市场的长远影响主要表现在调控房价和市场行为方面。通过对高价房产或投机性购房征收更高的税率，房产税能够抑制房地产市场的过度投机，有助于防止价格泡沫的形成。这种调控作用可以带来市场的稳定，减少市场波动带来的经济风险。

此外，房产税还可能影响房地产的供需关系。例如，较高的持有成本可能会促使房产所有者将未使用或少使用的房产投放租赁市场，增加租赁房源，从而有可能降低租金水平，增加租赁市场的活跃度。同时，房产税的存在可以激励房产所有者更加注重房产的维护和升值潜力，促进房地产服务业的发展。

总之，房产税的立法预计将对个人财务和房地产市场产生深远的影响。通过精细化的税率设计和免税额设置，可以最大限度地发挥房产税在促进经济稳定、提升市场效率和实现社会公正方面的积极作用。

七、政策建议与立法展望

（一）短期政策建议

在短期内，政府可以采取一些立即可实施的措施来准备或改善房产税的实施效果。首先，建议开展全面的房产评估活动，更新房产数据，确保所有房产都能被准确地评估并记录在案。这一步是实施有效房产税的基础。

其次，政府应当加强与公众的沟通，提高房产税的透明度，解释房产税的必要性和益处，以及如何公正地进行征收。这可以通过举办公开讲座、发布信息手册等方式实现，旨在减少公众的顾虑，增加政策的接受度。

此外，建议政府在初期实施房产税时，可以设定较低的税率或提供初期的税收优惠，逐渐让市场和民众适应新的税务环境，减少对房地产市场和个人财务的冲击。

（二）长期立法展望

从长期的视角看，房产税的立法和实施趋势应当向更加公平、透明和效率高的方向发展。预计未来房产税会更加注重市场价值的反映，税率和免税额的设定将更加科学和合理，以确保税收的公正性和效率。

长远来看，房产税可能会更加细化，例如区分不同用途的房产（住宅、商业、工业等）并采取不同的税率。同时，可以预见到技术的进步，如区块链和人工智能的应用，将使得房产税的管理更为高效和透明。

国际合作在房产税领域也可能加强，特别是在跨国房产投资和税收规避问题上。通过国际合作，各国可以共享最佳实践，协调税收政策，防止税基侵蚀和利益转移。

最终，房产税的立法将更加关注其社会效果，包括促进社会公平和经济稳定，以及支持可持续的城市和社区发展。通过不断的评估和调整，房产税政策将更有效地服务于社会经济的长期健康发展。

参考文献

[1]尤晓娜,刘广明主编.房地产法原理与适用[M].石家庄:河北人民出版社,2018.04.

[2]罗晋京,符启林著.房地产法原理[M].北京:我国政法大学出版社,2016.02.

[3]黄河编著.房地产法 第2版[M].北京:我国政法大学出版社,2012.08.

[4]李凤章主编.房地产法教程[M].北京:对外经济贸易大学出版社,2010.05.

[5]王凤民,李文康,刘国田著.房地产法热点问题研究[M].厦门:厦门大学出版社,2015.09.

[6]李科蕾,路焕新主编.房地产法理论与实务[M].天津:天津大学出版社,2011.09.

[7]陈耀东编著.房地产法 第2版[M].上海:复旦大学出版社,2008.10.

[8]高富平,黄武双著.房地产法新论[M].北京:我国法制出版社,2000.08.

[9]刘国臻著.房地产法概论[M].广州:中山大学出版社,1998.10.

[10]张跃庆,景富春主编.房地产法概论[M].北京:经济日报出版社,1995.08.

[11]陈耀东主编.房地产法[M].上海:复旦大学出版社,2006.09.

[12]凌学东主编.房地产法案例评析[M].北京:对外经济贸易大学出版社,2010.05.

[13]沈晖等著.房地产法的理论与实践[M].上海:同济大学出版社,2000.

[14]吴少鹏,李启欣,李捷云,金贻国主编.我国房地产法的理论与实务[M].广州:花城出版
社,1996.12.

[15]王小伟等著.我国房地产法与房地产法律实务[M].北京:华夏出版社,2002.

[16]顾大松.房屋征收法律制度研究[M].南京:东南大学出版社,2017.12.

[17]龚苏宁著.我国旅游地产开发模式创新研究[M].南京:东南大学出版社,2018.11.

[18]刘国臻主编.法学研究生用书 土地与房产法研究[M].北京:我国政法大学出版社,2014.09.

[19]唐烈英著.房地产法律问题研究[M].武汉:华中科技大学出版社,2014.11.

[20]强锋编著.建筑风水学研究 上[M].北京:华龄出版社,2012.01.

[21]我国税务学会学术研究委员会编.财产税改革研究[M].北京:我国税务出版社,2008.02.

[22]河北省住房和城乡建设厅,河北新业律师事务所编著.住房和城乡建设行政复议、诉讼案例研究
[M].石家庄:河北人民出版社,2019.10.

[23]李娇著.我国房地产税合并征收的经济效应研究[M].长春:东北师范大学出版社,2017.10.

[24]王华春著.转型期房地产波动与利益主体行为研究[M].北京:我国经济出版社,2017.04.

[25]邹小钢主编.国土资源与房屋管理工作研究 下[M].北京:经济日报出版社,2015.06.

[26]朱冰著.公共住房法律调控机制研究[M].上海:同济大学出版社,2014.11.

[27]张少鹏等著.我国房地产法制研究[M].广州:暨南大学出版社,1997.08.

[28]安体富,王海勇等著.当前我国税制改革研究[M].北京:我国税务出版社,2006.10.

[29]漆丹主编.我国疑难法律问题研究[M].长春:吉林人民出版社,2006.08.